Dieses Buch ist meiner Mutter Rosalyn und meiner Tochter Vanessa gewidmet, deren Liebe und Verständnis mir meine Reise ermöglichten.

Besonderen Dank an Twila Nitsch Yehwehnode vom Stamm der Seneca, und Paula Gunn Allen, für das, was sie sind: Medizinfrauen.

Großen Dank an John V. Loudon, meinen Lektor, dessen Aufmerksamkeit und Hingabe mir gewaltig geholfen haben.

LYNN ANDREWS ging sieben Jahre bei der Schamanin Agnes vom Stamme der Cree-Indianer in Lehre. Sie lebt im Süden Kaliforniens und arbeitet dort als Schriftstellerin, Beraterin und Lehrerin des Medizin-Pfades. Sie hat bereits mehrere Bücher über ihre Erfahrungen geschrieben.

Dieses Buch handelt von außergewöhnlichen Abenteuern und schamanischen Lehren und stellt die uralten Kräfte der Frauen in den Vordergrund. Es beschreibt nicht nur einen wirklich stattfindenden Ortswechsel, sondern auch den Prozeß der psychischen, mentalen und emotionalen Bewegung von einem Geisteszustand in den nächsten. Die Erlebnisse dieser Reise führten die Autorin zu ihrem ursprünglichen, weiblichen Wesen. Dieses Buch will allen Frauen den Weg weisen und ihnen ihr spirituelles Erbe zugänglich machen.

Dies ist eine wahre Geschichte.
Einige Namen und Orte in diesem Buch wurden geändert, um die Ungestörtheit der Beteiligten zu schützen.

Lynn Andrews

Die Lehren der Medizinfrau

Der Flug des siebten Mondes

Aus dem Amerikanischen
von Jürgen Saupe

Originaltitel: »*Flight of the Seventh Moon; The Teaching of the Shields*«
© 1984 Lynn V. Andrews

Alle Rechte an der deutschen Übersetzung von Jürgen Saupe liegen beim Wilhelm Goldmann Verlag, München, einem Unternehmen der Verlagsgruppe Random House GmbH. ©1986

ISBN 3-89767-498-X
ISBN ab 2007: 978-3-89767-498-1

© 2006 Schirner Verlag, Darmstadt
Alle Rechte für die vorliegende Ausgabe vorbehalten

Umschlaggestaltung: Murat Karaçay
Satz: Elke Truckses
Herstellung: Reyhani Druck und Verlag, Darmstadt

www.schirner.com

Inhaltsverzeichnis

Vorwort 7

Schutz-der-Kinder-Schild: Süden 11

Träumender-Bär-Schild: Westen 141

Stehender-Büffel-Schild: Norden 179

Feuer-das-vom-Himmel-fällt-Schild: Osten 215

Schild-aus-Schatten-gemacht: Das Selbst 267

Die Lehren der Medizinfrau

Der Mond in deinen Händen

*W*enn du den Mond in deine Hände
nimmst
und wendest ihn um
(schwerer, leicht befleckter Teller)
bist du dort;

wenn du trocknen Tang aus dem
Sand ziehst
und wendest ihn um
und staunst das helle Bernstein der
Unterseite an,
deine Augen

spähen wie damals,
(du erinnerst dich nicht)
meine Seele wendete sich um,

erkennen die andere Seite von allem,
Wollkrautblatt, Hartriegelblatt,
Nachtfalterflügel
und Löwenzahnsamen im Boden.

H. D. [Hilda Doolittle], aus
The Selected Poems of H. D.

Vorwort

Ich bin eine Frau.

In den letzten Jahren bestand mein Leben aus einer spirituellen Suche. Mein Weg führte mich zunächst zu vielen Lehrern, alle Männer. Jeder vermittelte mir auf seine Weise bestürzende Einsichten in mein Wesen. Dennoch fehlte etwas. Ich wußte, daß ich von einer Frau lernen wollte – für mich der einzige Weg. Ich hatte Glück. Nach einer Reihe ungewöhnlicher Erlebnisse wurde Agnes Whistling Elk, eine eingeborene amerikanische Medizinfrau, die in Kanada, in Manitoba lebt, meine Lehrerin.

Als ich Agnes zum ersten Mal traf, fragte ich sie, ob sie es nicht seltsam findet, daß jemand aus Beverly Hills in ihrer stillen Hütte in Manitoba sitzt und um Hilfe bittet.

«Es gibt immer Helfer und Zeichen, die jedem den Weg weisen, der gewillt ist, ihnen zu folgen», sagte sie. «Du bist unwissentlich zum ersten Mal im Leben deinem wahren Weg gefolgt. Nein, daß du hier bist, ist nicht überraschend. Viele Omen zeigten dein Kommen an, und eine Überraschung würde für mich nur sein, wenn es nicht so wäre. Du weißt, die Erleuchtung wird von einer Frau auf eine andere Weise erreicht als von einem Mann.»

Ich fragte Agnes, ob sie Männern dasselbe lehrt wie Frauen. Sie lachte und meinte, die Antwort solle ich selbst finden. «Lehre den nächsten zehn Männern, die dir begegnen, wie sie ein Kind bekommen können.»

Die *Lehren der Medizinfrau* beschreibt, wie mich Agnes in

meine Weiblichkeit und Individualität einweihte. Sie führte mich mit Hilfe einer Reihe von Visionen und Zeremonien einen Kreis des Lernens entlang und gab mir ein wirksames Mandala, einen Schild, den ich im Alltag tragen kann. In den Erfahrungen meines Durchgangsritus ist das uralte Wissen der Frau enthalten. Meine Geschichte gleicht der Geschichte aller Frauen, die auf der Suche sind. Die Umstände unterscheiden sich, weil wir alle einzigartig sind, doch unsere Einsicht entstammt derselben Quelle.

Agnes hat mir nie gesagt, was ich lernen muß. Sie hat mich einfach in Situationen gebracht, in denen ich, wenn ich überleben will, wachsen und mich verändern muß. In dem Buch *Die Medizinfrau* wird erzählt, wie mich Agnes durch die vier Aspekte meiner anfänglichen Arbeit führte. Dabei zielte vieles darauf ab, mich körperlich zu stärken, weil sie überzeugt ist, daß spirituelles Lernen und körperliche Ausdauer im Gleichgewicht sein müssen. Außerdem brachte mich Agnes in Situationen, in denen ich lernte, die männlichen und weiblichen Elemente in mir auszugleichen. Diese Ausbildung hatte viel mit der Suche nach dem heiligen Hochzeitskorb zu tun. Schließlich lehrte sie mich, in der Welt ein Werk der Kraft oder ein Werk der Schönheit zu vollbringen. Das war für mich ein Buch schreiben. Ich lernte, daß einem Werk der Schönheit die Absicht zugrunde liegt, dir einen Spiegel zu schaffen, damit du beginnen kannst, im Innersten zu erkennen, wer du bist. Agnes zeigte mir außerdem durch paranormale Ereignisse, die Reisen nach Kanada und meine Traumarbeit recht deutlich, daß es für uns sehr wichtig ist, aus unserem routinemäßigen Leben herausgehoben zu werden, damit sich die Gelegenheit zu einer Veränderung, vielleicht sogar zu einer Wandlung bietet. Unsere Strukturen und Überzeugungen müssen aufgehoben werden, damit etwas Neues erfahren werden kann.

Einmal fragte ich Agnes, was sie von dem Spruch in der Bibel hält, daß ‹viele berufen, aber nur wenige erwählt› sind. Sie lachte und meinte, daß wir alle berufen und erwählt sind, wenn wir nur den Mut haben, den Schritt ins Unbekannte zu tun. Ich schrieb, damit Du ebenfalls an den uralten Überlieferungen teilhaben kannst, die von Agnes Whistling Elk und der Schwesternschaft der Schilde bewahrt werden.

Die Schwesternschaft der Schilde ist ein Geheimbund, der auf den uralten Überlieferungen der Frau beruht. Zwar konnten lange Zeit nur Ureinwohnerinnen von Amerika Mitglied werden, aber die Veränderungen der Energie auf unserem Planeten machten es unumgänglich, auch Frauen anderer Abstammung zu initiieren. Wir tauschen unser Wissen über die Stämme und Nationen hinweg gemeinsam aus, weil wir versuchen, dem Land Ausgeglichenheit, Weisheit und ein umfassenderes Bild der Wahrheit zu geben.

Schutz-der-Kinder-Schild:

Süden

*Manchmal gehe ich umher und bemitleide mich selbst,
und die ganze Zeit
werde ich von großen Winden über
den Himmel getragen.*

*Ojibway, von Robert Bly nach
der Übersetzung von Frances
Densmore bearbeitet*

Ich stand im Eingang des Beverly Hills Hotel. Der warme Südwind strich mir wie glatte Seide über die Haut. Die Luft roch nach Geißblatt; ich atmete tief ein und versuchte, mich zu entspannen. Ich wartete nervös auf Hyemeyohsts Storm, den Autor von *Seven Arrows* und Medizinmann aus Montana, und auf zwei Filmproduzenten aus New York, die einen Film nach meinem Buch *Die Medizinfrau* drehen wollten. Der Gedanke, Hyemeyohsts wiederzusehen, machte mir die Unruhe erträglicher. Ich warf einen Blick auf die bedrohlich schwarzen Wolken in der Höhe und fragte mich, was ihn so lange aufhalten mochte.

Während ich auf einen Hausdiener wartete, der mir den Wagen abnehmen würde, betrachtete ich die sechzehn Morgen große Parklandschaft des Hotels. Das Schwimmbecken, die

Die Lehren der Medizinfrau

Badehäuschen, die fabelhaften Gäste – Könige und Königinnen, Filmstars, große Geschäftsleute – machten das Hotel zu etwas Besonderem, und normalerweise wäre ich glücklich gewesen, hier zu sein. Heute war es jedoch anders. Ich war auf dem Weg nach Kanada, wo ich bei Agnes Whistling Elk, der Indianerfrau vom Stamm der Cree bleiben wollte, die meine Lehrerin geworden war. Ich hatte mein Haus ein paar Tage früher vermietet und wollte die Zwischenzeit im Hotel verbringen.

Als der Hausdiener meinen Wagen und die Koffer in Empfang nahm, wurde ich durch die Ankunft eines fleischrosa Cadillac Seville abgelenkt, aus dem eine prachtvolle junge Frau ausstieg. Alle Augen hefteten sich auf sie; kein Wunder – ihr Kleid war fleischrosa, und ihr Zwergpudel ebenso. Das ist Hollywood, dachte ich traurig. Eine Limousine, auf deren Nummernschild «FATHER» stand, hatte ebenfalls vor dem Hotel angehalten, erregte allerdings wesentlich weniger Aufsehen. Ich beobachtete sie hinter einem hohen, mit Efeu und Blüten bedeckten Pfeiler hervor, und auf einmal flogen alle ihre Türen gleichzeitig auf, als habe sie ihren eigenen Willen. Zunächst stieg niemand aus, dann wirbelte uniformiertes Gefolge durcheinander, um einem älteren Herrn vom Rücksitz in den bereitstehenden elektrischen Rollstuhl zu helfen. Ich wußte nicht, wer er war, aber irgendwie kam er mir bekannt vor. Er hatte eine bestimmte Art, die knorrige Hand zu heben, jedermann ungeduldig herumzukommandieren. Es war fast ein Knurren, mit dem er seinen verlegenen jungen Fahrer bedachte, als dieser stolperte und fast auf den Rollstuhl gefallen wäre, während er ihn über den Bordstein hob.

Als der vornehme, grauhaarige Herr an mir vorbeirollte, lenkte er plötzlich zur Seite aus, streifte mein Bein und ließ mich auf ein Blumenbeet zutaumeln. Ich konnte hören, wie die Stiefmütterchen von meinen hohen Absätzen zermalmt wurden, und ruderte wie wild mit den Armen, um im Gleichgewicht zu bleiben.

Eine Hand packte meinen Ellbogen. Es war Hyemeyohsts, der genau rechtzeitig herbeigeeilt war, um mich zu stützen. Ich zog den Fuß aus dem frisch gegossenen Beet und streifte den schmutzigen Stöckelschuh ab. Einen Schuh am Fuß und einen in der Hand humpelte ich mit Storm in die Empfangshalle, wo ich mich entschuldigte und in die Damentoilette ging. Als ich vor dem Waschbecken stand und meinen Schuh von der Erde reinigte, bemerkte ich eine mittelgroße blonde Frau in einem weißen Seidenkleid, die mich aus dem Spiegel heraus anstarrte. Ich hielt inne, nahm sie in Augenschein. Ihr Bild wurde abwechselnd scharf und unscharf. Bestürzt begriff ich, daß ich mich selbst sah. Mir tat der Kopfweh.

Ich setzte mich auf einen rosa Samtstuhl vor dem Spiegel und versuchte, wieder klar zu sehen. Übelkeit stieg in Wellen in mir auf. Ich schüttelte den Kopf und betrachtete das ungewohnte, verschwommene Spiegelbild. Ich sah schrecklich aus und fühlte mich noch schlimmer. Ich fühlte mich wie eine Patientin, die aus der Narkose erwacht, ungewohnte Wände sieht, erschrocken und hilflos ist. Ich wünschte mir, Agnes könnte mir sagen, was zu tun sei.

Agnes Whistling Elk ist meine Lehrerin. Diese indianische Medizinfrau hat viele wahrhaft mächtige Eigenschaften. Sie ist alt, erscheint aber oft jung und behend. Seit einigen Jahren lehrt sie mich hingebungsvoll, wie ich das uralte Wissen der Frau einsetzen kann.

Dabei steht Agnes oft eine Medizinfrau namens Ruby Plenty Chiefs zur Seite. Ruby ist schroffer und oft grob. Sie macht mich unsicher, spiegelt anscheinend meine Ängste wider. Sie scheint egoistisch zu sein. Sie verfügt jedoch ebenfalls über mächtige Kräfte, und jede ihrer Maßnahmen dient einem Zweck.

Wie ich es jetzt verstehe, ging es bei meiner Ausbildung darum, die kulturellen Einschränkungen zu zerbrechen, die mir auferlegt worden waren – die folglich allen Frauen auferlegt wurden. Als ich Agnes von meiner Absicht erzählte, *Die Medizinfrau* zu schreiben, warnte sie mich vor dem Kampf, der mir bevorstand: «Du schreibst über die uralte Kraft der Frau, über eine Lehre, die fast vergessen wurde. Einige Leute werden gegen deine Botschaft ankämpfen, aber du mußt es versuchen, denn sie muß unbedingt gehört werden. Du bist eine weiße Frau aus einer glanzvollen Stadt, und sie werden es kaum glauben wollen.»

Agnes hält es für zutiefst notwendig, das Gleichgewicht zwischen männlicher und weiblicher Energie auf ihrer geliebten Mutter Erde wiederherzustellen. Sie hat das Gefühl, daß wir in einer Zeit visionärer Kraft leben, in der die Menschen auf der Erde wieder einmal bereit sind, viele Geheimnisse zu erfahren, die lange verborgen waren. Es ist eine Zeit der Reinigung und des Durchbruchs. Wir können unsere Erdmutter vernichten oder lernen, in Harmonie mit ihr zu leben. Wenn Männer wie Frauen lernen wollen, wie man heutzutage in Harmonie leben kann, müssen beide ihre Weiblichkeit neu ausbilden. Agnes sieht, daß es die Frau in uns allen ist, die geläutert und wiedergeboren werden muß.

Auf meiner Suche, diese weibliche Energie wiederzuerlangen, traf ich auf meinen Gegner Red Dog, der sie in Gestalt eines heiligen Hochzeitskorbes für sich selbst gestohlen hatte. Er ist ein Weißer, der Agnes aufsuchte, um das Weibliche in seinem Bewußtsein ins Gleichgewicht zu bringen. Agnes erlegt einem jedoch schwere Arbeiten auf, und Red Dog war gefühllos. Als er versuchte, die ganze Kraft an sich zu reißen, trennte sich Agnes von ihm, und er wurde kein Schamane, sondern ein Zauberer, der sich dem Bösen und nicht der Liebe zuwandte. Ich habe mich vor niemandem auf der Welt so gefürchtet wie vor Red Dog, fürchte ihn noch immer.

Mein Tagtraum wurde plötzlich von einer vertrauten Stimme unterbrochen. «Lynn, hör mich an. Du bist ernstlich in Gefahr, und es muß etwas unternommen werden.» Ich hörte Agnes' Stimme so deutlich in mir, daß ich mich für einen Augenblick nach ihr umsah. Ich erblickte aber nur eine gutgekleidete junge Frau, die sich am Becken die Hände wusch, hörte nur die Musik aus dem Lautsprecher, ‹Strangers in the Night›.

«Du hast keine Schilde, keinen Schutz. Du bist ganz offen und forderst den Angriff heraus. Wenn du nicht willst, daß dich Red Dog angreift, mußt du lernen, wie man Schilde macht.»

«Schilde?» fragte ich erstaunt, und die Angst kroch mir den Rücken hinauf.

«Ja», beantwortete sie meine Gedanken. Ich schloß die Augen. Beinahe konnte ich sie an dem Holztisch in ihrer Hütte sitzen sehen, das alte indianische Gesicht von starken Gefühlen bewegt, die langen grauen Zöpfe auf dem roten Wollhemd. «Weißt du, dein Licht nimmt auf der anderen Seite zu, und du ziehst alle möglichen Einflüsse an – gute und schlechte – wie die Flamme die Nachtfalter. Was in die materielle Welt geboren wird, existiert ebenso in der geistigen.»

Ich dachte bei mir: «Was für Schilde?»

Wieder antwortete sie: «Die Art von Schilden, die nur Gedankenformen des Lichts eindringen läßt und alle Dunkelheit, alles Verderben zu dem zurücklenkt, der sie aussandte.» Dann wiederholte sie langsam mit weit entfernter Stimme in mir: «Zurück zum Schützen. Du bist in Schwierigkeiten, weil du den Hochzeitskorb zurückgestohlen und Red Dog besiegt hast. Du würdest dich doch nicht vor einen Luchs hinstellen und ihn bitten, dich anzuspringen, oder? Du würdest dich doch schützen. Nun, du befindest dich in einer viel größeren Gefahr! Wenn du einen Traum erlangst, bringst du ihn ins Geisthaus zu den Kachinas, den Wächtern des Großen Traums, damit sie sich offenbaren. Weshalb hast du sie nicht um Schutz gebeten?»

«Ich wußte nicht, daß ich das hätte tun müssen», sagte ich, als spräche ich wirklich mit ihr.

«Schutz ist immer das erste, worum man bittet.» Die Stimme klang ungeduldig. «Das zweite ist Lenkung. Ich hatte nicht gedacht, daß du so dumm wärst.»

«Was soll ich tun, Agnes? Wirst du mir helfen?» fragte ich laut. Die Frau, die sich die Hände wusch, sah mich sonderbar an und ging dann rasch.

Agnes begann zu lachen. «Lynn, du spielst die Rolle von Poor Cow, schwelgst darin, daß dir der Mut fehlt.» Und dann war ihre Stimme fort.

Ich fühlte mich erschöpft. War Agnes' Stimme eine Sinnestäuschung? Ich war in Trance gewesen. Wie lange war ich schon im Waschraum? Es kam mir wie Tage vor. Ich warf einen Blick auf meine Uhr. Minuten waren nur vergangen. Ich eilte hinaus in die Empfangshalle, fühlte mich noch immer ziemlich schlecht.

«Hey, Lynn, bist du okay?» fragte Storm offensichtlich sehr besorgt.

«Ja... ich fühle mich ein bißchen schwach, das ist alles. Muß vermutlich etwas essen.» Ich sah sicher schrecklich aus, denn er nahm mich am Arm und führte mich durch das Foyer mit den roten Teppichen, ließ mich nicht einen Augenblick aus den Augen.

Wir setzten uns in die Polo Lounge und bestellten unser Lunch. Als erstes fiel mir auf, wie laut die Stimmen waren. Wieder hatte ich das Gefühl, ich käme aus einer leichten Verwirrtheit zu mir. Als sie abgeklungen war, hatten sich alle Sinneseindrücke gesteigert. Das Getöse war unglaublich. Ich mußte die Augen halb zukneifen, weil sich das Licht so hell in dem glänzend polierten Besteck auf den Tischen und im teuren Schmuck an den Gästen spiegelte. Ich versuchte, mir den Kopf freizuschütteln. Hyemeyohsts hielt noch meinen Arm. Er beugte sich näher, faßte mich sanft am Kinn, drehte mein Gesicht zu sich hin. «Was ist mit dir los?» Er klang beunruhigt.

«Hyemeyohsts, mir ist furchtbar schlecht.» Mir fiel eine rasche Bewegung am anderen Ende des Raums ins Auge. Da war er wieder – jener alte Mann im Rollstuhl. Für einen Augenblick schien der Raum still zu sein. Zwei gut gekleidete Männer erschienen – ein älterer und ein jüngerer. Ich begriff, es waren die beiden, die wir treffen wollten. «Sie müssen Lynn Andrews sein», sagte der jüngere.

Ich war zu benommen, um aufzustehen, streckte also meine Hand aus. «Mr. Stevens, wie geht's? Das ist Hyemeyohsts Storm.» Ich lächelte breit. Sie hielten mich bestimmt für betrunken.

«Und darf ich unseren Geldgeber aus New York vorstellen – Jack Portland.» Der ältere Herr lächelte, und beide nahmen Platz. Jack betrachtete mich lange und sagte dann: «Lynn, ich möchte in Ihre Idee mit dem Film investieren; das können wir also gleich beiseite lassen. Ich bin mit allen Bedingungen einverstanden, die wir am Telefon besprochen haben. Mein Anwalt wird Ihren Agenten morgen anrufen, okay?»

«Ja.»

«Worüber ich wirklich sprechen möchte, ist Ihr Buch, sind Ihre Erfahrungen.» Er lehnte sich in seinen Sessel mit dem Selbstvertrauen eines Menschen zurück, der es gewohnt ist, Aufmerksamkeit zu fordern. Er rückte seinen vorstehenden Bauch unter dem Gürtel zurecht und legte den Kopf schief. «All diese Dinge über Zauberei und Red Dog. Wir wissen doch alle, daß es so etwas wie Zauberei gar nicht gibt, ganz zu schweigen von...» Während er sprach, fiel durch eine der hohen Fenstertüren ein heller Lichtstrahl in den Raum. Die Stäubchen in der Luft brachten ihn zum Leuchten, und er lag wie ein Glorienschein auf dem grauen Haar von Jack. Auf einmal überschwemmten Bilder jener unglaublichen Konfrontation mit Red Dog vor zwei Jahren meinen Geist...

Unter Anleitung von Agnes war ich zu Red Dogs Hütte gegangen, um den mächtigen Hochzeitskorb zurückzustehlen. Ich nahm an, ich sei allein, und griff nach ihm. Genau in diesem Augenblick tauchte Red Dog wie aus dem Nichts auf. Er verfügte über gewaltige Kraft, und als er sich ebenfalls auf den Korb stürzte, schössen mächtige Lichtfasern aus dem Korb, stellten eine Verbindung zu ihm her. Das Spiel des Lichts in der Polo Lounge schien diesen Moment in voller Stärke wieder aufleben zu lassen. Jack setzte sich in seinem Sessel zurecht. Das Licht vom Fenster lag grell auf einem Löffel und funkelte mir ins Auge.

Jack fuhr fort: «Und was soll all der Quatsch mit den leuchtenden Fasern? Ich bin reichlich leichtgläubig, aber erwarten Sie wirklich, daß ich Ihnen glaube, der Zauberer hätte sich in einen alten Mann aufgelöst, als sie die letzte Faser durchgeschnitten hatten? Das war bestimmt bildlich gemeint, richtig?»

Als ich jetzt Jack ansah, war der Lichtstrahl wieder hinter ihm. Ich fand das zeitliche Zusammentreffen merkwürdig, daß er gerade jetzt über jene entscheidenden Augenblicke sprechen wollte, als ich dem Menschen, den ich am meisten fürchtete, Auge in Auge gegenüberstand.

Mir wurde plötzlich noch schlechter. Ich versuchte, tief zu atmen, mich mit all meiner Energie zu sammeln. In meinem Kopf entstand ein schrecklicher Druck, und meine Sicht wurde verschwommen. Einen Augenblick konnte ich die Winde von Manitoba durch das Zimmer in Red Dogs Hütte wehen hören, und ich hörte das tiefe, wilde Knurren seiner Stimme.

«Ich bestehe darauf, daß Sie bekennen, das es so etwas wie Zauberei überhaupt nicht gibt», drängte Jack. Ich krümmte mich in meinem Sessel mit einem Magenkrampf zusammen. Der Anfall blieb unbemerkt, und die beiden waren eifrig beschäftigt, Hors d'oeuvres und weitere Getränke zu bestellen.

Mir fiel auf der anderen Seite des Raums der Mann im elektrischen Rollstuhl auf, eingehüllt in Licht. Er trug einen makellosen und hervorragend geschnittenen schwarzen Nadelstreifenanzug. Er fuhr sich immer wieder mit den Fingern langsam durch das dichte weiße Haar, genoß offenbar das Gefühl. Sein Profil erschien mir merkwürdig vertraut. Ich schaute ihn mit zusammengekniffenen Augen an und fragte mich, was mich an ihm anzog. Ich sah, wie er die Hände über den Rollstuhl gleiten ließ, und da schaute ich auf seine Füße und hielt den Atem an. Ich begann zu zittern, und Hyemeyohsts faßte nach mir. Der alte Mann trug perlenbestickte Ledermokassins. Die facettierten Glasperlen glitzerten im Sonnenschein. Der Mann drehte sich langsam in meine Richtung und sah mich direkt an. Seine Augen hatten etwas Rohes.

«Seine Füße...», sagte ich stammelnd zu Hyemeyohsts. «Red Dog.» Kaum hatte ich seinen Namen ausgesprochen, krümmte ich mich vor Schmerzen. Ich griff nach meinen Beinen, fühlte, daß an einer Wade etwas hing. «Hyemeyohsts... mein Bein... an meinem Bein!» Storm bückte sich nieder, warf sein fast leeres Glas um. Eine alte Türkisperle steckte richtig in meinem Bein! Ich zog verzweifelt an ihr, und sie fiel ab und glitt über den Boden. In meinem Kopf hörte ich finstere Winde heulen. Ich begann heftig zu husten. «Ich bin am Ersticken», brachte ich mit Mühe heraus. Ich bekam kaum Atem.

«Hey, was ist denn, Lynn?» fragte Jack. Leute starrten mich mitleidig und verächtlich an. Ich sah sicher recht lächerlich aus. Der Oberkellner und Hyemeyohsts halfen mir an den neugierigen Gästen vorbei zum Lift. Die beiden Produzenten blieben hilflos sitzen. Als der Lift nach oben fuhr, fühlte ich mich sinken. Ich erinnere mich noch, die Nummer 16 an meiner Zimmertür gesehen zu haben, und dann schienen die großen Bananenblätter auf den Tapeten zu flattern und zu verschwimmen. Mir brach kalter Schweiß aus, und Storm legte mich auf mein Bett, zog die Vorhänge zu.

«Wo ist dein Medizinbündel?» wollte er wissen.

«In der Ledertasche dort.» Ich zeigte auf die Reisetaschen in der Zimmerecke. Hyemeyohsts riß den Reißverschluß auf und zog meine rote Medizindecke heraus, die ich mit Lederriemen verschnürt hatte. Er rollte sie flink auf, brachte mir meine Kürbisrassel und riß die Feder vom Stiel. Er half mir, mich aufzusetzen und reichte mir die Feder.

Schutz-der-Kinder-Schild

«Lynn, du mußt jetzt diese Adlerfeder essen, oder du wirst sterben. Red Dog hat die Wirbel des Todes auf dich geschickt. Mir fällt keine andere Kraft ein, die dich retten könnte, als diese Feder.»

Ich stellte keine Fragen, nahm die kleine Feder und begann zu kauen. Es klang, als zermalme ich Knochen. Wogen der Übelkeit erfaßten mich. Ich wand mich vor Schmerzen. Ich kaute und kaute, entschlossen, das Leben festzuhalten. Das Telefon klingelte, bis Storm den Hörer ablegte. Leute klopften an die Tür. In der Ferne hörte ich die Sirene eines Krankenwagens. Wie absurd, so zu sterben, dachte ich. Als ich die Feder ganz verschluckt hatte, gab mir Hyemeyohsts ein Glas mit einer bitteren Flüssigkeit, die er aus dem Inhalt seines Beutels bereitet hatte. «Trink», befahl er, hielt mich in einer halb sitzenden Stellung. Ich würgte sie hinab und brach zusammen.

Erfreulicherweise schlief ich ein. Die Träume dieser Nacht stiegen aus dem heilsamsten Teil meines Wesens auf. Während ich träumte, war mir bewußt, daß mich gütige Energien in Sterngestalt pflegten. Meine Aufmerksamkeit war auf einen winzigen, bläulich weißen Lichtpunkt gerichtet, der sowohl in meinem Herzen wie im Raum war. Er hatte etwas Bedrückendes, und zugleich fühlte ich ihn in mir als den mächtigsten Teil meiner selbst.

Ich wachte am nächsten Morgen mit der Dämmerung auf und mußte niesen, weil der Gestank von kaltem Rauch in der Luft hing. Der Aschenbecher war voll mit Zigarettenstummeln. Storm saß mit gekreuzten Beinen neben meinem Bett auf dem Boden, hatte die Augen geschlossen und atmete gleichmäßig. Er hatte sich etwas im Zimmer servieren lassen, und die Reste lagen neben ihm. Ich war froh, daß er für mich da war. Er öffnete langsam die Augen und lächelte mit einem so sanften

Gesicht, daß ich in Tränen ausbrach. Er erhob sich und setzte sich auf die Bettkante. Er sah bleich und erschöpft aus. Seinem Blick war deutlich anzumerken, daß ich fast gestorben war, und er sich freute, weil ich es überlebt hatte.

«Lynn, wieso hast du mir nicht gesagt, daß du keinen Schutz hast?»

«Ich dachte, ich hätte einen. Also, eigentlich habe ich mir keine großen Gedanken darüber gemacht.»

«Lynn, du hast einem der mächtigsten Zauberer, die heute leben, die weibliche Kraft genommen, und du hast dir keine ‹großen Gedanken› darüber gemacht, dich zu schützen?» Er schüttelte traurig den Kopf. «Ihr Anfänger der Medizin seid alle gleich. Ihr seid euch der wirklichen Kräfte der Welt nicht bewußt, obwohl ihr sie euch zunutze gemacht habt.» Er beugte sich vor und nahm mich fest bei der Hand. «Weißt du nicht, daß Red Dog versuchen wird, dich zu töten? Es wäre ihm beinahe geglückt.»

Storms Unbehagen über meine Dummheit nahm zu. Er stand auf, lief auf und ab und murmelte etwas, was ich nicht verstehen konnte. Dann fuhr er herum und flüsterte vernehmlich: «Du bist so weit geöffnet wie ein Parkplatz. Du trägst nicht einmal deinen Ohrring. Hör mal, meine Liebe, du mußt sofort lernen, wie du dich schützen kannst. Deine Agnes ist die einzige, die dir helfen kann. Sie ist die einzige, die dir das Leben retten kann.»

«Ich muß mich um ein paar Sachen kümmern, und dann wollte ich ihr das Buch über uns alle bringen», sagte ich matt. «In ein paar Tagen.»

«Lynn, dir bietet sich die Gelegenheit, ein Medizinmensch zu werden, ein Mensch, der fähig ist, alle Hüllen der Illusion zu sehen, zu erkennen und zu durchdringen. Du mußt eine

Schutz-der-Kinder-Schild

Kriegerin sein. Dein Wachstum ist ein Prozeß, und du darfst auf dieser Reise keinen einzigen Schritt überspringen. Nimm die Lektionen an, so hart sie dich ankommen mögen. Sieh, wie sehr du dich mit Anerkennung und Ablehnung identifizierst. Hör auf, dich mit den Augen der anderen zu sehen und gebrauche deine eigenen. Lerne, die Welt von deinem ursprünglichen Ausgangspunkt her wahrzunehmen.» Mir fiel mein Traum mit dem bläulich weißen Stern ein. Ich erinnerte mich an die Worte meines Vaters: «Ich hoffe, du wirst, wenn ich einmal nicht mehr bin, jemanden finden, dem es wichtig genug ist, dich liebevoll zu berichten. Die ganze Welt wartet darauf, liebevoll berichtigt zu werden.»

Wir seufzten beide gleichzeitig. Ich fühlte mich tief verbunden mit dem Mann und seinen Worten. Wir waren eins.

Nach zweitägiger Ruhepause fuhr ich nach Manitoba ab und fühlte mich wieder kräftig. Ich landete in Winnipeg in hellem Sonnenschein, mietete einen Wagen und machte mich auf die Reise ins Reservat. Von der kleinen Stadt Crowley aus war ich scheinbar im Nu bei der Hütte von Agnes und hielt an. Ich war aufgeregt. Ich packte mein Buch und einen kleinen Koffer und nahm die Einkaufstüte mit Zigaretten, Weißbrot, Bologneser Wurst und anderen Lebensmitteln, von denen ich wußte, daß sie sie mochte. Als ich auf die Hütte zuging und mich fragte, ob Agnes wohl zu Hause war, flog die Tür auf und heraus kamen Agnes, Ruby und July, Rubys Schülerin, eine schöne Cree-Frau zwischen zwanzig und dreißig. Sie lachten und rempelten sich ständig wie junge Hunde an.

«Du kommst spät», lächelte Ruby. «Wir warten schon seit Stunden auf dich.» Agnes lachte, weil ich ein überraschtes Gesicht machte. Jury rannte zu mir und nahm die Lebensmittel.

Sie sah mich spöttisch an und sagte: «Was hat dich denn aufgehalten, Lynn?»

Ich war erstaunt. «Man kann doch hier niemandem eine Nachricht schicken. Woher wußtet ihr, daß ich komme?»

«Ach, Red Dog hat uns angerufen und vorgewarnt.»

Alle lachten und umarmten mich.

«Dir zu Ehren gibt es heute abend Wild», sagte Agnes.

Ich war gerührt über die freundliche Begrüßung. Ich holte tief Luft. Alles fühlte sich so gut an. Zum erstenmal seit Monaten erlaubte ich mir, mich zu entspannen.

Drinnen gab mir Agnes einen Pappbecher. «Hier hast du etwas Tee.» Dampf stieg aus ihm auf. Einen Augenblick herrschte gespanntes Schweigen, da legte ich mein Buch vorsichtig in die Mitte des Tisches und wartete auf ihre Reaktion.

«Was ist das? Obwohl ich blind bin, sehe ich, daß du wirklich von dir selbst ganz erfüllt bist», sagte Ruby brüsk und wies auf das Buch. Agnes und Jury sahen sich achselzuckend an.

«Das ist das Buch, das ich geschrieben habe», sagte ich stolz. «Ich habe es mitgebracht, um es euch vorzulesen.»

«Wovon handelt es?» fragte Ruby.

«Es geht um dich und Agnes und July und Red Dog und den Hochzeitskorb und...» Ich unterbrach mich. «Es handelt von uns allen!» Ich strahlte vor Wonne.

«Was! Du hast mir nie erzählt, daß du ein Buch über mich schreiben willst.»

Agnes lachte. «Ruby, alles erzählen wir dir nicht.»

Ruby sah gekränkt aus. «Agnes, du hast mir nie erzählt, daß Lynn ein Buch schreibt. Oh, hätte ich das bloß gewußt, ich hätte dir nie geholfen. Ich hätte dir nie die Mutter-Rassel geliehen.»

«Mach mal einen Punkt, Ruby. Das war sowieso meine Rassel», sagte Agnes.

Mich beunruhigte die Wendung, die alles plötzlich nahm. «Hey, was ist los? Ich dachte, ihr würdet euch über das Buch richtig freuen.»

«Naja...» Ruby befingerte etwas Schorf an ihrem linken Ellbogen. «Ich würde gern hören, was du in deinem Buch zu sagen hast.»

«Ruby, iß doch etwas vom Abendessen», sagte July und stellte einen Teller Wild vor sie hin. «Komm schon, du wirst dich dann besser fühlen.»

«Hör mal, sag du mir nicht, wodurch ich mich besser fühlen soll.» Sie schlug nach einer Fliege auf dem Tisch und stach verärgert die Gabel in das Fleisch auf ihrem Teller. Jedesmal wenn ich etwas sagen und ihnen von meinem Erlebnis mit Red Dog berichten wollte, hob Ruby die Hand und gebot mir Schweigen, als wisse sie, was ich erzählen wollte.

Ich konnte es nicht fassen, wie empörend sich Ruby benahm. Sie verdarb alles. Ich sah sie plötzlich nicht als die mächtige Medizinfrau, über die ich geschrieben hatte, sondern als verzogenes, launenhaftes Kind, das es sich in den Kopf gesetzt hatte, das Beisammensein zu stören.

Agnes setzte sich und aß. Nach jedem Bissen stocherte sie mit der Gabel an dem Buch herum. Ein kleines Stück Fett blieb an der Vorderseite kleben und machte einen Fleck. Ich wischte es rasch ab, so gut es ging, aber der Fleck blieb. Meine Gereiztheit nahm zu. Mit diesem Empfang hatte ich gewiß nicht gerechnet. Ich wurde verschlossen und stellte mir vor, wie ich mir zu Hause mit zivilisierten Leuten einen flotten Drink genehmigte.

Agnes las in meiner Miene. «Komm schon, Lynn, wir wer-

Die Lehren der Medizinfrau

den zivilisiert zu Abend speisen, und du liest uns aus deinem Buch vor.» Lustlos schlug ich die erste Seite auf und begann zu lesen. Die Freude, dies Ereignis gemeinsam zu erleben, war mir genommen. Trotzdem las ich zwei ganze Kapitel und blickte nicht ein einziges Mal auf. Ich glaube, ich hätte weitergelesen, doch Ruby seufzte und ächzte, hielt sich den Bauch. Ich war völlig außer mir. Schließlich ließ sie einen langen Rülpser aufsteigen. Jetzt reichte es. Ich knallte das Buch zu.

«Ruby, was ist los?» fragte ich, blickte sie absichtlich voller Abscheu an.

Sie jammerte: «Du hast mich nicht als sehr netten Menschen dargestellt – und das bin ich doch. Die Leute werden annehmen, ich bin ein häßliches, altes Weib. Ich bin doch recht attraktiv für eine Dame meines Alters, meinst du nicht? Agnes? Ich bin auf jeden Fall attraktiver, als Lynn es darstellt.» Ruby schüttelte ihr Haar für imaginäre Photographen auf und warf den Kopf zurück wie ein junges Mädchen.

«Ja, Ruby, aber schau, was sie mit mir angestellt hat», mischte sich Agnes ein. «Ich bin für mein Alter ebenfalls in guter Verfassung!» Agnes zog ihren Bauch ein und lief gespreizt wie eine stolze Pute umher. Ich mußte trotz meines Ärgers lachen.

«Weshalb macht ihr euch über mich lustig?» fragte ich.

«Du hättest sagen können, daß wir im besten Alter sind.»

«Jawohl», fiel Ruby ein.

Weshalb taten sie das? Machten sie sich über meine Eitelkeit lustig? Der Gedanke beunruhigte mich.

«Eigentlich, Lynn, sieht es so aus, als würdest du Agnes in deinem Buch besser wegkommen lassen. Da ist es nur gut, daß du nicht meine Schülerin bist. Ich würde mich glatt hintergangen fühlen. Du läßt uns alt, mies und tückisch aussehen.» Und tatsächlich erlebte ich sie in diesem Augenblick genau so. Dann sprach Ruby im Ton des kleinen, braven Mädchens geziert: «Du weißt doch, noch netter können wir einfach nicht sein.»

Ich bemerkte, daß Jury auf Zehenspitzen zur Tür hinausschlich, und die beiden alten Frauen sahen es offenbar nicht. Sie gaben sich eingebildet und stolzierten auf und ab, rangen gespielt die Hände, brachen abwechselnd in Schreie aus, schrien auch mich an. Ich wollte meinen Augen nicht trauen. Ich fühlte mich verletzt. Ich war völlig verwirrt. Ruby hörte plötzlich mit dem Blödsinn auf und wandte sich mir zu. Sie kam langsam auf mich zu und prüfte mich mit den Händen, die sie etwa zwei Zoll von meinem Körper entfernt hielt. Sie schloß die Augen.

«Lynn», sagte sie, «du benutzt deinen Körper wie einen Lumpen, der am Schwanz deines Bewußtseins angebunden ist.»

Agnes fiel in ihr Gelächter ein und starrte mich mit verzerrtem Gesicht an, zupfte und zog an meinen Sachen. Ich fühlte mich in jeder Hinsicht angegriffen. Ruby setzte sich, gab sich nun zum Schein besorgt.

«Ich bin sicher, deine große Lehrerin Agnes hat dich gewarnt, daß du jetzt in äußerster Gefahr schwebst.»

«Naja, irgendwie schon, aber wie meinst du das?» Ich sah Agnes fragend an.

«Ich wollte eben davon anfangen.» Agnes hatte etwas von einem Schaf.

«Wovon anfangen?» fragte ich ungeduldig. Die Angst stieg mir aus der Leistengegend in den Magen. Ich wollte von Agnes etwas über die Stimme wissen, die ich im Hotel gehört hatte.

Ich mußte ihr unbedingt erzählen, wie knapp ich dem Tod entkommen war.

Doch Ruby unterbrach mich bei jedem Versuch und winkte ab. «Ha. Du bist jetzt in der größten Gefahr, in der du je gesteckt hast.» Sie beugte sich vor und flüsterte: «Und es kann sein, daß du es nicht überlebst!» Agnes sah plötzlich sehr ernst aus.

Ruby stierte Agnes an. «Ich hätte dich nie bitten dürfen, mir bei der Abrechnung mit Red Dog zu helfen.»

«Ohne mich hättest du es nie geschafft», sagte Agnes.

Das war mir alles zu viel. Ich konnte mich nicht beherrschen. «Ich komme mir vor, als würde ich wie ein Bauer benutzt!» rief ich aus.

«Was ist ein Bauer?» fragte Ruby unschuldig.

«Eine Figur auf dem Schachbrett, die nicht viel Macht hat.»

«Genau wie du», räumte Ruby ein.

«Ich bin empört. Ihr habt mich benutzt und überlistet. Weshalb?» Ich meinte zu ersticken.

Agnes setzte sich ruhig nieder, neigte den Kopf und beobachtete, wie ich durcheinander geriet.

Schließlich holte ich Luft. «Agnes, was geht vor, was verschweigst du mir?» Ich platzte schier vor Verdruß!

«Ho! Du hast diesen Kreis der Kraft betreten, und was hast du denn gemeint, was passieren würde?»

Ruby schob schroff ihren Stuhl zurück. «Wo ist July?» Sie lief in der Hütte umher, sagte dann unvermittelt: «Ich gehe.» Und stapfte hinaus. Einen Augenblick später steckte sie den Kopf durch die Tür und sagte: «Bis bald.» Dann war sie fort.

Ich brauchte einen Moment, bis ich meinen Mut beisammen hatte und wieder etwas fragen konnte. «Was mache ich falsch? Ich habe getan, was du mir gesagt hast. Ich dachte, das Schreiben dieses Buchs wäre eine Art Schutz – einige deiner Lehren bekannt machen – diese Geheimnisse aus der Dunkelheit ins Licht heben.» Meine Stimme klang, als käme sie aus einem tiefen Brunnen.

«Du mußt anfangen, deinen Kopf zu benutzen, Lynn.»

«Ich dachte, ich täte das, Agnes», sagte ich matt. «Ich dachte, du würdest glücklich über das Buch sein.» Ich kam mir wie eine Fünfjährige vor. «Ich dachte, du hättest mich angewiesen, das zu tun.» Ich war kurz vor den Tränen. Agnes stand auf und schenkte Tee nach. Einen Augenblick wirkte sie fast zärtlich, und dann kam sie her und klopfte mir ziemlich unsanft auf den Kopf.

«Aber ich dachte, der Hochzeitskorb würde mich erfüllen.»

«Nichts da. Auf eine gewisse Weise macht er dich ganz. Aber das ist erst der Anfang.» Agnes seufzte. «Du bist meine Schülerin. Es ist Gesetz, daß ich dir helfen muß. Leider», grinste sie mich an, «verfüge ich nicht über das Wissen, das du an diesem Wendepunkt brauchst...»

«Ach, entzückend. Das sagst du mir jetzt.»

«Ruby kann dir helfen.»

«Ach, großartig. Die Blinde führt die Blinden.» Mich schauderte, als ich an Rubys Unverschämtheit dachte. «Sie wird mir nie helfen. Kannst du sie nicht dazu bringen, mir zu helfen?»

«Nichts da.»

«Wieso nicht?» Mich packte panische Angst. «Sie ist deine Freundin!»

«Sie ist nicht meine Freundin. Ich habe Ruby nie gemocht. Sie ist eine Medizinfrau, und ich achte sie. Ich achte die Arbeit, die sie tut. Abgesehen davon ist sie die egoistischste alte Fledermaus, die ich je gekannt habe.»

«Aber sie ist doch deine beste...»

Agnes unterbrach mich. «Ich habe eine Menge an sie hergegeben. Man sollte meinen, sie würde mir helfen. Aber wenn es darauf ankommt, läßt Ruby einen wirklich im Stich. Ihre Schüler mag ich auch nicht besonders. July ist in Ordnung, aber Ben und Drum sind...» Sie drehte die Daumen nach unten. «Ruby ist die Macht zu Kopf gestiegen.»

«Ben und Drum? Du machst wohl Witze!»

Agnes' Gesicht konnte nicht ernster sein.

«Agnes, wie sind die Rubys Schüler geworden?»

«Ben und Drum saßen ohne Lehrer da, als du Red Dog den Hochzeitskorb weggenommen hattest.» Ich war entsetzt.

Agnes fuhr fort: «Sie kamen erst zu mir, aber ich jagte sie fort, weil ich Männer als Schüler nicht mag. Wenn ich einen Mann lehre, muß ich alles auf den Kopf stellen. Kann mit ihnen nichts anfangen. Ruby jedoch... sie ist die Sorte Medizinfrau, die genau die Kraft hat, die sie brauchen.

Ich sah sie eines Tages die Straße heraufkommen. Sie waren sehr nervös und brachten mir Geschenke von Tabak dar. Sie hatten ein paar gute Decken, und so ließ ich sie machen. Drum gab mir den Tabak. Ich sagte: ‹Was wollt ihr denn von mir?› Ich mußte sie einlassen, weil das Gesetz ist. Drum sagte: ‹Wir möchten, daß du uns lehrst und uns in deinen Weg einweihst.› Ich sagte: ‹Ich brauche euch beiden Idioten nur anzusehen und weiß, daß mein Heyoka-Weg, die Lehren des Heiligen Clowns oder des Gegensätzlichen nichts für euch sind. Wenn ihr auf meinen Rat hören wollt, dann geht zu jemand anderem. Vielleicht zu jemand unten im Süden. Colorado vielleicht. Aber wenn ihr wahre Kraft wollt, geht und lernt von Ruby.› Sie stellten sich ziemlich an, als sie diesen Vorschlag hörten. Sie wollten mich, weil du als meine Schülerin ihren Lehrer Red Dog besiegt hattest. Sie waren voller Hingabe Red Dogs Schüler gewesen, bis du den Hochzeitskorb zurückgeholt und ihm die weibliche Kraft geraubt hast. Der wird erst wieder der alte sein, wenn er sein Gleichgewicht wiedergefunden hat. Und das wird lange dauern. Vielleicht wird ihn das Alter erledigen.»

«Agnes, wieso verwendest du den Ausdruck *Heyoka* – ist das nicht ein Wort der Lakota?»

«Ich verwende das Wort *Heyoka*, weil meine Lehrerin zum Teil Cree, Nördliche Cheyenne und Lakota war, und ihre Lehrerin war eine Lakota. Ich bin weit von zu Hause fort, um von ihr zu lernen; das war vor langer Zeit. Ich spreche viele Indianersprachen, und Lakota ist eine davon. Ich lernte den Heyoka-Weg in ihrer Sprache. Sie war die einzige, die mir helfen konnte, als sich meine Tochter zu den Ahnen versammelte. Ich war damals voller Schmerz. Ich verstand kaum etwas. Weil ich von meinen Lakota- und Cheyenne-Großmüttern viel über Medizin lernte, verwende ich in meiner Arbeit viele ihrer Wörter, und Ruby ebenso. Ihre Sprache ist für mich von großer Kraft und Würde.»

«Mir gefällt ihr Klang auch.»

«Das weiß ich. Ich kann sehen, daß sie dich tief berührt. Das muß so sein, da du einst Lakota gesprochen hast.»

«Wie meinst du das?»

«Ich kann es dir nicht sagen. Du mußt dich ohne fremde Hilfe erinnern. Es wird dir viel mehr bedeuten. Aber die Sprache wird dich an diesen Ort des Vergessens und der Erinnerung zurückführen, in ein glückliches Leben, das du einst auf den Ebenen geführt hast, lange bevor der weiße Mann kam.»

Ich biß mir auf die Lippe. Die sanfte Stimme von Agnes

Die Lehren der Medizinfrau

und ihre Worte hatten mich den Tränen nahe gebracht. Ich sah weg. Agnes nahm mein Kinn in die Hand und drehte mein Gesicht zu sich. Ich mußte sie ansehen.

«Ach, lachen darf ich dich sehen, aber beim Weinen kann ich nicht zuschauen?» Die Tränen rollten mir über die Wangen, und sie hielt mich einen Moment.

Agnes betrachtete mein Gesicht. Sie fuhr fort, verfiel wieder in diese neue Schroffheit. Sie nahm ihren Becher und stellte ihn dicht an den Tischrand. «Wie ich vorhin schon sagte, würde ich dir überhaupt alles beibringen, was ich weiß, aber durch deine Bedürfnisse bin ich in eine seltsame Lage geraten.» Sie schnellte ihren Pappbecher mit dem Finger vom Tischrand. Er fiel geräuschlos zu Boden. Agnes beugte sich vor. «Ruby und ich, wir haben als würdige Gegner immer etwas aus uns herausgeholt. Aber jetzt passen wir alle lieber auf. Die Dame ist zu allem fähig. Vor allem, wenn du wirklich etwas von ihr brauchst.»

Agnes schwieg einen Augenblick, sagte dann mit einer Stimme, als vertraue sie mir ein großes Geheimnis an: «Ich habe eigentlich nie wirklich geglaubt, daß Ruby blind ist. Wenn du ihr so zusiehst, würdest du von selbst gar nicht darauf kommen. Ich glaube, sie sagt das nur, damit die anderen etwas für sie tun. Du solltest sehen, wie Ben und Drum sie bedienen. Meine Güte, July ist vielleicht eifersüchtig. Wenn jemand Rubys Zeit in Anspruch nimmt, kriegt July einen Anfall. Ich könnte mir gut denken, daß Ruby die ganzen Schüler demnächst rauswirft. Die sind ihr eine Last. Aber du mußt von ihr lernen, ob dir das paßt oder nicht. Ich beneide dich nicht, Lynn. Wenn du kriegen willst, was du brauchst, beeilst du dich lieber, bevor Ruby den ganzen Kram hinschmeißt und verschwindet. Ich habe gehört, sie hat irgendwo einen

Schutz-der-Kinder-Schild

Freund. Sie war mal verheiratet, mußt du wissen, und sie hat immer daran gedacht, zu dem alten Kauz zurückzukehren.»

«Verheiratet? Ruby? Und sie ist nicht blind? Ich weiß nicht, wovon du redest, Agnes. Versuchst du, mir etwas beizubringen?»

Agnes lachte. «Ja natürlich. Ich möchte nichts mit Ruby zu tun haben. Ich brauche nichts von ihr. Du allerdings schon.»

«Aber Agnes, du und Ruby... ihr steht euch doch wirklich nahe.»

«Das sah nur so aus. Aber ich sehe, daß jetzt dein nacktes Leben von ihr abhängt. Wenn du Ruby nicht dazu bringst, dir zu helfen, ist dein Leben keinen falschen Fünfer wert. Euch Wasichus hat man als Kinder schließlich nie beigebracht, wie nötig Schutz ist.»

Ich schüttelte den Kopf, kam mir in meiner Dummheit klein vor und schämte mich. «Was soll ich tun, Agnes?»

Agnes zuckte die Schultern. «Ich denke, wir überlegen uns, wie wir Ruby herumbekommen, dir zu helfen.» Sie zwinkerte mir zu. «Vielleicht können wir die alte Fledermaus überlisten. Aber jetzt ist nicht die Zeit, das alles zu besprechen.» Sie lächelte süß. «Ich freue mich, daß du da bist. Bring doch die Hütte erstmal in Ordnung. Ich habe mich auf einen Sommer voller Zufriedenheit und Spaß gefreut, und du kommst daher und siehst wie ein Stück Schweizerkäse aus.» Sie schlug sich auf den Schenkel. «Ich wußte, ich hätte lieber meinen Neffen am Ojibwaysee besuchen sollen. Hier ist der Besen.» Sie klopfte mir kichernd auf die Schulter. «Ich freue mich wirklich, dich zu sehen. Du bringst mich zum Lachen. Du brauchst wirklich diese Schilde, aber das muß jetzt erst einmal genügen.» Sie schleuderte plötzlich eine Handvoll Maismehl auf mich. Sie hatte es die ganze Zeit in ihrer Faust verborgen.

Dann zog sie an meinem Ohrring und meinte: «Der schützt dich vom Hals an aufwärts.» Und dann murmelte sie: «Hoffentlich werde ich nie wieder eine weiße Schülerin annehmen müssen.»

Agnes ging Feuerholz hacken. Ich kehrte die kleine Hütte fast wie in Trance. Den Tisch und die Stühle zu verrücken war einfach schon sehr anstrengend. Und doch fühlte ich mich gezwungen, gründlich vorzugehen, so daß ich mit größter Aufmerksamkeit die dunklen Ecken nach Schmutz durchstöberte. Es gab genug davon, und mein Hirn kam mir ebenso verstaubt vor. Ich ärgerte mich über meine Fügsamkeit, spürte, wie meine Selbstverachtung zunahm. Agnes brauchte ungewöhnlich lange. Ich war so erschöpft. Wind war aufgekommen und sauste durch die hohen Kiefern. Sonst fand ich das Geräusch des Windes immer aufregend. Jetzt verstärkte es nur mein Gefühl der Einsamkeit. Die Hütte knarrte, und der Laden am Küchenfenster begann zu klappern. Ich ging hinaus und machte ihn fest. Die Luft roch nach Regen. Noch vor ein paar Stunden hätte ich mich von Zauber umgeben gefühlt. Jetzt fühlte ich mich lediglich ernüchtert. Ich blickte zum Halbmond auf, und er schien trüb und fern. Mir war kalt. Agnes' Hütte wirkte schäbig. Weshalb war ich hier? Ich stolperte hinein.

Agnes entfachte das Feuer für die Nacht, erweckte es mit sanftem Stochern zum Leben. Ich kroch müde in meinen Schlafsack und fiel in tiefen Schlaf.

«Die Dämmerung ist da. Ah, du bist nicht mehr wie verzaubert, mein kleiner Wolf», sagte Agnes und stand über mir. War es schon Morgen? Ich blickte zu ihr auf. Sie sah wie ein äußerst ungütiger Engel aus. Ich blieb mit mattem Blick liegen, schützte mich und meine Gefühle, indem ich in den Raum starrte.

«Wieso? Sehe ich ernüchtert aus?» fragte ich schwach, wollte sie nicht erkennen lassen, wie verletzlich ich war.

«Sagen wir mal, daß du im inneren Tipi recht lustlos wirkst, ohne Energie und Leidenschaft bist. Es ist, als wäre in deiner inneren Welt eine Öffnung. Dein Wille hat dieses dunkle Loch geschaffen und dein Wille muß es schließen. *Dein Wille.*» Agnes packte das Ende meines Schlafsacks und schüttelte es so heftig, daß ich fast auf den Boden herausgepurzelt wäre. Ich rappelte mich auf und zog mich eilig an. Der Morgen war zu plötzlich gekommen. Ich fühlte mich dem Tag nicht gewachsen.

«Hier.» Agnes stellte Tee auf den Tisch. Wir frühstückten schweigend. Durch das Fenster drang graues Licht. Der Wind blies noch immer. Ich dachte darüber nach, was Agnes gesagt hatte, aber irgendwie war es mir gleich. Meine Gedanken schweiften ab. Möglich, daß sie recht hatte. Ich hatte ein Loch geschaffen und fühlte mich in ihm gefangen. Ich hatte meine Schwäche und Teilnahmslosigkeit geschaffen. Das ganze Universum sah wie ein größerer Flop am Broadway aus.

Agnes begann zu lachen. «Es hat wieder mit deinem Mut zu tun. Mir passierte das in deinem Alter. Die Gründe waren verschieden, aber ich verlor meinen Willen. Mein Wesen wurde weich. Keine Bange, das passiert, wenn du diesen Weg eingeschlagen hast. Das ist ein gutes Zeichen.»

Ich blickte zu Agnes auf. Sie sah alt und fremd aus.

«Weshalb ein gutes? Ich komme mir tot vor.»

«Es ist gut, weil du dabei bist, zu sterben.»

«Oh, ist ja wunderbar, Agnes.» Ich schüttelte angeekelt den Kopf.

«Du hast die Kraft gewählt, Lynn. Die Kraft hat dich erwählt. Habe ich je behauptet, der Medizinweg sei einfach? Der Tod ist dir nahe. Ihr beide lernt euch kennen. Erkennt euch richtig. Der Tod ist alles, was du hast.»

Mit jedem ihrer Worte geriet ich tiefer in die Depression. Ich stand auf, lief zappelig um den Tisch, wollte nichts mehr denken.

«Komm mit, Lynn, wir fahren zu Rubys Hütte rüber. Nimm meinen Besen mit.»

Ich war froh, etwas zu tun zu haben, holte den alten Besen und folgte Agnes zum Wagen. Ich blickte dabei zu Boden und sah zu, wie die feuchte Erde an meinen Stiefelspitzen hängenblieb. Wir legten die ganze Strecke zu Rubys Hütte schweigend zurück. Ich war erleichtert, daß dort niemand war.

«Lynn, räum die Hütte auf, während ich Ruby suche.» Ich ging hinein und begann gehorsam zu kehren, konzentrierte mich auf das Geräusch, mit dem der Besen über die Holzdielen fuhr. Ich kehrte aus, wischte Staub und wusch einen Stapel schmutzigen Geschirrs ab. Noch war niemand zurückgekehrt. Stunden vergingen, oder es kam mir so vor. Ich fühlte mich eingesperrt. Ich sank unter einem offenen Fenster auf eine der Schlafstellen nieder und beschloß, ein Nickerchen zu machen. Als ich lag und zu dösen begann, meinte ich, draußen auf der Veranda Rubys Schaukelstuhl zu hören. Dann hörte ich Agnes und Ruby leise miteinander schwatzen.

«Also Agnes, diesmal hast du ja die richtige erwischt. Ich kann kaum glauben, wie naiv deine Schülerin ist.»

«Du hast recht, Ruby, die ist wirklich blöd.»

Ich war wie erschlagen von ihrem Spott. Sie machten sich über mich lustig. Ich blieb liegen und hörte, wie sie sich über meine Dummheit unterhielten. Sie flüsterten sich etwas zu.

Was sagten sie? Auf einmal brachen sie in Gelächter aus.

«Und wie sie ihr ganzes Haar in Locken trägt – wir werden sie nie zur Indianerin machen.» Wieder lachte Agnes.

«Naja, wenigstens hast du ein Buch aus ihr herausgeholt. Ich kann es gar nicht fassen, daß sie noch nicht genug hat und zurückgekommen ist. Vielleicht kriege ich sie dazu, den Misthaufen vom alten Jack umzusetzen.» Sie lachten hysterisch los.

Mir reichte es. Ich sprang mit einer Wut auf, die ich mir nie zugetraut hätte und lief kochend hinaus auf die Veranda. Agnes sah meinen Schatten und drehte sich um. Ihre gespielte Überraschung erzürnte mich noch mehr.

«Ach, du bist's bloß», sagte sie.

«Ja, Agnes. Ich bin's bloß. Ich werde jetzt gehen. Ich bleibe nicht an einem Ort, wo ich unerwünscht bin.»

Ich versuchte wirklich, sie beide zu kränken. Ich war eine so ausgemachte Närrin gewesen, hatte alles mit großen, strahlenden Augen verschlungen. Ich Dummkopf! Sie hatten recht. Ich war blöd. Wenn das ein Weg des Wissens war, wollte ich überhaupt nichts mit ihm zu tun haben. Ich machte auf dem Absatz kehrt und eilte zum Wagen.

«Oh, laß mich dich zu deinem Wagen bringen, Lynn.» Agnes sprang auf und heftete sich an meine Fersen. Ich begann zu rennen, und sie hielt Schritt mit mir, trieb mich fast zum Wahnsinn.

«Hör auf, hinter mir herzulaufen», schrie ich und drehte mich schnell um, wollte sie anfunkeln. Sie stand etwa drei Meter von mir entfernt. Ich war verblüfft, weil ich geglaubt hatte, sie sei sicher dicht hinter mir. Ich wandte mich mit einem angewiderten Schnauben ab, stolperte aber plötzlich über meine Füße, als habe sie jemand zusammengebunden. Im Nu lag ich mit dem Gesicht nach unten auf dem Boden. Mir blieb der Atem weg. Ein heißes, prickelndes Gefühl kroch mir über die Haut. Agnes sagte: «Ich glaube, ich lasse dich allein zurückfahren und deine Sachen packen. Ich will nur hoffen, daß das Fahren besser als das Laufen geht.» Sie drehte sich auf dem Absatz herum und ging beschwingt zurück zu Rubys Hütte.

Als ich mich am Boden aufsetzte, den Sand ausspie und den Schmutz abstreifte, wurde mir auf einmal klar, daß ich nicht abreisen konnte. In meinem Wutanfall hatte ich Red Dog vergessen, und auch, was mir Storm im Beverly Hills Hotel gesagt hatte. Wieder brannten mir Tränen der Wut und der Verzweiflung in den Augen. Wie ein geprügelter junger Hund, der etwas zu fressen sucht, trottete ich langsam zu Rubys Hütte zurück und ging zu den beiden, die am Tisch saßen und mich erwartungsvoll anblickten, als hätten sie gewußt, daß ich zurückkommen würde. Ich setzte mich und platzte mit dem ganzen Erlebnis im Hotel heraus. Als ich fertig war, blieb es lange still. Dann kamen Agnes und Ruby beide zu mir, legten lachend ihre Arme um mich, versuchten mich zu kitzeln, wischten mir die Tränen ab.

«Meine Güte, dir kann es wohl nicht aufregend genug sein!» lachte Ruby. «Wir mußten dich aufrütteln.»

«Ich verstehe nicht», sagte ich verblüfft über ihr verändertes Verhalten.

«Wir fragten uns schon, wann du es uns endlich erzählen würdest», meinte Agnes mit gespielter Entrüstung.

«Ich habe versucht, es dir zu erzählen. Soll das heißen, du wußtest Bescheid?»

«Was meinst du, wer in deinem Kopf gesprochen hat, die Putzfrau?» Agnes mußte über mein Gesicht lachen.

«Dann warst du das wirklich. Wie konnte Red Dog in diesem Aufzug in einer Limousine erscheinen? Er sah großartig aus.»

«Ein beliebter Trick der Zauberer, dort aufzutauchen, wo man am wenigsten mit ihnen rechnet. Er entschied sich für diese bestimmte Form, um deine festen Vorstellungen durcheinander zu bringen. Zauberer können sich in jede Richtung bewegen, manchmal gleichzeitig in mehrere.» Agnes lächelte und schüttelte den Kopf. «Es war leicht für ihn, wie ein Herr auszusehen – er war mal als Father Pierson, als Priester bekannt.»

«Ja, natürlich.» Mir fiel das Nummernschild der Limousine ein, auf der FATHER gestanden war. Red Dog hatte das sicher für einen guten Witz gehalten.

Agnes lächelte. «Er weiß, wie man sich in der sogenannten guten Gesellschaft benehmen muß. Er kennt die Bilder, die die Leute in ihren Köpfen haben, wie die Dinge und Leute auszusehen haben. Der kann fast überall so tun, als ob er sich wohlfühlt. Das ist wirklich einfach.»

Ich begann zu spüren, wie sich mein Ego wieder Vorwürfe machte, und beschloß, in der Zukunft wesentlich vorsichtiger zu sein.

«Agnes, das ganze schaurige Ereignis zeigte mir nur, wie weit ich noch zu gehen habe. Ich kam mit ihm einfach nicht klar. Ich vergaß mein gesamtes Training. Ich konnte nichts davon anwenden. Du hast mir nicht alles über seine Kräfte erzählt.» Ich ertappte mich bei dem Wunsch, Agnes wieder die Schuld zuzuschieben. «Agnes, ich bin eingeschüchtert, und deshalb fange ich an, dir die Schuld zu geben.» Ich kauerte auf meinem Stuhl, hatte die Knie an die Brust gezogen und wiegte mich vor und zurück. Agnes schnalzte mit der Zunge und kniff ein Auge zu. Sie ging auf meine Furcht nicht ein, wodurch ich mir noch alberner vorkam. Ruby legte sich auf ihr Bett und wollte schlafen. Wir nahmen unsere Sachen, verabschiedeten uns und gingen. Wir sprachen den ganzen Weg zurück zur Hütte weiter.

«Ich habe dir immer gesagt, Lynn, sobald du dich der Kraft bemächtigst, mußt du sie auch bewahren. Das Haben ist eine Sache. Das Halten eine andere.» Sie schwieg und hielt die linke Hand mit der Fläche nach oben, legte die Rechte mit der Handfläche nach unten darauf. Dann hielt sie beide triumphierend in die Höhe. «Ob Mann oder Frau, dem Weiblichen in uns allen muß gestattet sein, wirksam zu werden. Lerne empfangen, lerne halten. Ich rede aber nicht von klammern. Ich sage *halten*. Ein Riesenunterschied.»

«Aber wie kann mir das Geistige des Korbes genommen werden? Es ist jetzt ein Teil von mir.»

«Indem er dich tötet.» Agnes sah das Entsetzen in meinen Augen. «Wenn er kann. Er muß es jedoch auf eine Weise tun, die er für ehrenhaft ansieht. Er muß dich täuschen. Oh, der wird dich nicht einfach in die Luft sprengen oder erschießen. Das wäre zu einfach. Du hast seine weibliche Kraft gestohlen, und er will sie zurück. Er wird sich nicht einfach mit dem, was du getan hast, abfinden. Er wird fast nichts unversucht lassen. Was dir schwergefallen ist, wird ihm ein Leichtes sein. Denk dran, er ist ein großer Zauberer und steht ganz zu seiner Kunst. Als du hier ankamst, warst du halb tot. Jetzt bist du aufgerüttelt, verschreckt und wütend, also wieder lebendig.» Sie lachte leise. «Für eine Weile auf jeden Fall.» Sie erhob sich, beugte sich über mich und betrachtete sorgfältig meinen Körper. «Du bist löcheriger als ein Vertrag.» Das Lächeln wich einem ernsten Blick. «Ich kann sehen, daß du vom Weg

Schutz-der-Kinder-Schild

abgekommen bist, Lynn. Deshalb sind wir so hart mit dir umgesprungen. Wir mußten dich auf ihn zurückbringen. Du glaubst, du hast mit deinem Buch etwas erreicht. Du bist selbstzufrieden. Und damit begibst du dich wirklich in Gefahr.»

Ich hörte meine Stimme. Sie klang schwach und weinerlich wie die eines Kindes. «Aber ich habe doch nur getan, was du mir aufgetragen hast. War das nicht ein Werk der Kraft?»

«Doch. Und indem du die Geschichte deiner Erfahrung aufschriebst, hast du einigen Frauen ein Werkzeug gegeben, das sie weiterführt. Frauen brauchen das. Wenn eine Frau ein Werk der Kraft vollbringt, hat sie so etwas wie ein Kunstwerk geschaffen. Es verändert sie auf alle Zeiten. Es vermittelt ihr eine neue Sicht auf dieser Mutter Erde, bringt ihr das Sehen bei. Lehrt sie zu erkennen, was sie fühlt, und lehrt sie zu fühlen, was sie erkennt. Wenn das geschieht, kann sie sich neu erschaffen. Sie erkennt, was sie will, was notwendig ist, und sie weiß, was sie nicht will, was unnötig ist. Während des Prozesses, deine Geschichte mit anderen zu teilen, bist du vom Weg gelockt worden. Du hast vergessen, wo du auf dem Medizinrad stehst. Du bist vom Weg abgekommen.» Ich parkte den Wagen bei der Hütte, und wir stiegen aus.

«Aber, Agnes.» Ich suchte nach den richtigen Worten, während ich ihr den Pfad hinabfolgte. «Agnes, deine Lehren waren das einzige, woran ich gedacht habe.»

«Meine Lehren sind unwichtig, wenn du den Weg verlassen hast.»

«Aber ich weiß nicht, was ich getan habe. Ich bin immer noch voller Hingabe an das Wissen.»

«Ja, aber das Wissen genügt nicht», sagte Agnes, als wir die Hütte betraten. Sie setzte sich und sah mich an. «Du verstehst dein Wissen noch nicht ganz, und Verstehen kann nicht gelehrt werden. Es kommt einfach. Und so steht das Wissen in deinem Kopf wie unfertiges Essen auf dem Herd.» Agnes stand auf und ging zum Herd, machte Feuer und rührte mit einem Holzlöffel Suppe um, während sie sprach. «Du meinst, du bist auf der richtigen Fährte, aber du bist es nicht. Du hast dich verlaufen. Du meinst, du weißt jetzt eine Menge. Aber du weißt immer weniger.»

«Was kann ich tun?»

«Nun, du wirst tun müssen, was ich dir sage.» Sie hörte auf, die Suppe umzurühren. «Kann sein, daß ich dich deuten werde.»

«Was meinst du damit?»

«Wir werden eine Kristallzeremonie abhalten, damit ich in dich hineinschauen und sehen kann, was schief gelaufen ist.»

«Ich wußte nicht, daß du noch mit Kristallen arbeitest.»

«Du weißt eine Menge nicht.»

Sobald die Suppe heiß war, verteilte sie sie auf zwei Holzschüsseln. «Hier. Iß. Laß dich vom Rühren der Suppe an jenen Ort der Ruhe bringen.» Ich sah zu, wie ihre Hand rührte, und meine angespannten Nerven schienen sich tatsächlich zu beruhigen. Wir aßen schweigend und gingen hinaus.

Ich saß mit Agnes auf der Veranda, und die Schatten auf der Lichtung um die Hütte wurden lang. Ich beobachtete, wie sich ihr Gesicht im schwindenden Licht veränderte, wie die Falten tiefer wurden und dann fast verschwanden. Ihre Augen waren geschlossen, ruhten sich aus. Ich war friedlicher, dankbar, daß mir vom Schicksal gewährt worden war, diese seltsame Frau kennenzulernen.

«Bewegung», sprach Agnes und dehnte den Klang der Silben. Sie öffnete weder die Augen noch bewegte sie sich. «Bewegung, Bewegung, Bewegung», wiederholte sie eintönig das Wort.

«Bewegung?» fragte ich.

«Bewegung, Bewegung», zog sie die Vokalklänge zu einer Art Summen auseinander.

«Willst du, daß ich mich bewege, Agnes?»

«Ich möchte, daß du auf den Klang hinter meinen Worten lauschst. Klang hält die Welt zusammen. Bewegung, Bewegung», wiederholte sie immerfort.

Ich versuchte, aufmerksam zu lauschen. Ihr Sprechton hatte etwas merkwürdig Kehliges, wirkte wie ein Sog auf mein Gedächtnis.

«Bewegung, Bewegung.» Langsam öffnete Agnes die Augen, um mich anzusehen, und begann zu kichern.

«Wieso lachst du?»

«Das ganze Blut schießt dir in den Kopf!»

Ich lachte und merkte, daß ich in meinem Bemühen, zu verstehen, was sie wollte, meine Gesichtsmuskeln verspannt hatte.

«Schau, lausche von hier aus.» Agnes klopfte sich auf den Solarplexus.

«Bewegung.» Sie wiederholte es fünfzig, sechzig Mal. «Ich halte einen Gedanken hinter meinem Wort fest. Schau, ob du ihn mit deinem Traumkörper erreichen kannst.» Wieder klopfte sie sich auf den Bauch, wiederholte hypnotisch das Wort.

«Ich kann nichts sehen», sagte ich enttäuscht.

«Du mußt hier deinen Verstand loslassen und nur mit deinem Körper lauschen. Leere deinen Verstand. Versuch es noch einmal. Du wirst sehen.» Von neuem wiederholte sie: «Bewegung, Bewegung, Bewegung.»

Diesmal sah oder fühlte ich in dem Klang ein Medizinrad

und erkannte einen Kreis aus Steinen. Ich spürte, wie ich mich von Vertrauen und Unschuld im Süden des Rades zu Weisheit und Stärke im Norden bewegte. Als ich mich hinauf bewegte, sah ich oben am Rad einen Elch stehen. Agnes sprach nicht weiter und beobachtete mich, machte ein komisches Gesicht. Ich öffnete die Augen, schloß sie, blinzelte heftig, weil das Bild geblieben war. Langsam verging es.

«Siehst du? Einfach.» Agnes rieb die Handflächen gegeneinander, und wir lachten. Es war beinahe ganz finster, als wir in die Hütte gingen. Wir sahen nach dem Feuer, setzten uns an den Tisch und zündeten eine Lampe an.

«Das war wie eine Halluzination.»

«Es ist bloß eine andere Art des Schauens. Wenn es um etwas Wichtiges geht, ist es besser, du schaust mit deinem Traumkörper, weil deine Augen getäuscht werden können und weil dich dein eigener Verstand zum Narren halten kann. Du brauchst mir nicht zu sagen, was du gesehen hast – ein Medizinrad aus Steinen, und du hast dich nach Norden bewegt, richtig?»

«Ja, Agnes, und noch viel mehr.» Jetzt war ich aufgeregt. «Ich verstand, was du mir über Bewegung gesagt hast. Ich hatte vorher nie verstanden, daß erst das Bedürfnis nach Bewegung auftreten muß, bevor du dich von Materie in Geist verwandeln kannst. Jetzt sehe ich es, kann aber nicht wirklich erklären, wie ich es sehe.»

«Das ist es doch. Bestimmte Dinge kannst du mit Worten nicht erklären. Deshalb mußt du auch zwei Weisen des Sehens lernen – die mit den Augen und die mit dem Traumkörper.» Agnes streckte die Hand aus und rieb mir den Bauch. Ich bemerkte, daß es ein wenig zärtlich geschah.

«Agnes, du machst mir alles recht schwer.»

Agnes legte den Kopf zur Seite wie eine Elster und starrte mich an. «Tu ich das?»

«Was da eben passiert ist – ich möchte über mein Schreiben die Leute an dieser Erfahrung teilhaben lassen. Aber wie kann ich sie eigentlich erklären?»

«Ich habe nie gesagt, daß es einfach sein würde.» Agnes erhob sich und bereitete Kräutertee.

«Buchkritiker und Anthropologen – sogar ein paar Indianer – verstehen nicht, was ich über dich und Ruby schreibe.»

«Wieso das denn?» Agnes lächelte und trommelte mit den Fingern auf die Platte.

«Sie glauben nämlich, ihr schwankt zu sehr in eurem Verhalten: ihr seid einmal geistreiche Philosophen, und im nächsten Augenblick benehmt ihr euch wie keifende Hausfrauen aus Winnipeg. Einmal seid ihr Medizinfrauen, die mich durch das Tal des Todes gehen lassen, und dann tollt ihr wieder wie Kinder umher. Die Leute tun sich vermutlich schwer, das zu verstehen.»

Agnes stellte den Tee auf den Tisch, und es blieb lange still. Als sie sich setzte, seufzte sie tief auf. «Die Welt sieht die Indianer als unterworfene Völker. Die Welt sieht uns als unbedeutende Männer und Frauen, von Stammesgrenzen eingeengt, Opfer der Reservate. Es ist nicht lange her, daß man uns umbrachte, wenn wir den Geistertanz aufführten. Unsere wahre Kraft ist verborgen. Das mußte so sein, wenn wir sie erhalten wollten. Ein Mensch der Kraft mußte nicht nur die weiße Welt fürchten, sondern aus Angst wandten sich auch Indianer gegen Indianer. Du weißt das alles, aber manchmal vergißt du es. Oft erkennen uns die eigenen Leute nicht. Wir bleiben im Verborgenen. Das müssen wir. Doch reisen und treffen wir uns auch. Wir tauschen unser Wissen aus, und das ist immer so gewesen. Wenn zum Beispiel Schüler etwas über Kachinas lernen müssen, schicken wir sie vielleicht auf dem guten roten Weg in den Süden, in die Pueblos. Weshalb halten das deine Erzieher für so merkwürdig?»

«Die denken anscheinend, wenn du eine Cree bist, hast du mit allem anderen nichts zu tun.»

«Wenn du eine Studentin hast, die etwas über Frankreich wissen möchte, schickst du sie dann nicht dorthin?»

«Doch.»

«Nun, bei einigen von uns ist genauso. Natürlich gibt es einige Medizinmenschen, die bei ihrem Volk bleiben. Das ist ihr Weg, und ich achte sie. Medizinmenschen haben ihre eigenen Ideen, und die müssen respektiert werden.

Du bist voller Worte des weißen Systems, voll geborgten Wissens. Das hat seinen Sinn. Hier aber lassen wir dich *leben*, was du von uns lernen sollst. Deshalb ändern wir unser persönliches Wesen. Weil wir die Lehre *sind*. Wir stellen uns nicht auf ein Podium und halten dir eine Vorlesung über die Wahrheit. Wir bringen dich dazu, die Wahrheit zu fühlen und zu atmen, Wahrheit zu werden. Du mußt auf unser Spiel reagieren, und das bringt dich auf einen Weg.»

«Aber das kann man den Leuten so schlecht erklären.»

«Jedes Buch wird vom Leser noch einmal geschrieben. Wenn du ein Buch liest, wird es dein persönlicher Lehrer. Du bringst in das Buch ein, was du bist.»

«Ich denke, sie werden finden, was sie brauchen.»

«Richtig. Jetzt legen wir uns schlafen. Morgen wird ein langer Tag werden.»

Als ich kurz darauf in meinem Schlafsack lag, konnte ich Agnes gleichmäßig atmen hören. Sie war schon eingeschlafen. Die Bäume draußen streiften über die alten Bretter der Hütte, wie Kiesel, die in der Strömung rollen. Ich lauschte, bis mich die Harmonie von jenseits des Windes in den Schlaf lullte.

Ich erwachte und sah Agnes die Hüttentür öffnen und tief Luft holen. Ich fühlte, als sei ich Teil ihres Körpers, wie sich ihre Lungen freudig weiteten. Die Sonne tauchte sie in ein weiches, zartes Licht. Sie strahlte. Als sie schließlich sprach, tönte die Stimme wie Musik. Etwas in ihr ließ mich im ganzen Körper fröhlich werden. Ich stand auf, und wir bereiteten das, was sie ‹magere Küche› nannte – ein Frühstück aus Tee und Haferbrei.

«Lynn, wenn du begreifst, daß das Leben magisch ist, dann und nur dann kannst du anfangen, Magie zu üben.» Ihre Stimme schien aus allen Ecken des Zimmers zu kommen. «Die Frauen brauchen eine Form, ein Gegenstück der männlichen, die aber wahrhaft ihre eigene ist. Wenn die Frauen die Männer nachahmen, geben sie ihre Kraft, ihre Besonderheit auf.

Aber da ist noch etwas. Ich kann dich nicht heilen, wenn ich von dir getrennt bin. Ich muß deinen Geist berühren, in dich hineinsehen. Ich werde dazu die Kristallhelfer heranziehen. Kristalle lehren dich das Wesentliche und die wahren Anfänge. Wenn du die Anfänge kennst, werden dich die Kristalle lehren, immer mehr zu sehen. Im Innern des Kristalls ist eine Flamme – du kannst dich in dieses Feuer ziehen lassen, in ein Feuer, das das Herz von seinen Motiven reinigt und dich offen macht. Dann werde ich dich wahrhaft sehen.»

Agnes ging ans Fenster und schloß es. Sie bedeutete mir, mein Bettzeug zu nehmen. «Nimm mit, was du glaubst, für ein paar Tage zu benötigen, Lynn.» Ich war noch immer müde von meiner Reise nach Manitoba, protestieren wäre jedoch dumm gewesen.

Die Lehren der Medizinfrau

Wir fuhren bald in Richtung Süden, schaukelten in meinem Leihwagen die holprige Straße entlang. Zwielicht stand über den einsamen Ebenen Manitobas. Niedrige Bäume wie seltsame Gestalten im goldenen Licht. Unvermittelt wies mich Agnes an, nach Westen auf eine zerfurchte kleine Straße abzubiegen. Wir legten nach dieser Abzweigung viele Meilen schweigend zurück. Als die Sonne eben dem Tag ihr letztes Licht schenkte, bogen wir ab, auf Felsen zu, die seltsam aus der Erde ragten und in ihrem Durcheinander wie gichtige Knöchel aussahen.

Dicht unterhalb der Felsen war eine eingezäunte Weide. Agnes sagte mir, ich solle neben ihr anhalten, ein paar Meter neben der Straße. Ich blickte mich um. Nirgendwo deutete etwas auf Menschen hin. Wir nahmen unsere Sachen und hielten uns gegenseitig den Stacheldraht auf. Ich hatte keine Ahnung, wohin wir wollten. In dem schwachen Licht konnte ich die Umrisse eines Büffels erkennen, der in der Nähe der Felsen stand. Ich ging schnell dichter an Agnes heran. Sie lachte, sah meine Ängstlichkeit.

«Wohin gehen wir?» fragte ich. Ich wurde auf eine dünne, graue Rauchfahne aufmerksam. Als ich aufsah, bemerkte ich, daß sich der Rauch von der Höhe eines Hügels in die Luft wand.

«Wir gehen zur Hütte meiner Kusine.»

Es war fast schon finster, als wir nach Osten um den niedrigen Hügel liefen. Plötzlich stellte ich fest, daß der ‹Hügel› in Wirklichkeit eine gewaltige Erdhütte war. Wir gingen, bis wir eine Öffnung in der Erhebung erreichten, die mit einem alten Büffelfell verhängt war. Sie erinnerte mich an den Eingang zu einem Bergwerkschacht.

«Warte hier», befahl Agnes und verschwand im Hügel.

Kurz darauf rief sie mich hinein. Ich schob das Büffelfell zur Seite und betrat einen gerippten Tunnel, der mich etwa zwei Meter in die Erde hinab führte. Ich gelangte in eine runde Behausung mit einem Durchmesser von ungefähr zwölf Meter. Die Feuergrube in der Mitte war mit glühenden Holzstücken gefüllt. Der Rauch stieg beinahe fünf Meter über uns durch ein Loch in der Mitte der Wölbung ins Freie. Agnes begann, das Feuer zu versorgen.

«Das ist die Hütte von Großmutter Walking Stick, meiner Choctaw Kusine. Sie ist eine Kristallmedizinfrau, eine Steinfrau. Sie ist nicht da, aber wir sind willkommen. Leg dein Bettzeug dort drüben hin.» Sie wies auf eine Art Gestell, das von dem Bord vorragte, das den Rand der Hütte säumte.

Was ich sah, erfüllte mich mit Ehrfurcht. Vier große Pfosten trugen das Dach. Von zwei Balken hingen vollendet bemalte Büffelfelle. Ich erblickte die verschiedensten wundervollen Dinge – weitere bemalte Büffelhäute, Indianerteppiche, und auf dem Erdboden viele Tierfelle. Die Hütte war von großer und einfacher Schönheit. Ich sah hinauf zum Rauchabzug, den ich eben noch für ein Lagerfeuer auf einem Hügel gehalten hatte. Ich fragte mich, wieviele Dinge ich wegen meiner gewohnten vorgefaßten Meinungen gleichfalls nicht bemerkte.

Als ich mich umsah, erkannte ich, daß die Hütte viel von einem Bau der Pawnee hatte. «Was macht diese Art von Hütte in Kanada?» fragte ich Agnes.

«Meine Kusine kam vor langer Zeit aus Oklahoma und hat es stets vorgezogen, so zu wohnen. Komm, setz dich. Wir wollen eine Weile reden.» Sie klopfte auf den Teppich neben sich.

Ich ließ mich in ihrer Nähe nieder, und das Feuer wärmte uns die Füße.

«Noch näher.»

Ich kam näher. Agnes spähte ins Feuer.

«Du fragst dich, warum ich dich hierher gebracht habe.»

«Ja.»

«Wir sind alle hier, um zu lernen, aber du sollst hier etwas ganz Bestimmtes lernen. Häufig ist zunächst nicht klar, was wir lernen sollen.»

Ich betrachtete ihr schönes altes Gesicht, auf dem das Feuer tanzte und einen großen schwarzen Schatten auf das bemalte Büffelfell hinter ihr warf. Ich wollte weinen, einfach weil Agnes und ihr Volk so schön waren. Mir war, als wäre ich um Jahrhunderte zurückversetzt. Tränen der Dankbarkeit rollten mir über die Wangen. Sie legte ihre Hand auf meine.

Wir tranken etwas Navajo-Tee, den ich ihr mitgebracht hatte und aßen Sandwiches. Wir unterhielten uns lachend über all das, was geschehen war. Sie versicherte mir, daß sie und Ruby die schrecklichen Sachen, die sie gesagt hatten, nicht ernst meinten.

«Um deine Kraft aufzuwecken, mußten wir dich wirklich kränken und wütend machen», sagte sie. Sie wickelte eine Decke auf, die viele Beutel mit verschieden großen Kristallen enthielt. Sie legte sie der Reihe nach zwischen uns aus und erzählte mir, woher jeder stammte, welche männlich, weiblich oder geschlechtslos waren. Sie standen für viele der heiligen Berge der Welt. Wir gingen bald hinaus und legten einige Kristalle auf einen Dreifuß, der sich in der Nähe der Hütte befand.

«Großmutter Mond wird sie heute nacht aufwecken. Wenn Frauen mit Kristallen arbeiten, sprichst du zu Großmutter Mond. Großvater Sonne erweckt die Kristalle, die die Männer verwenden.»

Schutz-der-Kinder-Schild

Wir gingen zurück in die Hütte. Agnes gab mir vier Kristalle.

«Hier», sagte sie. «Schlaf mit ihnen. Es ist gut, eure Energie auszutauschen.»

Ich kroch in meinen Schlafsack, legte einen Kristall an meinen Kopf, einen an meine Füße, nahm die beiden anderen in meine Hände. Ich schloß die Augen und war bald tief eingeschlafen. Ich träumte von Pyramiden, über deren Spitze der Vollmond stand.

Ich hatte gut geruht, hielt die Kristalle noch in den Händen. Ich war entspannt, hatte eindeutig mehr Energie. In einer Erdhütte aufzuwachen ist wie eine Wiedergeburt. Die Erde schützt wunderbar vor Hitze, Kälte und Geräuschen.

Einen Moment flutete Licht in die Hütte, als Agnes den Tunnel hinauf und ins Freie ging. Ich stand rasch auf, rollte meinen Schlafsack zusammen, legte die Kristalle auf einer Decke aus. Ich bereitete Tee, setzte mich auf das Otterfell, um ihn zu trinken. Über allem lag Stille.

Agnes kehrte bald zurück, teilte mir mit, daß es früher Nachmittag sei, daß ich die Ruhe gebraucht hätte.

«Was macht Großmutter Walking Stick mit diesen Fellen?» fragte ich. «Ich glaube, ihre Arbeit dürfte recht wertvoll sein. Meinst du, sie möchte sie ausstellen?»

«Niemals», sagte Agnes heiter. Mit einer Geste wies sie mich an, mir die Felle genauer anzusehen. «Über die Art des Volkes wurde viel in Sagen berichtet. Viel ist in die Medizingürtel gewebt worden. Vieles wurde vergessen. Doch einige sind in der Lage, sich zu erinnern. Großmutter Walking Stick hat ein gutes Gedächtnis und erinnert sich an den Pfad für ihr Volk. Sie malt Geschichten auf das Büffelfell. Soviel ich weiß, hat noch nie ein weißer Mensch sie gesehen. Sie wußte, daß

Die Lehren der Medizinfrau

du kommst und hätte sie einrollen können. Die Kristalle sagten ihr, daß sie dir trauen kann. Es ist eine große Ehre. Großmutter Walking Stick ist eine große Kriegerin und Lehrerin, und dir mag eines Tages die Ehre zuteil werden, sie zu sehen.»

Auf einer Haut zeigte die Malerei die seltsame Gestalt einer Frau, die in der Mitte einer Menschengruppe saß. Die Frau hatte wie eine Maya eine ziemlich flache Stirn, darüber zusammengedrehtes Haar, das merkwürdig, wie ein Horn nach vorn ragte.

«Agnes, wen stellt diese Figur dar?»

«Sie ist eine mit gedrehtem Haar. Zu der Zeit, bevor der weiße Mann gekommen war, zogen die ‹Gedrehten Haare› – wandernde Geschichtenerzähler – über die gesamte Schildkröten-Insel hin. Alle liebten sie – ihre besondere Medizin. Ich glaube, in jenen alten Tagen wärst du eine der Gedrehten Haare gewesen. Statt ein Buch zu schreiben, wärst du von Dorf zu Dorf gezogen. Wo die Gedrehten Haare auch hinkamen, sie wurden wegen ihrer großen Gabe geliebt. Nachts versammelte sich das ganze Dorf um die Feuer, wollte unterhalten werden und lernen. Sie kannten viele Geschichten und sammelten sie.

Jetzt kann man sich die Macht des Gedrehten Haars kaum vorstellen. Sie konnte auf überzeugende Weise jede Stimme nachahmen. Sie konnte dich glauben machen, du würdest mit dem Wind, den Pflanzen oder den Tieren sprechen. Ob eine nun mit Zeichen oder Worten sprach, ein Gedrehtes Haar konnte dich in ihre besondere Welt mitnehmen und dich alles vergessen lassen. Die Gedrehten Haare waren die wichtigsten Geisterbeschwörer. Möchtest du eine Geschichte hören, die ich einst hörte? Sie wurde von einer der letzten Gedrehten Haare erzählt, von Yellow Robe.»

«Ja, sehr gern.»

«Ich werde dir die Geschichte erzählen, die Yellow Robe erzählte. Mach es dir bequem.»

Ich legte mich auf meinen Rücken und beobachtete durch den Rauchabzug die Wolken.

«Stell dir vor, du bist sehr müde. Das ganze Dorf wartet auf Yellow Robe, wartet sehr ehrerbietig. Recht bald tritt sie heraus und erzählt ein paar lustige Geschichten. Dann beginnt sie, über sich selbst zu reden.

Ich heiße Yellow Robe. Ich wurde im Norden geboren und wuchs dann bei den Leuten der Seen auf. Als ich zwölf Jahre alt war, zog ich zu meiner Tante in den westlichen Lagern. Sie hieß Day Owl. Aufgrund ihrer Vision hatte Tante Day Owl gelobt, die Große Salzstraße hinab in die Städte der Maya im tiefen Süden zu ziehen, um dort Medizin von ihnen zu lernen. Ich bat sie um Erlaubnis, sie zu begleiten, und sie war einverstanden.

Den größten Teil des Weges legten wir im Kanu zurück. Wir fuhren den Großvater Fluß hinab. Wir konnten in einem Kanu mitfahren, das das Meer befuhr, und wir reisten fünfzehn Tage lang. Dann gingen wir zu Fuß. Wir schlossen uns einer Karawane von Händlern an. Alle wußten, daß wir auf einer heiligen Mission waren, denn wir trugen den Sprachschild der Maya. Vorn auf den Schild waren vier Jaguare und vier Adler gemalt.

Als wir losreisten, war meine Tante recht beleibt. Doch unterwegs wurde sie dünn – noch jetzt staune ich, wie schön Tante Day Owl wurde! Sie war auch keine sehr gesunde Frau gewesen, aber während der Reise wurde sie sehr stark.

Wir reisten in fünf Dörfer und blieben ein Jahr in jedem. Ich näherte mich gerade meinem siebzehnten Sommer, als uns eine mächtige Medizinfrau mit Namen Pipe in die Stadt der Maistänzer einlud. Tante Day Owl und ich, wir gingen dorthin und blieben. Ich schloß mich der Lerngemeinschaft des Medizinbogens an. All mein Lernen geschah innerhalb der Gemeinschaft.

Als ich zweiundzwanzig Sommer alt war, ging ich zu meiner Tante. Ich hatte ein Problem. ‹Tantchen›, sagte ich zu ihr. ‹Da ist ein gewisser junger Mann, und mir fällt es sehr schwer, mit ihm zu reden.›

‹Wer ist es?› fragte Tante Day Owl.

‹Er heißt Golden Sand, aber ich nenne ihn nur Sand.›

Tante Day Owl lächelte. ‹Golden Sand ist der Sohn von Thunder Child. Weshalb kannst du nicht mit ihm sprechen? Liegt es daran, weil er so prächtig aussieht?›

Ich muß sehr tief errötet sein. ‹Nein – es ist wegen Arrow Light, seinem Bruder. Er mag mich nicht und will uns auseinander halten. Mir ist es gleich, ob ich mit Sand rede oder nicht.›

‹Ich werde tun, was ich kann›, sagte Tante Day Owl.

Es verging viel Zeit, und ich hörte überhaupt nichts. Ich war voller Sehnsucht. Ich glaube, ich nahm sogar ab. Golden Sand war stark wie ein Jaguar. Seine Augen zeigten eine innere Güte und Reinheit, daß ich von ihnen schier besessen war. Die anmutige Art, mit der er sich bewegte, ließ eine Melodie von Tatkraft von einem Menschen auf den anderen übergehen.

Sein Bruder Arrow Light war ein Jahr älter als ich. Auch er gehörte der Bogengemeinschaft an. Ich dachte, er könne mich nicht leiden, weil er sehr streng zu mir war, wenn er mich unterrichtete. Er ließ mich stundenlang arbeiten. Ich durfte nie auch nur einen Augenblick nachlassen. Eines Tages mußte ich fünfzig Pfeile durch den Ring im Ballhof schießen, ohne den

Rand zu berühren, aus hundert Metern Entfernung. Arrow Light befahl es mir, weil ich an diesem Tag einen rollenden Reifen verfehlt hatte.

Ich dachte ständig an Sand. Die ganze Zeit über, vom Aufstehen bis zum Schlafengehen, schien er in meinem Herzen zu sein. Es machte mich wahnsinnig. Als ich es nicht mehr aushielt, trat ich vor Arrow Light hin und teilte ihm mit, daß ich seinen Bruder liebe, und wenn es ihm nicht paßte, könnte er mich im Ballhof treffen, und dann würden wir sehen, wer wessen Sklave wäre!

Arrow Light lachte so heftig, daß er sich hinsetzen mußte. Ich war so zornig, daß ich den Bogen in meinen Händen gegen den Boden stieß und ihn zerschmetterte. ‹Du bist ein törichtes Mädchen›, sagte Arrow Light. ‹Meine Familie hatte schon mit deiner Tante gesprochen, hat schon sieben Quetzal-Gewänder für den Tag der Herausforderung übergeben.›

‹Für welchen Tag der Herausforderung?› fragte ich.

‹Schweigen›, befahl er. ‹Du kennst die Regel des Schweigens.›

Die Regel des Schweigens besagte, daß ich meinen Bogenhäuptling zu nichts anderem befragen durfte, als zur Bogenmeditation.

Qualvoll zogen sich die Monate hin. Dann kam eines Tages ein Häuptling in die Ballhöfe und rief die Gemeinschaft zusammen. Er sagte: ‹Mitglieder, Bogenmänner und Bogenfrauen, der Tag der Herausforderung ist gekommen. Es ist Brauch, den höchsten Siegerpreis auszusetzen, den das gesamte Volk zu vergeben hat. Dieses Jahr sind unsere Geschenke der Krieger Golden Sand und die Kriegerin Rain. Sie sind einverstanden, jeweils die Frau und den Mann zu heiraten, die Maskengewinner sind.›

Niemand von uns war Maya. Niemand wußte genau, wovon der Häuptling sprach. Wir mußten also abwarten, allerdings nicht lange. Vier Tage später wurden wir wieder in den Ballhof gerufen. Die Meisterin der Bogenfrauen sprach zu uns.

‹Bogenmänner und Bogenfrauen›, sagte sie. ‹Morgen beginnen die Spiele. Ihr werdet in diesem Ballhof um euren Platz im Großen Rennen kämpfen.›

Niemand hatte die leiseste Ahnung, was sie mit dem Großen Rennen gemeint hatte, aber wir waren Krieger und freuten uns auf den Wettkampf.

Wir versammelten uns am nächsten Tag im Ballhof. Hunderte und aberhunderte von Leuten waren da. Mit der Menge hatten wir nicht gerechnet. Golden Sand und Rain wurden in Quetzal-Sänften hereingetragen und am Ehrenplatz am Ort des Jaguars abgesetzt. Das ist der Ort des Gleichgewichts von Vergessen und Erinnern – den Maya sehr heilig.

Die Spiele begannen. Wir mußten gegeneinander antreten, aber es gab keine Verlierer. Unsere Startposition im Rennen war davon abhängig, wie gut wir uns in dem Wettbewerb hielten. Ich sah Golden Sand und wurde sehr aufgeregt, versuchte erfolglos mit all meiner Willenskraft, nicht an ihn zu denken. Dreiundfünfzig Männer und Frauen bewarben sich für das Rennen. Ich war die letzte. Mit anderen Worten, ganz gleich, wohin der Wettlauf ging, ich mußte als letzte antreten. Niemand wußte, wohin wir laufen würden, aus welchem Anlaß.

An jenem Abend kam ein anderer Häuptling in unser Lager. ‹Bogenmänner und Bogenfrauen›, sprach er, ‹morgen wird das Rennen beginnen. Hier sind die Regeln. Jeder von euch erhält einen Stab. Der Stab ist markiert.›

Der Häuptling schwieg und setzte sich. Fünf Männer und fünf Frauen begannen, kleine, geschnitzte Stäbe auszuteilen.

Schutz-der-Kinder-Schild

Jeder Stab trug einen geschnitzten Jaguarkopf. An meinem Stab waren dreiundfünfzig Kerben. Ich hatte sie gezählt. Als die Stäbe verteilt waren, erhob sich der Häuptling wieder.

‹Nur eine Bogenfrau hat gegen die Regel verstoßen›, begann er. ‹Ihr Name ist Yellow Robe. Sie sprach mit ihrem Bogenhäuptling, stellte ihm eine persönliche Frage. Aus diesem Grund wird Yellow Robe hundert Zählzeiten länger warten müssen.

Alle Männer und Frauen stellen sich mit ihren Brüdern und Schwestern Schulter an Schulter in einer Linie auf. Die Zähl-Häuptlinge rufen eure Namen in der Reihenfolge eurer Zählstäbe auf. Ein Name wird genannt, und der Zahl-Häuptling zählt bis hundert. Wenn ihr euren Namen gehört habt und zu Ende gezählt ist, müßt ihr aus einer Entfernung von fünfzig Schritten sieben Pfeile durch den Ring des Ballhofes schießen. Dann rennt ihr zum Sonnenfluß, Dort schießt ihr sechs Pfeile durch den beweglichen Reifen der Eulen-Häuptlinge. Von dort aus folgt ihr den Jaguarfahnen. Die Fahnen weisen euch den Weg bis zu eurem Ziel. Das nächste Mal wird beim Stein-Häuptling angehalten. Schießt fünf Pfeile durch den schaukelnden Reifen. Als nächstes rennt ihr den Blumenberg hinauf. Dort findet ihr die Adler-Häuptlinge. Schießt vier Pfeile durch ihren beweglichen Reifen. Von dort werdet ihr zur Blauwiese rennen. Schießt drei Pfeile durch den beweglichen Reifen der Weiße-Muschel-Häuptlinge. Hinter der Blauwiese kommt ein langes Tal. Rennt durch das Tal zum Sonnentor. Schießt zwei Pfeile durch den beweglichen Reifen dort. Dann müßt ihr eure Maske suchen, die mit eurer Markierung. Wenn ihr eure Maske genommen habt, rennt ihr zum Ballhof zurück. Werft die Maske Quetzalcoatl zu Füßen. Dann schießt einen Pfeil durch den Ring des Ballhofes.

Wer es nicht bis zum Ballhof zurück schafft, wird ausgepeitscht und ist für zehn Jahre Sklave. Richter werden dann euer Rennen prüfen. Ihre Entscheidung ist endgültig. Fragen werden keine gestellt, denn das ist Gesetz.

Wenn hier ein Bogenmann oder eine Bogenfrau sind, die das Rennen nicht mitlaufen wollen, so sprecht jetzt. Euer Stab wird herausgenommen werden. Wer mit seinem Entschluß bis morgen wartet, erhält fünf Peitschenhiebe, kann dann aber in seine Heimat zurückkehren. Nichts wird wiederholt. Das ist Gesetz. Euer Gedächtnis ist ausgebildet worden. Ihr seid große Bogenmänner und Bogenfrauen. Es ist der Wunsch aller Häuptlinge, daß ihr in diesem abschließenden Rennen eure Erkenntnis finden möget. Ich habe gesprochen.›

Nur ein Mann meldete sich sofort und entschuldigte sich. Am nächsten Morgen entschuldigten sich sechs weitere. Sie wurden gepeitscht und in ihre Heimat geschickt. Ich habe mich später mit all diesen Männern und Frauen unterhalten – sie waren alle nervös geworden und hatten die Anweisungen vergessen.

Ich war jetzt Nummer sechsundvierzig – eine leichte Verbesserung. Das Spiel begann. Als die Namen der Reihe nach aufgerufen wurden, rannten die Spieler nach vorn. Ich sah zu. Alle sahen zu. Der erste Mann war langsam und schoß immer daneben. Als zweite kam eine Frau, die anscheinend noch schlechter war. Jetzt versuchten schon drei auf einmal, ihre Keile durch den Ring zu schießen. Plötzlich wurde ein Horn geblasen.

‹Haltet das Spiel an!› rief ein Häuptling. ‹Unehre!› Er zeigte auf zwei der Männer, die versucht hatten, ihre Pfeile durch den Ring zu bringen. Diese beiden Männer wollten eben losrennen. Sie wollten betrügen. Sie hatten angenommen, daß die vielen Pfeile verwechselt werden würden, aber dem war nicht so. Die beiden wurden ausgeschlossen.

Das Horn blies noch einmal. Drei weitere wurden ausgeschlossen. Ich begann mich zu fragen, wie die Herolde nur so genau zählen konnten. Unsere Pfeile waren verschieden bemalt, hatten verschieden gefärbte Federn. Das Auge des Bogenschützen wird jahrelang ausgebildet, Bewegung, Farbe, Große jedes Gegenstandes zu unterscheiden, dazu auch, wohin er sich schließlich bewegen wird. Wir wußten nicht, daß diese Herolde der Spiel-Häuptlinge selbst Bogenmänner und Bogenfrauen waren, die einer eigenen Prüfung unterzogen wurden.

Als ich endlich an der Reihe war, waren noch elf beim Schießen. Ich ließ mir Zeit, aber viele meiner Pfeile fehlten. Ich brauchte sechzehn Pfeile, um sieben durch den Ring zu bringen. So schnell es ging, rannte ich zur nächsten Prüfung – zum Reifen der Eulen. Als ich dort ankam, war ich so außer Atem, daß ich meinen Bogen nicht spannen konnte. Ich mußte mich setzen, um wieder zu Kräften zu kommen. Diesmal verschoß ich fünfzehn Pfeile, bis ich sechs durch den Reifen hatte.

Ich rannte, trabte, ging zum nächsten Reifen, zu dem der Stein-Häuptlinge. Ich mußte acht Pfeile auflegen, um fünf durchzubekommen. Dort, wo wir geprüft wurden, erhielten wir auch neue Pfeile. Der nächste Halt war bei den Adler-Häuptlingen. Ich verhielt mich wie zuvor, bewahrte meine Kraft. Ich hielt sogar einmal an, um ein wenig Wasser zu trinken. Ich erblickte einen humpelnden Mann. Er hatte sich Kaktusstacheln in den Fuß getreten. Ich ließ ihn sich niedersetzen und half ihm, sie herauszuziehen. Dabei liefen andere an uns vorüber.

Ziemlich bald hatte ich alle Nadeln entfernt, und wir beide

rannten wieder los. Der verletzte Mann war schnell und war mir rasch weit voraus. Ich ließ mir Zeit. Bis zu den Adler-Häuptlingen war es viel weiter, als ich gedacht hatte. Ich ging und kam an vielen Bogenmännern und Bogenfrauen vorbei. Als ich den Reifen der Adler-Häuptlinge erreichte, war ich vorsichtig. Ich spannte den Bogen nur viermal und schoß vier Pfeile durch den Reifen.

Zum Reifen der Weiße-Muschel-Häuptlinge war es sogar noch weiter. Die Sonne stand hoch, bevor ich dort ankam. Ich war müde und durstig. Ich hatte nicht gemerkt, wie müde ich war, und schlief ein. Die Welt um mich herum wurde zu einer Welt der Farben und der Klänge. Ich wußte nicht, wo ich war. Licht strömte von einem strahlenden Kreis vor mir aus. Als ich in das Licht sah, bemerkte ich, es war eine Kriegerin mit einem goldenen Schild und einem Speer.

‹Wer bist du?› fragte ich.

‹Ich bin die Nährende›, antwortete sie.

Sie war schön, und ihr Duft füllte alles ringsumher – ein süßer Geruch. Ich war voller Ehrfurcht, weil ihr Gesicht so leuchtete.

‹Bist du eine Göttin oder ein Mensch wie ich?›

‹Ich bin die, die mit dir geht, um dir den Weg zu zeigen›, sprach sie. ‹Durch mich kannst du eingeweiht werden. Durch mich kannst du den Sieg kosten.

Geh als letzte und nimm die Last der Menschen auf. Keine Frau ist würdig, bis sie nicht ihrem Herzen folgt.›

Kaum hatte sie das gesagt, begann ihr Schild zu leuchten wie die Sonne, und mich ergriff Furcht. Ich erwachte mit einem Ruck und stellte fest, daß die Sonne, die auf mich herabgebrannt hatte, merklich tiefer gesunken war. Ich trank etwas Wasser, genug, um den Durst zu stillen, und machte mich auf den Weg. Ich kam weder an einem Mann noch an einer Frau vorbei, und ich begann mir Sorgen zu machen. Am Spätnachmittag erreichte ich den Ort der Weiße-Muschel-Häuptlinge. Ich schoß meine drei Pfeile durch den Reifen, setzte mich nieder und ruhte mich aus. Ich hatte noch einen beweglichen Reifen vor mir – den des Sonnentors. Es ging bergab, und ich trabte langsam voran, aber trotzdem mußte ich mich hin und wieder setzen und ausruhen. Ich kam nie an einem Menschen vorüber.

Es war dunkel, als ich das Sonnentor erreichte, doch der Reifen wurde von Fackeln beleuchtet. Ich sah dort neun Bogenmänner und Bogenfrauen schlafen. Ich schoß meine zwei Pfeile durch den Reifen und wollte mich auf den Rückweg machen. Plötzlich fielen mir die Masken ein. Fünf Masken waren noch übrig. Es dauerte einige Zeit, bis ich die Markierungen gezählt hatte und mir sicher war, die richtige Maske zu holen. Ein Häuptling hielt eine Fackel hoch, damit ich etwas sehen konnte.

Ich stürzte beinahe kopfüber nieder, als ich die Maske hochhob. Sie war sehr, sehr schwer. Meine Maske war aus gediegenem Gold. Das ist schwer, könnt ihr mir glauben. Ich brauchte fast eine Stunde, bis ich genügend Rinde geschält hatte, um mir eine Tragschlinge zu machen. Ich hing mir die Maske auf den Rücken und begab mich auf den Rückweg zum Ballhof. Je weiter ich ging, desto schwerer schien die Goldmaske zu werden. Ich kam an zwei Frauen vorüber, die ihre Masken in den Armen trugen. Ich rief ihnen zu, sie sollten sich Schlingen fertigen. Ich war sehr verwirrt. Ich konnte nur noch einen müden Fuß vor den anderen setzen. Ich konnte kaum mehr Atem holen. Ich kam sehr langsam voran. Inzwischen war es sehr finster. Ohne die Fahnen hätte ich mich leicht verlaufen können. Ich war schwach, stolperte und taumelte. Der Pfad kam mir äußerst steil vor, und manchmal dachte ich, ich müsse gleich auf allen Vieren weiterkriechen. Ich fragte mich, ob die Fahnen vielleicht zu einem anderen Ziel als dem Ballhof führten.

Der erste Streifen der Dämmerung erschien am Horizont, als mich eine alte Frau anhielt. ‹Bitte, meine Tochter›, flehte sie. ‹Ich bin krank. Kannst du mir nicht helfen?›

Ich blieb stehen und gab ihr ungeschickt Wasser. Sie bedankte sich.

‹Du solltest in deinem Lager sein›, sagte ich. ‹Weshalb bist du allein hier draußen?›

‹Ich bin schon die ganze Nacht hier›, antwortete sie. ‹Ich lebe allein mit meiner kleinen Enkelin. Ich habe Holz gesammelt und verstauchte mir dabei den Fuß. Ich fürchte, meine Enkelin könnte in Gefahr sein und sich wehtun.›

Sie sah mich flehentlich an. Ich stand da, wußte nicht, ob ich ihr helfen, ob ich ihr Hilfe schicken sollte. Ich erklärte ihr, daß ich am großen Wettlauf teilnahm. Da bestand sie darauf, daß ich weiterginge und ihr Hilfe schickte. Ich konnte sehen, daß sie litt. Ich ging zu den Bäumen in der Nähe und begann aus zwei Stangen ein Travois zu bauen, damit ich sie hinter mir her in ihr Lager ziehen konnte.

Die Sonne stand hoch über dem Horizont, als ich meine Arbeit abgeschlossen hatte. Ich wußte, daß ich das Rennen verloren hatte, und so war ich nicht auf Eile aus, drängte aber doch weiter. Ich zog sie unbeholfen in ihr Lager, half ihr in ihre Hütte. Sie dankte mir und verschwand. Ich war etwa fünf Schritte weiter, als sie mich rief. ‹Iß das im Gehen›, sprach sie. ‹Laß den Mut nicht sinken, meine Tochter. Nichts kann den Ausgang des Rennens ändern.› Sie reichte mir ein hellrotes

Tuch, das mit Früchten gefüllt war. Ich nahm es mit zitternden Fingern und dankte ihr für die Güte.

Ich bemerkte, daß ich nicht mehr klar denken konnte. Ich lief zum Ballhof und aß die Früchte. Ich war halb verhungert. Als ich ankam, waren dort nur zwanzig oder dreißig Menschen. Ich legte meine Maske ab und schoß meinen letzten Pfeil durch den Ring. Dann ging ich in meine Hütte und legte mich schlafen. Niemand hatte auch nur ein Wort gesprochen, als ich das Rennen beendete. Ich wollte viele Fragen stellen, aber da das verboten war, tat ich es nicht.

Ich schlief bis zum Anbruch der Nacht. Ich wachte mit einem Gefühl der Ungeduld auf. Ich wurde ärgerlich, als ich mir das Rennen durch den Kopf gehen ließ. Ich lief eine Weile umher, aß einen Bissen. Ich wurde wieder müde und legte mich noch einmal nieder.

Am nächsten Morgen wurde ich wachgerüttelt und angewiesen, in den Ballhof zu gehen. Ich zog mich an und ging. Ich nahm meinen Platz an der Linie des Wettstreits ein, am Ort des Adlers. Ich zählte die Bogenmänner und Bogenfrauen, die neben mir standen. Dreißig waren es, fünfzehn Männer und fünfzehn Frauen.

An einer Seite des Hofes saßen etwa hundert Häuptlinge mit Goldschmuck, auf dem Kopf leuchtenden Federschmuck. Die Gewänder, die sie trugen, waren rot. Wir standen schweigend – warteten. Nach einer scheinbar endlosen Zeit betraten dreiundfünfzig alte Frauen den Bereich, der ‹Hüter des Feuers› genannt wird. Er gilt als Ort der Reinheit. Eine große Schale mit Wasser und eine große Schale mit Feuer kennzeichnen den Ort.

Ich hatte die Frauen schon früher gesehen. Sie kamen oft und sahen zu, wie wir mit unseren Bogen übten. Die alten

Frauen trugen jedesmal Masken der Erde, der Luft, des Feuers und des Wassers. Ich hatte mich an ihren Anblick gewöhnt.

Wir warteten weiter, und andere kamen und nahmen ausgewählte Ehrenplätze ein. Dann ertönte das Horn. Zwanzig Häuptlinge betraten den Hof – alle mit den Quetzal-Gewändern bekleidet.

Einer der Häuptlinge trat vor. ‹Das Rennen ist beendet›, verkündete er. ‹Nun wird jeder der restlichen Bogenmänner und Bogenfrauen vortreten und eine persönliche Frage stellen. Diese Frage wird den Quetzal-Häuptlingen zugeflüstert, damit nur sie sie hören.› Er setzte sich wieder.

Wir kannten die Regel: wir würden der Reihe nach einzeln vortreten, von links angefangen und nach rechts weiterlaufend. Ich war etwa in der Mitte. Je näher meine Zeit rückte, desto verzweifelter wurde ich. Ich liebte Golden Sand mehr, als ich je hätte sagen können. Ich wußte, ich war geschlagen, aber mein Herz wollte ihn nicht ziehen lassen.

Als es Zeit für mich war, trat ich vor die Quetzal-Häuptlinge hin. Meine Worte mußten heraus. ‹Jetzt, wo ich verloren habe›, flüsterte ich, ‹kann ich da noch irgend etwas tun, um Golden Sand zu heiraten? Ich liebe ihn.›

Natürlich gaben die Quetzal-Häuptlinge keine Antwort – wie sie auch den anderen nichts erwidert hatten. Ich ging zurück an meinen Platz an der Linie des Wettstreits. Die Quetzal-Häuptlinge begaben sich in einer Reihe hinaus, ebenso die alten Frauen. Ein Bogen-Häuptling sagte uns, wir sollten uns auf den Boden setzen, was wir auch taten.

Bald speiste man uns, gab uns Süßes zu trinken – Kakao. Es war Mittag, bis die Quetzal-Häuptlinge zurückkehrten. Hinter ihnen kamen in einer Reihe die Ring-Häuptlinge herein. Die Sonnentor-Häuptlinge, die Weiße-Muschel-Häuptlinge,

Schutz-der-Kinder-Schild

die Adler-Häuptlinge, die Stein-Häuptlinge und die Eulen-Häuptlinge – sie alle nahmen in dieser Reihenfolge Platz. Als nächstes kamen die alten Frauen, doch hatten sie ihre Masken abgenommen. In einer von ihnen erkannte ich die alte Frau wieder, der ich geholfen hatte. Sie humpelte nicht.

Die Ranghöchste der alten Frauen stand auf und begann, unsere Namen aufzurufen. Ich war die letzte. Als sie unsere Namen aufgerufen hatte, setzte sie sich wieder. Einer der Quetzal-Häuptlinge erhob sich. ‹Ihr werdet alle ein Extrageschenk erhalten›, verkündete er uns. ‹Wenn wir euch aufrufen, kommt her und empfangt euer Geschenk.›

Ein Eulen-Häuptling stand auf. Er begann die Namen aufzurufen. Als die Männer und Frauen vortraten, legten ihnen die alten Frauen einen schönen Schal um die Schultern. Dann wurde jedem Mann und jeder Frau ein prachtvoller Bogen und ein Köcher mit Pfeilen übergeben. Die Kriegerin Rain wurde dem letzten Bogenmann zuerkannt.

Ich war jetzt die einzige Bogenfrau, die noch stand.

Ein Sonnentor-Häuptling stand auf.

‹Jeder von euch›, sprach er, ‹ließ Anzeichen der Güte erkennen. Ihr halft euren Brüdern und Schwestern – deshalb ehren wir euch. Ihr alle habt das Rennen gewonnen. Die Frau Yellow Robe ehren wir am meisten. Sie war nicht nur gütig zu ihren Schwestern und Brüdern, sie war die einzige, die ihrer Großmutter half. Wegen dieser Hilfe, die sie ihrer Großmutter leistete, wird sie nun die Frau Golden Sands!›

Alle standen auf und jubelten. Ich weinte vor Freude.

Golden Sand ist jetzt ein Medizinmann. Mein ganzes Leben gründet sich auf ihn. Er arbeitet mit den Kräften des Nordens. Golden Sand ist mir die ganzen Jahre dicht zur Seite gestanden. Wenn wir nicht zusammen sind, spreche ich in Gebeten zu ihm. Er ist mein Herz und meine Stärke gewesen. Er vertraute mir und war mir zugetan. Er machte Medizin für mich.»

Ich öffnete die Augen, als Agnes die Geschichte beendete. Ich war ihr träumend gefolgt. Wir sprachen lange Zeit über die Gedrehten Haare und die Heiligkeit ihrer Lehrgeschichten. Agnes beteuerte, daß Gedrehtes Haar eine meiner Medizinen sei, und sie sagte, daß ich in den alten Zeiten die große Salzstraße entlanggewandert wäre und all den Menschen Geschichten erzählt hätte. Sie erklärte, daß Walking Stick eine der letzten Gedrehten Haare sei, die noch lebe, daß sie jetzt aber ihre Geschichten lieber auf Büffelhaut male, anstatt sie mündlich vorzutragen. Ich begriff, daß es selbst unter den Indianern nur wenige gab, die von Walking Stick wußten. Den Außenstehenden war ihr Wirken verborgen. Wenn ein neugieriger Anthropologe oder Reporter herumschnüffelte, erzählte man ihnen, Walking Stick züchte Büffel und sonst nichts.

Agnes und ich entfernten uns ein wenig von Walking Sticks Hütte. Agnes hatte mich angewiesen, zwei Einmachgläser mitzunehmen, und verboten, Fragen zu stellen. Wir liefen zum Südende einer Felsgruppe und erreichten eine Quelle. In ihrer Umgebung war es sumpfig, und mir fielen die summenden Insekten auf.

«Füll die zwei Gläser mit Wasser», sagte Agnes.

Inzwischen war es Spätnachmittag geworden. Ich trug die Gläser vor mir her, bemühte mich, nichts zu verschütten. Walking Stick hatte einen vollen Wasserkrug, und so fragte ich mich, warum wir die Gläser gefüllt hatten. Ich war hungrig, aber Agnes sagte mir, ich solle nichts essen. Sie meinte, ich könne Navajo-Tee trinken und das Wasser aus dem Krug nehmen. Sie befahl mir auch, die Einmachgläser mit dem

Quellwasser stets in meiner Nähe zu behalten. Sie sagte, es sei die Aufgabe einer Kriegerin, den Gläsern die Zufriedenheit zu bewahren, bis sie nach ihnen verlangte. Quellwasser ist gut, da es von einem Ort des Anfangs stammt.

«Die Kristallfrau ist im Geiste hier», sprach Agnes, nahm ein Bündel, das neben der Feuergrube lag und wickelte es auf. Sie hob ein weißes Gewand heraus, das aus Rehlederstücken zusammengenäht war. Die Nähte waren sehr einfach, und die Sonne hatte es zu einem reinen Weiß gebleicht.

«Du darfst nur Weiß tragen», sagte sie. «Hier. Walking Stick hat es eigens für dich gemacht. Sie kennt die Dinge, die sein werden...»

«Aber wie erkennt sie sie?»

«Die Kristallfrau spricht oft zu ihr. Zieh das Gewand an.»

Während ich mich umkleidete, nahm Agnes einen Beutel heraus. Sie bereitete nun den Boden vor, schwenkte eine große Feder über ihm.

«Nimm all deinen Schmuck ab. Trage nichts, was nicht weiß ist. Wickle ihn ein und bringe ihn außer Sichtweite.»

«Weshalb mache ich das, Agnes?»

«Weil die Kristallfrau glänzende Dinge nicht mag. Sie wird nicht kommen, wenn irgend etwas ihre Kraft schwächen kann. Hilf mir, diese Lampen anzuzünden.»

Ich steckte beide Lampen an. Agnes verschob den Behälter für das Brennmaterial, eine große Öltonne, die in einer Höhe von anderthalb Fuß abgeschnitten worden war und nicht weit von der Mitte der Erdhütte auf dem Boden stand. Wir trugen sie und alle anderen Metallgegenstände nach draußen. Agnes ging planmäßig vor, rollte die Felle und gewebten Teppiche zusammen, legte sie auf den Sims, deckte die Erde auf. Sie nahm einen großen Beutel und ritzte mit einem Stock direkt unterhalb des Rauchabzugs einen Kreis in den Boden. Dabei sah sie ständig zu dem Loch hinauf. Sie schüttete eine große Menge einer gelblich weißen Substanz in den eingeritzten Kreis.

«Was ist das?» fragte ich.

«Das sind Maispollen», sagte sie.

Als sie fertig war, hatte sie direkt unter dem Rauchabzug einen großen, runden Pollenberg.

«Ich möchte, daß du mit deinen Wassergläsern hinaus gehst und wartest, bis ich dich rufe. Während du wartest, bereite ich die Eidechsenfährte vor.»

«Was ist die Eidechsenfährte?»

«Alles was du wissen mußt, werde ich dir erklären, wenn wir die Kristallfrau herabrufen. Das muß in einem bestimmten Augenblick geschehen. Die Kristallfrau steht mit einem gewissen fernen Stern in Verbindung, den ich dir bei Gelegenheit zeigen werde. Verlasse jetzt die Erdhütte. Laß deine Wassergläser nicht fallen, verschütte nichts. Wenn du es tust, ist es schlechte Medizin. Lausche beim Warten, ob du die Stimme von Schwester Wind hörst. Sie singt oft vor der Anrufung der Kristallfrau.»

Agnes schickte mich fort. Behutsam nahm ich die beiden Gläser mit Wasser, um nichts zu verschütten, und ging nach draußen. Ich ließ mich nicht allzu weit vom Eingang nieder und lehnte mich mit dem Rücken an ein Büschel Büffelgras. Die Sterne standen am Himmel – scheinbar die ganze Milchstraße – und der Mond hing tief über den Hügeln. Der Duft von Blumen und Gras füllte die Luft. Die leisesten Geräusche waren mir bewußt. Der Wind frischte auf und schien tatsächlich zu singen, ließ ein weiches, weibliches, trillerndes Pfeifen hören, das mich mit einem äußerst angenehmen Gefühl erfüllte, während der Windhauch mich streichelte. Ich entspannte mich und ließ mich vom Gesang des Windes beruhigen. Dann wurde der Klang schrill und verstummte. Das geschah so jäh, daß ich auf einmal ganz wachsam war.

«Lynn, die Eidechsenfährte ist vorbereitet. Bring deine Gläser mit Wasser und tu genau, was ich dir sage.»

Agnes hielt das Büffelfell für mich auf, und ich trat mit meinen Gläsern ein. Eine Kerze brannte schwach, und ich war erstaunt, wie gründlich anders die Wirklichkeit im Innern der Hütte war. Ich stand dicht am Eingang. Auf dem Berg aus Maispollen in der Mitte befand sich ein riesiger Kristall. Direkt vor mir war ein Stern, der ebenfalls mit Maispollen auf den Boden gezeichnet war. Er befand sich östlich der Mitte auf dem halben Weg zum Eingang, wo wir stehengeblieben waren. Von einem Strich zwischen Mitte und Westen gingen zwei Arme aus, einer direkt nach Süden, der andere direkt nach Norden. Auch diese Arme waren sicher aus Maispollen. Der Strich endete im Westen.

«Hör genau zu», sagte Agnes. «Lauf herum nach Süden und stelle ein Glas mit Wasser auf den Maispollenkreis, dann geh nach Westen, wo du sitzen wirst, aber bevor du dich setzt, geh nach Norden. Stell das andere Glas mit Wasser auf den Maispollenkreis und kehre zum Westen zurück. Setz dich mir genau gegenüber – du im Westen und ich im Osten. Verstehst du?»

«Ja, ich glaube schon. Kann ich fragen, was ich mache?»

«Der Hügel in der Mitte heißt der Zentralberg. Der Pfad aus Maispollen heißt die Eidechsenfährte. Der Kristall in der Mitte ist seinem Wesen nach männlich. Du könntest ihn einen Übermittler nennen. Wir müssen uns beeilen und die Gelegenheit ergreifen. Tu, was ich dir sage.»

Wir betraten den Kreis von Osten her. Ich stellte die Gläser mit Wasser auf die Maispollenkreise im Süden und Norden, setzte mich dann Agnes genau gegenüber im Westen nieder. Agnes löschte die schwache Kerze aus, und gleich darauf leuchteten die Maispollen im Dunkeln. Es war gerade genug Licht, um etwas erkennen zu können, und Agnes war eine graublau schimmernde Gestalt. Von mir aus sahen die Linien, die im sehr schwachen Licht glommen, beinahe wie die Strichfigur eines Menschen aus.

Agnes stellte drei Kristalle auf dem Boden auf. Sie hatten Faustgröße. Sie legte fünf an ihre linke Seite, legte dann fünf ähnliche Kristalle an der rechten nieder.

«Das sind Helferkristalle», sagte Agnes. «Diese Helfer sind Freunde der Kristallfrau.»

Agnes stieß dann sechs Gebetsstäbe, drei auf jeder Seite, in den Erdboden vor den Kristallen. Vor jedem Helferkristall ragte jetzt ein Stab auf. Die Stäbe waren mit Schnüren umwickelt und mit Federn behängt.

«Lynn, von diesem Augenblick an mußt du völlig still sitzen. Die Nacht ist die Zeit der Innenschau. Wir beginnen nun mit der Vorbereitung, damit die Kristallfrau herbeigerufen werden kann. Jetzt ist die günstige Zeit.»

Nach einigen Augenblicken des Sitzens begann Agnes auf Cree zu singen. Ich hatte das Lied noch nie gehört, hatte keine Ahnung, was die Worte bedeuteten. Danach begann sie zu beten. Sie hob die Arme und legte den Kopf in den Nacken. Ich konnte sehen, daß sich ein Stern in dem Kristall spiegelte, der zwischen uns stand. Der Stern mußte durch den Rauchabzug der Hütte hereinscheinen. Je länger ich hinstarrte, desto heller schien er zu werden.

Agnes zog unter ihrem Wollhemd einen Beutel hervor und löste den Riemen. Sie tauchte den Finger in die Substanz, die sich in dem Säckchen befand und rieb sie sich auf die Mitte der Stirn. Dann berührte sie mit der Substanz ihre Zunge.

In diesem Augenblick bemerkte ich, daß sie einen großen Kristall in ihrem Schoß hatte. Sie bewegte ihn, bis sich der Stern vom Mittelkristall in ihm spiegelte, ein kaltes, bläulich weißes Licht. Agnes fiel anscheinend in Trance, und lange Zeit sprach sie kein Wort. Ihr Kopf war nach vorn gefallen, und sie schien den Kristall in ihrem Schoß dauernd im Auge zu behalten. Schließlich hob sie den Kopf und sah mich an. Mir wurde bewußt, daß mir mein Bauch einiges Unbehagen verschaffte, der Bauch – Agnes zufolge das Zentrum meines Willens.

«Lynn, du bist von deinem Weg abgekommen, weil du die Fasern nicht zerschnitten hast, die von dir zu deinem Buch führen. Du bist immer noch mit einer geistigen Nabelschnur mit ihm verbunden. Diese Fesseln müssen gebrochen werden. Dich fesseln deine Taten. Als du das Buch beendet hattest, hättest du dich von ihm trennen müssen. Du mußt wie ein Kind, das sich von seinen Eltern trennt, einen Durchgangsritus hinter dich bringen. Du mußt dein Buch mit Blut unterschreiben und es seinen eigenen Weg ziehen lassen. Du erreichst das mit einer Zeremonie des Herschenkens. Erklärst du dich dazu bereit?»

«Ja, aber ich weiß nicht, was ich tun muß.»

Einen Augenblick herrschte Schweigen. «Ich sehe, daß du es nicht weißt», sagte sie. «Ich werde dich anleiten.»

Ihr Kopf sank wieder nach vorn. Sie schien das Bewußtsein verloren zu haben. Ich fragte mich, ob ich je fähig sein würde, mit ihr zusammen in der Traumtrance zu reisen. Meine Haltung wurde unbequem; die Beine schmerzten, aber ich bewegte mich lieber nicht.

Die Lehren der Medizinfrau

Die Augen begannen, mir Streiche zu spielen. Die Linien aus Maispollen zeigten eine Art strenges, klares Glühen, das weicher wurde und verschwamm. Ich dachte an mein Buch und die Botschaft und schloß die Augen. Ich wußte, sie hatte recht. Mein Bauch tat mir noch weh, und ich wäre am liebsten nach vorn gesunken, doch gelang es mir, stillzuhalten.

Agnes hatte mir nicht gesagt, was ich tun sollte. Ich war mir selbst überlassen und wurde unruhig. Ich hatte überhaupt keine Verbindung zu meinem Körper. Das Stillsitzen machte mich benommen. Ich wollte mich eben bewegen, da sprach Agnes die Dankgebete an die Mächte, daß sie gekommen waren. Die Zeremonie war beendet.

Agnes gab mir komplizierte Anweisungen, wie alles aufzuräumen war. Als ich mit der Arbeit fertig war, sagte sie: «Komm, setzen wir uns ein bißchen ins Freie.»

Ich erhob mich und folgte ihr nach draußen. Mein Gefühl für die Wirklichkeit war verzerrt und verwirrt. Vor dem Büffelfell war genug Licht, um sehen zu können, und plötzlich wurde die Umgebung deutlicher. Wir setzten uns, und ich versuchte, es mir bequem zu machen. «Was geschah während der Zeremonie, Agnes?» fragte ich. «Du warst weit fort.»

«Das ist sehr schwer zu erklären. Die Substanz, die ich mir auf das visionäre Auge rieb, ist rot und stammt von einer Lehrerpflanze. Ich berührte sofort meine Zunge mit ihr. Ohne Vorwarnung springt das Kraut aus der Pflanzenwelt herbei und reist mit mir in das Traumtipi. Es dauert Jahre, bis man gelernt hat, damit umzugehen. Es ist nicht für alle und jeden, und es ist nicht für dich.»

«Erinnerst du dich an das, was du mir gesagt hast?»

«Natürlich erinnere ich mich. Weil ich eine Medizinfrau bin, ist es meine Aufgabe, mich zu erinnern.»

Schutz-der-Kinder-Schild

«Ich dachte, du wärst in einem Trancezustand», sagte ich.

«Das war ich, aber mir war auch alles bewußt, was vor sich ging. Ich wurde an einen Ort geführt, der den Großeltern heilig ist. Als erstes rief ich die vier Eidechsengeister, damit sie mir helfen, die Kristallfrau auszuhalten. Sie kamen auf meinen Ruf sofort herbei. Dann bat ich meine Lehrerpflanze um Hilfe. Der Kristall in meinem Schoß war weiblich, und durch ihn war ich in der Lage, einen kurzen Blick auf eine andere Erscheinung der Form zu werfen. Meine Helferkristalle gaben mir ebenfalls Kraft, und sie hatten eine Zeit lang eine schützende Wirkung. Als alles war, wie es sein sollte, sah ich die Kristallfrau herniedersteigen. Sie hat die Gestalt einer Frau, hat alle Farben des Regenbogens. Die Kristallfrau sprang aus dem Kristall auf dem Zentralberg, trat wie ein wirbelndes, feuriges Licht vor und blieb auf dem Maispollenstern stehen. Der Maispollenstern zwischen mir und dem Kristall auf dem Zentralberg ist notwendig, weil die Kristallfrau den Seher besitzen möchte. Sie ist von unvorstellbarer Schönheit. Sie glitzert wie Millionen Edelsteine. Ihre Stimme ist sehr laut, wie Peitschenknallen. Das einzige, was die Kristallfrau davon abhält, mich zu ergreifen, ist das Gesetz, daß sie den Maispollenstern nicht verlassen kann.»

«Was würde geschehen, wenn sie dich besitzen könnte, Agnes?»

«Sie würde mich in tausend Edelsteinsplitter zerbrechen. Ich würde wie Glas bersten, in Welten verfangen, die unmöglich zu erklären sind. In deiner Sprache hiesse es, ich wäre verrückt.»

«Was geschieht, wenn die Kristallfrau vor dir steht?» fragte ich.

«Die Kristallfrau hat einen Sterngeist. Du erinnerst dich,

daß ich dir einmal erzählte, daß du einen Geist in einer Falle fangen kannst?»

«Ja.»

«Weißt du, wie edel Großvater Sonne ist? Alle Kinder von Großvater Sonne, die Planeten, kreisen um ihn. Ein Stern ist dasselbe wie Großvater Sonne. Ein Stern hat einen großen und edlen Geist, genau wie Großvater Sonne. Ohne ihn würde nichts am Leben sein. Wenn ich den Kristall verwende, ist es, als bringe ich die andere Spiegelung – die Geistwelt – in Erscheinung. Es gibt vier Welten. Drei sind materiell. Die vierte beherrscht die anderen Reiche – sie heißt die Regenbogenwelt.

Die Kristallfrau sagte mir, wie du von deinem Weg abgekommen bist. Der Sterngeist stieg in den männlichen Kristall hinab. Die Kristallfrau sprang auf den Stern. Sie sagte mir nur das Nötigste.»

«Konntest du sie wirklich sprechen hören?»

«Ja, ihre Stimme ist so schön wie sie selbst.»

«Wie kann die Kristallfrau alles über mich wissen?»

«Die Kristallfrau hat viele Aspekte. Wie ich sagte, Sternenergie. Der Geist des Wassers wird von den Eidechsen zum Kristall auf dem Zentralberg geleitet. Deine Fasern waren außerdem mit dem Kristall auf dem Zentralberg verbunden. Und schließlich ist es die Kraft der Lehrerpflanze, die alle Aspekte zusammenflicht. Die Kristallfrau erkannte dich durch deine Fasern. Sie gingen wirbelnd vorne von dir aus und hielten den Geist von irgend etwas. Aber ich wußte nicht, was das war. Jetzt weiß ich, daß das Buch, das du geschrieben hast, von dir abgepflückt werden muß. Ich hätte es wissen sollen, aber ich mußte erst mit der Kristallfrau sprechen, um zu verstehen.»

«Naja, was mache ich jetzt?»

«Morgen werden wir ein Herschenken veranstalten. Dir war unwohl während der Zeremonie. Und zwar deshalb, weil du etwas von deiner Kraft hergeschenkt hast. Frauen machen das und kommen sich dann in einer Situation fremd vor. Und dein Bauch tut dir weh, weil dein Wille schlaff geworden ist. Du hast nicht mit deinem Körpersinn gesehen – jene Augen befinden sich dicht unterhalb deines Magens. Die Zeremonie wird deine Verbindung mit Wakan – deiner Lebenskraft – wiederherstellen. Heute abend bin ich sehr müde. Die Treffen mit der Kristallfrau erschöpfen tief. Sie ist sehr scharfsinnig und weiß praktisch alles, was es zu wissen gibt. Ich lege mich schlafen.»

Die Erklärung, die Agnes mir gab, schien vollständig. Trotzdem wußte ich nicht, ob ich sie wörtlich verstehen oder meine eigenen Schlüsse ziehen sollte. Eins wußte ich sicher: ihr Wissen war gewaltig. Ihre Welt wurde immer rätselhafter.

Am Morgen fuhren wir zurück zu Agnes' Hütte. Sie schien heiter, und ihre Stimmung war ansteckend. Sie sagte mir, ich solle vor dem Laden in Crowley anhalten und Bänder in verschiedenen Farben kaufen.

Crowley war fast menschenleer, als wir bei der Gemischtwarenhandlung vorfuhren, von ein paar alten Männern an der Tür abgesehen. Als ich die Bänder aussuchte, lief eine zierliche, weißhaarige Indianerin in einem rosa Kattunkleid vorbei. Sie ging gebückt und sprach mit sich selbst. Plötzlich taumelte sie und stolperte, warf einen Stapel Buntpapiere auf den Boden.

«Hier, lassen Sie mich helfen.» Ich sammelte das Papier rasch ein und hielt es ihr hin. Sie murmelte leise etwas, und ich konnte es nicht verstehen. Sie äugte rasch und listig wie ein Wiesel nach allen Seiten. Mir kam ihr Benehmen sehr merkwürdig vor. Ihre Bewegungen waren fast die eines Kindes.

Sie riß mir das Papier aus der Hand, schien sich zu verneigen und dabei den Kopf zu schütteln. Sie fuhr herum und lief zum Ladentisch. Der Mann an der Kasse sagte: «Na, Phoebe, darf's sonst noch etwas sein?»

Phoebe warf mir einen argwöhnischen Blick zu, holte einen kleinen, perlenbestickten Beutel hervor und zahlte. Sie streifte mich noch einmal mit einem Blick, sagte etwas auf Cree, was ich nicht verstand. Sie marschierte aus dem Laden. Der Mann an der Kasse lächelte und zuckte die Schultern.

«Agnes», sagte ich dann im Wagen, «eine Frau, die ich im Laden sah, hat mich neugierig gemacht. Sie trägt ihr weißes Haar in einem Knoten oben auf dem Kopf, und sie ist ungefähr einen Meter fünfzig groß. Ich glaube, sie heißt Phoebe.»

«Ja, ich sah sie rauskommen.»

«Die Frau hat etwas Sonderbares. Hast du eine Ahnung, was sie mit all dem Zeichenpapier will?»

«Ja, ich glaube, ich weiß, was sie damit macht. Es gehört zu ihrer Scheinwelt. Sie schneidet Puppen aus. Phoebe ist um die Achtzig. Die meisten Leute halten sie für verrückt, aber ich denke mir, sie ist eher kompliziert.»

Die alte Frau hatte nicht bedrohlich gewirkt, doch tief in mir war etwas wie eine Ahnung. Wir fuhren schweigend weiter bis zur Hütte, und ich dachte nicht weiter über Phoebe nach.

«Wofür brauchen wir die Bänder?» fragte ich, als wir den Pfad hinabliefen.

«Für dein Herschenken. Rot steht für den Süden, Weiß für Norden, Schwarz für Westen und Gelb für Osten.»

Agnes machte sich in der Hütte zu schaffen, öffnete die

Schutz-der-Kinder-Schild

Fenster, hing Kräuter auf, die sie gesammelt hatte, und stellte Wasser für den Kaffee auf. Sie gab mir ein altes Hemd und sagte mir, ich solle es in 15 Zentimeter große Quadrate zerschneiden.

«Wo ist dein Buch? Leg es auf den Tisch.»

Ich holte ein Exemplar der *Medizinfrau* aus meinen Sachen und legte es neben die Kaffeetasse. Als die Stoffquadrate ausgeschnitten waren, zeigte mir Agnes, wie ich kleine Beutel aus ihnen machen und sie mit Tabak füllen sollte, der mit Kräutern vermischt war. Ich verschloß jeden Beutel mit den farbigen Bändern. Als ich zwei meiner Federn geholt hatte, nahmen wir das Buch und die Bündel mit hinaus unter einen Baum. Agnes breitete ihre Medizindecke aus, und wir setzten uns einander gegenüber darauf. Sie holte ihre Pfeife heraus und betete zu den vier Himmelsrichtungen, zum Großen Geist, den Kräften des Universums und zu den Großeltern, und bat sie, mich in meinem Herschenken zu erhören. Ich rauchte die Pfeife. Dann schnitt Agnes sich und mir einen kleinen Haarbüschel ab, und wir steckten sie in einen Beutel, den wir mit einem roten Band verschlossen.

Sie lachte. «Das ist für den Fall, daß ich deinem Buch vielleicht auch verhaftet bin», sagte sie. «Reich mir deine Hand.» Sie hielt sie fest und stach mit der scharfen Spitze ihres Jagdmessers in einen Finger. Ich zuckte zusammen.

«Beschmier jetzt Vorder- und Rückseite deines Buches mit Blut. Bitte, daß es von dir entbunden wird, damit es nun wachsen und seinen eigenen Weg gehen kann. Es ist jetzt von dir getrennt. Es ist gut.» Ich legte das Buch nieder, und Agnes sang auf Cree. Rührung überkam mich, und ich begann zu weinen. Ich begriff, daß ich mich ein wenig wie eine Mutter mit ihrem Kind gefühlt hatte. Agnes ließ mich alle Bündel mit den Federn verschnüren. Als wir die abschließenden Worte gesprochen und die Decke zusammengerollt hatten, trug sie mir auf, oben auf der Straße zur Kreuzung zu gehen und das ganze Bündel an den Zweig eines Baumes zu binden, wo es sicher von jemandem gefunden und mitgenommen werden konnte. Es war gleich, wer es fand, oder ob es der Baumgeist an sich nahm. Das war bald geschehen.

Als ich zurückkehrte, schien die Sonne, und ich hatte mich schon lange nicht mehr so gut gefühlt. Ich schloß mich Agnes auf einen Spaziergang an. Wir liefen hinab zum Bach, setzten uns ans Ufer und teilten etwas luftgetrocknetes Fleisch. Es war eine liebliche, grüne Stelle, und das Wasser sprang vorbei und weiter in die Ferne. Eine Schar Wildgänse zog über uns dahin.

«Schau», sagte ich und zeigte auf sie.

«Ja. Sie sind die Hüter des irdischen Traumes.»

«Das scheint ein Traum hier zu sein, verglichen mit dem, was ich zu Hause in Los Angeles gewöhnt bin.»

Ich war glücklich. Zum erstenmal seit einigen Wochen hatte ich mich völlig sicher gefühlt. Ich wußte, ganz gleich, was geschah, Agnes würde da sein und mir helfen. Geistesabwesend begann ich, Steine in das murmelnde Wasser des Baches zu werfen.

«Woher weißt du, daß du Steine in den Bach werfen sollst? Vielleicht solltest du Steine herausholen.» Agnes hatte plötzlich ein vogelartiges Gesicht, und ihre Augen funkelten. Ich wußte, sie machte sich auf meine Kosten einen Spaß. «Ich denke, du hast dem Wasser eben ein Geschenk von zwei Steinen gemacht. Das Wasser sagt mir jetzt, daß du zwei Steine herausholen kannst. Das Wasser gestattet mir auch, dir ein wenig über die Stein-Medizin beizubringen.»

«Was muß ich machen?» fragte ich und versuchte, den Schwung ihrer vergnügten Laune aufzunehmen.

«Also, mach deine Augen zu, Lynn. Dann faß hinein, nimm einen Stein im Bach und befühl ihn und schau, ob er zu dir gehört. Wenn ja, halte ihn eine Weile in deiner Handfläche, in die er so hineinpassen soll.»

Agnes nahm einen kleinen grauen Stein und legte ihn so, daß er bequem in der Handfläche ruhte.

«Jetzt mach und schau, ob du einen finden kannst.»

Ich schloß die Augen und tauchte meine rechte Hand in den Bach und tastete nach Steinen. Das Wasser war eiskalt, und meine Hand erstarrte rasch. Nachdem ich einige nicht angenommen hatte, befühlte ich einen kleinen Stein, der mehrere glatte Flächen hatte. Ich hob ihn mit geschlossenen Augen aus dem Wasser und hielt ihn fest. Der Form nach fühlte er sich genau wie das an, wonach ich gesucht hatte.

«Kann ich die Augen aufmachen, Agnes?»

«Ja, und laß sie offen. Ich möchte, daß du noch einen Stein suchst und nach ihm faßt und ihn nimmst.»

Ich prüfte den kiesigen Grund. Ich faßte einen schwarzen ins Auge, der unter der klaren Strömung schimmerte.

«Der hier», sagte ich und griff nach ihm.

«Setz dich jetzt vor mich und laß dir etwas über deine Steine sagen. Nimm den eben ausgesuchten in deine Linke und bewege ihn herum. Dein Handballen ist der Süden. Jeder Stein hat sieben Gesichter. Das erste Gesicht ist der Klang.»

«Agnes, du willst mir doch nicht erzählen, daß Steine Klänge erzeugen?»

«Doch, ich werde versuchen, dir zu beschreiben, wie groß deine Unkenntnis ist – und wie du die Dinge um dich herum mißdeutest und mißverstehst. Steine erzeugen tatsächlich

Die Lehren der Medizinfrau

Klang. Alle Dinge, die der Große Geist hierher gesetzt hat, rufen unaufhörlich, wollen gehört werden. Die Schwierigkeit ist, daß nur wenige sind, die hören. Ich erinnere mich, wie ich zum ersten Mal die Steine rufen hörte. Der Tag war fast wie heute. Ich war ein Mädchen wie du – angefüllt mit falschem Stolz. Ich wollte alles andere sein, nur nicht das, wofür ich mich selbst hielt. Ich setzte mich in meinen Gedanken herab. Ich war damals jung und hielt mich für sehr kräftig. Ich war nicht die alte Frau, die du jetzt vor dir siehst.

Ich will nicht versuchen, die Dinge zu erklären, die mir zu jener Zeit das Herz bewegten. Ich war sehr niedergeschlagen. Ich hatte noch nicht meinen Frieden mit der Weisheit geschlossen. Eines Tages lief ich in einen großen Canyon. Ich setzte mich auf einen Felsblock, wußte da noch nicht, daß er mich gerufen hatte. Ich betrachtete den weißen, schaumigen Bach, der in die Mündung des Canyons hinein abbog. Es war Mittag, und ich rauchte eine Zigarette nach der anderen – prüfte die endlosen Anordnungen und zufälligen Reihen der Felsen und Steine, die über den Talboden verstreut waren. Ich dachte, das vorbeirauschende Wasser würde nur für mich tönen.

An jenem Tag war so viel Schmerz in mir, daß ich glaubte, ein Teil von mir würde schreien, und daß dieses Schreien vom Rauschen des Baches übertönt würde. Als ich dieses Gefühl in mich eindringen ließ, war mir plötzlich bewußt, daß die Steine meinen Schmerz spürten und mit mir klagten. Glaub nicht, daß ich diesen Klang nur mit meinen Ohren hörte – mit meiner ganzen Bewußtheit hörte ich ihn. Ich rannte den ganzen Weg nach Hause zu meiner Mutter. Sie wusch Sachen.

‹Mutter›, sagte ich, ‹ich habe die Steine rufen hören. Kann das denn sein?›

Meine Mutter sah mich an.

Schutz-der-Kinder-Schild

‹Mein Kind, du gehst auf einem Weg, der heutzutage wenig begangen ist – den Weg einer Medizinfrau. Ich weiß nichts über diese Dinge, aber ich habe sagen hören, die Steine sind ein Weg zum Wissen. Hab keine Angst, Kind. Es ist ein gutes Zeichen.› Du siehst, das war der Anfang für mich und meine lange Lehrzeit bei den Steinen. Der Stein in deiner Hand spricht zu mir und erzählt mir viele Dinge.»

«Agnes, hast du gewußt, daß sie in der Stadt Lieblingssteine verkaufen?»

Sie war anscheinend nicht interessiert. Sie sagte: «Ich habe schon zu viele Lieblingssteine und keinen Platz für weitere.»

Ich mußte lachen – ihr war gar nicht aufgefallen, wie witzig ‹Lieblingssteine› klang.

«Sind deine Steine für dich wie Lieblingstiere, Agnes?»

«Oh ja, aber ich frage mich manchmal, ob ich nicht für sie ihre Lieblingsindianerin bin. Ein Schoßtier ist doch nichts anderes als jemand, der freundlich ist? Ich habe viele Steine gehabt, die recht wild waren. Es gab einige, die ich auf gar keinen Fall überwinden konnte, andere, die ich nicht zu beleidigen wagte. Es gab einige, bei denen war die Verantwortung, sie zu halten, zu groß.»

«Du erzählst mir also, daß alle Steine Klang erzeugen?»

«Ganz und gar nicht. Einige Steine sind still. Denen mußt du gut zureden, bis sie sprechen.»

«Wirst du mir noch von den anderen Gesichtern eines Steins erzählen?»

«Wie ich schon sagte, sind es sieben. Das zweite Gesicht ist das Sehvermögen.»

Ich blickte Agnes erstaunt an.

«Ich sage damit, daß die Steine dich sehen können. Jeder Stein kann das. Die Augen eines Steins sind schwerer zu erklären als die Steinsprache. Jetzt will ich nur so viel sagen, daß die Steine im Denken des Großen Geistes sind. Der Große Geist sieht in dir und in mir, und der Große Geist sieht aus dem Innern des Steins heraus. Einen Unterschied gibt es. Viele Steine können wie ein Kristall etwas weit Entferntes sehen. Wenn du in einem Kristall etwas siehst, was weit entfernt oder sogar in der Zukunft geschieht, dann warst nicht du es, die es sah. Der Kristall war es, und du sahst, was der Kristall erblickte. Genauer gesagt, haben es die Augen des Kristalls gesehen. Die Augen eines Steins sind tausendmal besser als deine oder meine. Die Steine mußten diese Kraft entwickeln. Du kannst von den meisten Steinen lernen. Viele Steine kommen aus anderen Welten, wie die Meteore. Durch sie kannst du die Kinder der Sterne sehen. Viele dieser Meteoriten haben sich verirrt und möchten nach Hause. Wenn du sie tröstest, werden sie dir leuchtende Welten zeigen, in die sich nur wenige wagen. Wenn du Augen wie die Steine hättest, könntest du das Universum und Zukunft wie Vergangenheit erkunden. Ja, du könntest in uralte Zeiten zurück. Wenn ich dir sagen wollte, die Steine haben das gesamte Wissen gesehen, würde dir das absurd vorkommen. Und doch ist es wahr, und sie warten darauf, ihre Geheimnisse zu enthüllen. Es gibt Steine mit Augen, die dir Schätze zeigen können, wertvoller als alles, was du je gesehen hast.»

«Und kannst du mit den Augen eines Steins sehen, Agnes?»

«Ja. Alle können das, aber es ist schwer zu beschreiben. Zunächst siehst du einen kalten Schleier oder Nebel. Dann zeigt sich dir ein kurzes Aufleuchten. Du mußt es packen und anhalten und kannst dann sehen, was der Stein sieht. Ein paar Steine sind tückisch und werden versuchen, dir etwas vorzugaukeln. Du erkennst das an den Farben der Dinge, die sie dir zeigen. Wenn die Farben zu perfekt sind, ist alles ein Teil ihres Traumes. Doch wenn du gewöhnliche Farben siehst, weißt du, daß sie dir etwas mitteilen wollen, was du wissen solltest. Manchmal zeigen dir Steine schmerzliche Dinge, die du lieber nicht sehen möchtest. Bei anderen Gelegenheiten werden sie dir einfach zeigen, was bald geschehen wird.»

Ich ließ den Stein auf meiner Hand umherhüpfen. Er begann, sich wie eine Kristallkugel anzufühlen, nicht mehr wie ein Stein. Durch mein Denken summten so viele Fragen, daß ich nicht wußte, welche ich aussprechen sollte.

«Ich möchte lernen, mit den Steinen zu sehen, Agnes.»

«Steine haben keine Schwierigkeiten mit dem Sehen. Du schon. Die Steine sind sehr langsam, sitzen von Anfang an da, entwickeln die Kräfte, über die wir sprechen. Wahrhaftig, in jedem Stein ist ein Auge. Die Gesetze, die es regieren, binden es nicht an die unmittelbare Umgebung. Die Augen eines Steins können überall hinhüpfen. Sie können ein Tor zum heiligen Labyrinth bereithalten, das die Medizinmenschen die Kristallwelt nennen, in die sie sich begeben, um bestimmte Antworten zu finden. Du kannst lernen, in diese Tore hineinzugehen. Steine können dir zeigen, was aus dir werden wird. Sie können dir verlorene und vergessene Dinge zeigen. Sie können dir zeigen, wer etwas gestohlen und was er damit getan hat. Das Auge des Steins wird es dir zeigen.»

«Und die anderen Gesichter?»

«Das dritte Gesicht ist der Geruch. Die wenigsten Menschen können überhaupt etwas Nennenswertes riechen, aber glaub mir, Steine können Gerüche wahrnehmen, die vor hundert Jahren da waren. Steine können die feinsten und zartesten Düfte riechen.»

«Ich nehme an, du wirst mir nun erzählen, daß im Stein eine Nase ist.»

Agnes lachte. «Nein, eigentlich nicht. Der Stein ist eine Nase. Pirschen hat mit dem Geruch zu tun. Wenn die alten Fährtensucher die Spur verloren, wußten sie, wen sie zu fragen hatten. Sie fragten die Steine, ob sie die Beute gewittert hatten, und die Steine wiesen ihnen die Richtung. Und zwar deshalb, weil die Steine Geruchssinn haben. Der Stein, den du hältst, riecht dich und wird sich tausend Jahre an dich erinnern. Der Stein würde dich wiedererkennen, ganz gleich, was du ihm vormachst und wie du dich versteckst. Wenn ich jemanden suche, nehme ich einen Stein, der diesen Menschen kennt. Der Stein wittert den Menschen, und ich kann ihn jedesmal finden. Von uns kann niemand je hoffen, den Geruchssinn so zu entwickeln wie ein Stein. Es ist auf jeden Fall gut zu wissen, wie begabt sie sind.»

«Was ist das vierte Gesicht, Agnes?» «Geschmack.»

«Jetzt wirst du mir sagen, daß die Steine richtige Feinschmecker sind, wie?»

«Ja, aber ich sehe, daß ich viel zu schnell für dich vorgehe. Du hast Grenzen, die sich erst nach einiger Zeit aufheben lassen. Ja, ein Stein kann essen. Das ist ein Gesicht. Das fünfte ist der Tastsinn. Ein Stein ist fähig, etwas zu befühlen. Das sechste Gesicht ist die Empfindung. Ein Stein ist empfindsam und hat die Fähigkeit, in anderen Gefühle zu bewirken. Das siebte Gesicht ist Bewußtheit. Ich habe schon gesagt, daß der Große Geist in einem Stein enthalten ist. Steine sind wie Menschen in unterschiedlichem Maß sich selbst bewußt. Die Steine sind wie alle anderen Lebewesen. Sie sind einfach nur viel dichter. Hier, ich zeige dir ein anderes Medizinrad. Wie du weißt, gibt es viele Räder.»

Agnes glättete ein flaches Stück Boden, nahm einen Stock und zog einen großen Kreis. Dann zog sie zwölf Speichen, erklärte, was jede bedeutete. Sie stellten Bereiche inneren Lernens wie Liebe, Teilen und Heilen dar. Jede Speiche hatte eine ihr entsprechende Farbe.

«Gib mir deine Steine, Lynn.»

Ich reichte sie ihr.

«Jetzt schau», sagte sie. «Du erinnerst dich, ich habe dir gesagt, dein Handballen ist der Süden? Dieser Stein wird genau so in das Rad gelegt, wie er auf deiner Handfläche lag. Wenn du jemandem einen Stein oder etwas anderes gibst, ist das voller Bedeutung. Eines Tages wirst du diese Dinge ohne die Hilfe des Rades deuten können, aber für den Augenblick wollen wir es verwenden.»

Agnes legte den Stein in die Mitte des Kreises und begann ihn zu deuten. «Deine Steine sind beide schwarz. Schwarz bedeutet Lernen und das Licht suchen. Du siehst jetzt, daß es für dich richtig ist, vom Westen her zu arbeiten – vom Träumen und der Innenschau her. Die Kanten zeigen mir, daß Heilen und schöpferische Kraft deine Ziele sind. Purpurrot ist eine sehr gute Farbe für dich, und du sollst sie immer in deiner Nähe haben. Eines Tages wirst du mit Kristallen arbeiten. Schau – interessant, daß deine beiden Steine fünf Kanten haben.»

Agnes bewies es mir, indem sie zeigte, daß jeder Stein auf fünf Seiten ruhen konnte, ohne umzufallen oder zu wackeln.

«Siehst du», fuhr sie fort, «das verweist wieder auf Schöpferkraft. Fünf ist die Zahl des Menschen und die Zahl, die zu den Händen gehört. Du hast fünf Finger. Ich weiß jetzt, daß deine Kraft daher kommen wird, daß du mit der Innenschau und dem Träumen arbeitest.

Die Lehren der Medizinfrau

Eines Tages werde ich dich lehren, wie du die Steine für persönliche Macht einsetzen kannst. Bevor du mit Kristallen arbeiten kannst, mußt du lernen, mit den Steinen zu arbeiten. Ein persönlicher Stein enthält das Gedächtnis des Universums und sollte in einem Beutel getragen werden. Ein Beutel ist eine Art Leere, ein Schoß. So wie das Universum in der Leere gehalten ist, so solltest du deine persönlichen Steine in einem Beutel aufbewahren.»

Agnes schnürte ein Bündel auf.

«Was werden wir jetzt tun?» fragte ich.

Das Bündel enthielt verschiedene Stücke Stoff und Leder. Agnes wählte ein Stück Leder von einer Hirschkuh aus. Sie legte alles mögliche Werkzeug aus, Messer und Scheren.

«Ich zeige es dir.»

Sie wies mich an, einen Kreis auszuschneiden, dazu einen Riemen, beides aus der Hirschhaut. Ich nahm eine Schere und war nach ein paar Minuten fertig.

«Mach jetzt zwölf Löcher, um dein Medizinrad zu vollenden. Erinnere dich, das Rad steht für das Gleichgewicht im Geist.»

Ich drehte den Kreis aus Hirschleder und machte mit einer Ahle Löcher.

«Zieh jetzt den Riemen ein. Schön. Hier sind deine ersten persönlichen Steine. Jeder wird in seinen eigenen heiligen Beutel der Weisheit gesteckt.»

Ich wiederholte den Vorgang und stellte einen zweiten Beutel her. Diesmal war ich ein bißchen geschickter. Während ich arbeitete, nickte Agnes beifällig, und als ich fertig war, starrte sie mich eine Zeit lang fest an.

«Habe ich es richtig gemacht?» fragte ich.

Agnes prüfte ihn und gab ihn mir zurück. Sie blickte mich

an. Sie suchte anscheinend nach den richtigen Worten. «Es gibt viel zu lernen. Ich dachte eben, daß dies deine ersten persönlichen Steine sind. Trag sie bei dir in einem Beutel zusammen mit einer Feder für dein Tipi des höheren Selbsts und die Lebensregeln. Gib einen Samen und ein Maiskorn hinein. Warte, bis das Korn zu dir kommt. Du kannst es finden, während du das Essen kochst. Du kannst es am Boden finden. Gib ein Helferkraut hinein – ein Kraut, das dir hilft, jede Schwäche zu heilen – Salbei wäre gut.» Agnes durchsuchte ihr Bündel und fand zwei Stengel Salbei. Sie gab sie mir.

«Gib sie in deinen Beutel.»

Sie fand zwei Adlerflaumfedern.

«Die müssen in deinen Beutel.»

Ich nahm sie und steckte sie mit den Steinen und dem Salbei in die Beutel.

«Ob du es nun bemerkt hast oder nicht, ich habe dir etwas über Geburt erzählt. Geburt war es, als die Steine aus der Erde herausgingen. Andere heilige Feuer waren vor uns hier. Die Steine sind die Hüter der Berge. Vom Beginn der Geburt an werden die Geheimnisse der Zeiten auf die Steine geschrieben. Überall werden Steine als Werkzeuge, Waffen, bei Ritualen, in Feuergruben und als Medizinsteine verwendet. Mutter Erde war einst Stein. Jetzt sehen wir uns nach den Stücken um.»

«Willst du damit sagen, daß wir einst wirklich Stein waren?»

«Ja. Ich erzähle dir von einer Zeremonie. Wenn ein neues Kind zu den Leuten kommt, suche ich einen kleinen weißen Stein, der von Natur aus ein Loch hat. Steine mit natürlichen Löchern haben einen herrlichen Medizingeist. Sie sind äußerst kräftig, selbst winzige. Wenn wir einen jener weißen Steine mit einem Loch finden, machen wir einen Beutel und stecken

Haar vom Stachelschwein oder Elch hinein. Dann geben wir den Stein hinein. Und schließlich binden wir ihn dem Baby ums Handgelenk. Ein Geschenk der Mutter Erde an das kleine Kind. Der winzige Stein enthält die Weisheit der Zeiten. Er ist der erste persönliche Stein des Kindes, und die Leute sind voller Dankgebete. Jetzt gehen wir und machen das Abendessen. Ruby wird rüberkommen.»

Ich war plötzlich beunruhigt bei dem Gedanken, Ruby zu sehen. Gedanken an Red Dog – der Grund, weshalb ich neue Welten und Sehweisen kennenlernte – schossen mir mit schrecklicher Geschwindigkeit durch den Kopf. Wir gingen zur Hütte zurück. Meine Finger schmerzten, weil ich die Steinbeutel so fest umklammerte.

Eine Stunde später saßen Agnes, Ruby und ich in Schweigen versunken um den Tisch. Es schien nicht der rechte Zeitpunkt, Ruby etwas zu fragen. Sie drehte immer wieder den Kopf um und blickte die Eingangstür an, als erwarte sie jemanden. Sie rauchte eine Zigarette nach der anderen, und jeder Stummel wurde auf dem Boden mit dem Absatz ausgedrückt – eine hübsche Schweinerei, die ich aufzuputzen hätte. Wenn sie mich damit ärgern wollte, gelang ihr das bestens.

Agnes sammelte das Geschirr ein und trug es zum Ausguß. Sie krempelte die Ärmel ihres Wollhemds hoch und begann mit dem Abwasch. Gewöhnlich machte ich den Abwasch, und ich fragte mich, warum Agnes es tat.

Ruby beugte sich vor und tätschelte mein Knie. «Lynn, du hast mutig und richtig gehandelt», sagte sie. «Es war riskant.»

«Was war riskant?» platzte ich heraus.

«Es war riskant, eine Idiotin wie dich Red Dog gegenüberzustellen.»

Agnes kam her und stellte drei Pappbecher mit Tee vor uns.

«Agnes», sagte Ruby, «es muß etwas unternommen werden wegen der Gefahr, in der Lynn ist. Red Dog kann jede Sekunde hier hereingestürmt kommen. Lynn weiß nicht, wie sie ihren Raum behaupten kann. Die Zeit des Träumens ist vorüber. Jetzt ist es Zeit zu handeln. Ich freue mich, daß du da bist, aber ich fürchte, ich kann dir nicht helfen.»

«Wie meinst du das, du kannst mir nicht helfen? Du hast mir zu helfen!»

Ich überreichte Ruby zwei Packungen Zigaretten. Sie lachte und schob sie zurück über den Tisch.

«Die Marke rauche ich nicht. Ich kann deine Zigaretten nicht brauchen.»

Ich blickte unruhig auf Agnes, versuchte zu erraten, was ich tun sollte. Ich wollte etwas sagen, aber Ruby winkte mit der Hand, ich solle schweigen. Sie nahm einen Pappbecher und wandte mir einen Augenblick den Rücken zu. Ich fragte mich, was sie wohl machte. Als sie mir dann den Becher reichte, spritzte heißer Tee in allen Richtungen heraus. Ich schrie, sprang von meinem Stuhl auf, warf den Becher in den Ausguß. Agnes und Ruby lachten, schlugen sich auf die Schenkel, und ich glotzte sie ungläubig an.

Ruby sagte: «Du bist wie der Becher, Lynn. Voller Löcher.»

Wieder blickte ich Agnes an, erhoffte mir irgendeine Unterstützung. Ihre schwarzen Augen funkelten bedrohlich. «Ruby hat recht, Lynn.» Sie wies auf die Mitte meines Rumpfes. «Da, da und da – überall.»

«Ihr foppt mich nur – beide. Ihr wollt mir wieder Furcht einjagen. Ich glaube euch nicht.»

«Denk, was du willst, aber du bist wie ein Sieb», sagte

Ruby. «Deine Kraft sickert aus dir hervor, strömt heraus. Du wirst ständig schwächer. Du hast überhaupt keinen Schutz. Du bist offen und ziehst mit deiner Haltung Unannehmlichkeiten auf dich. Alle möglichen Sachen könnten dir jetzt Schaden zufügen.»

«Du ziehst Einwirkungen an, wie die Flamme die Nachtfalter», sagte Agnes. «Du mußt sehr vorsichtig sein, weil du dich an einer gefährlichen Stelle befindest.»

«Ich dachte, meine Taten beschützen mich.»

Agnes und Ruby sahen sich an, blickten mir dann in mein erwartungsvolles Gesicht. Ich weiß nicht, was psychologisch gesehen wirklich geschah, wußte jedoch, daß es stimmte, was sie mir sagten. Für einen flüchtigen Augenblick wurden mir Schwärme von Löchern bewußt, die in meinem Innern umherschwebten. Ich begann zu begreifen, warum ich mich so sonderbar gefühlt hatte.

«Ich denke, ich verstehe. Was soll ich zu meinem Schutz tun?»

«Lynn, du bist meine Schülerin, und es ist Gesetz, daß ich dir helfen muß. Du mußt lernen, eine fähige Frau zu sein, und damit meine ich, du mußt wissen, wie du dich vor Red Dog schützst. Du mußt dich entschließen zu lernen, wie du dir selbst hilfst. Du mußt lernen, Medizinschilde zu machen.»

«Von welchen Schilden sprichst du?»

«Es gibt so viele Schilde, wie es Gefahren gibt, die abgeschirmt werden müssen. Du hast jetzt zu lernen, wie du dich vor dem Schwinden deines Geistkörpers schützen kannst.»

«Warum bin ich plötzlich in so großer Gefahr?»

«Du warst schon immer so, bist nun aber anziehend, weil du jetzt über mehr Wissen verfügst.»

«Wieviele Schilde muß ich machen?»

«Für einen angemessenen Schutz», sagte Ruby, «mußt du fünf Schilde machen. Das ist die Zahl für einen Menschen, der Kriegerin ist.»

«Was habe ich zu lernen?»

Ruby nippte an ihrem Tee. «Alles. Du hast alles zu lernen. Wenn du die Schilde machen kannst und ihre Bedeutung kennenlernst, kannst du den Gürtel des heiligen Gesetzes erkennen und deine Schwestern finden.»

«Was ist der Gürtel des heiligen Gesetzes, und wer sind meine Schwestern?»

«Du wirst das alles viel später schon erfahren», meinte Ruby. «Die meisten Menschen schützen sich von Natur aus, wissen aber nichts von Vertrauen. Du vertraust und mußt lernen, was Schutz ist.»

«Jetzt, Lynn», sagte Agnes, «wirst du erst einmal lernen müssen, wie schützende Energie gebündelt werden kann. Das gehört dazu, wenn Schilde gemacht werden.»

Ruby schüttelte verdrossen den Kopf. Sie hielt sich mit den Händen am Tischrand fest. Die beiden beugten sich über mich. Ich holte tief Luft. Es war eine Art Untersuchung. «Was macht ihr?» fragte ich. Ruby ließ wieder in einem Abstand von fünfzehn Zentimetern eine Hand meinen Körper prüfen. Ruby schüttelte den Kopf. «Immer noch eine Menge Löcher.»

Ich konnte den Wind draußen vor der Hütte durch die Bäume rauschen hören. Durch das Fenster konnte ich die belaubten Zweige sehen. Löcher in meinem Körper – das Ganze kam mir unglaublich vor. Ruby begann, leise zu lachen, wurde wieder ernst.

«In den alten Zeiten», sprach Agnes, «machten die Frauen alle Schilde. Dann geriet alles durcheinander, und die Männer wurden die Handwerker. Wenn du einen Schild auf die richtige Weise machen willst, mußt du die widerstreitenden Teile in dir vernichten. Ein Schild ist schützende Medizin. Er ist ebenso ein Spiegel. Es gibt für praktisch alles Schilde. Es gibt Schilde, die so viel Kraft haben, daß sie im Kampf den Sieg bringen. Es gibt Schilde, die dir Mut verleihen. Es gibt Schilde, die dich vor dem Angriff eines Zauberers schützen. Es gibt Schilde, die in Zeiten der Not die Verbündeten herbeirufen. Denk aber dran, daß ein Verbündeter nicht *für* dich, sondern nur *mit* dir kämpfen kann. Es gibt Schilde der Wahrheit, und wenn du diese Kraft hochhältst, kann dich niemand belügen. Schilde sind nicht nur zur Verteidigung da. Sie zeigen, wer du mit all deinen Aspekten – Denken, Fühlen, Körper und Geist – in der Welt bist. Sie stehen für deine innere Heiligkeit. Sie können vor den Tipis aufgestellt werden, um den Leuten zu zeigen, wer du bist.»

Ruby zündete sich wieder eine Zigarette an und schob ihren Stuhl zurück. Es war, als warte sie darauf, daß ich etwas sagen würde. Sie blies eine Rauchwolke zur Decke und rollte die Zigarette zwischen ihren Fingern hin und her.

«Lynn», begann sie, «ich bin manchmal mit den englischen Wörtern nicht vertraut, aber ich möchte dir gern eine Geschichte erzählen. Meine Leute sagen, ein Krieger mit Namen Mountain Lake wollte einen Schild machen. Mountain Lake ging zu den Schildmacherfrauen und bat sie, ihm zu helfen. ‹Ich werde viel herschenken und auf die Suche nach der Vision gehen. Ich werde alles dafür tauschen. Ich will einen Schild, der jede Kraft hat.› – ‹Das ist nicht möglich›, sagten die Schildmacherfrauen. ‹Du hast den Schild schon; er ist nur noch nicht erweckt. Wir halten es nicht für weise, daß du vor deiner Zeit diese Kräfte suchst.› Der Krieger gab nicht nach. ‹Ich will der mächtigste Krieger sein›, sagte Mountain Lake.

Schutz-der-Kinder-Schild

‹Ehrt mich mit einem Schild, der alle Kräfte enthält.› Die Schildmacherfrauen hielten eine Zeremonie ab und redeten die ganze Nacht, überlegten, was sie machen sollen. Am nächsten Tag kam der Krieger wieder. ‹Wir sind uns einig›, sagten die Frauen. ‹Wir werden dir einen Schild machen, der alle Kräfte enthält. Deine guten Taten sind wohlbekannt, und wir werden dich auf diese Weise ehren.› Mountain Lake ging fort und suchte seine Vision und berichtete den Frauen, was er sah. Dann wartete er, daß der Schild gemacht würde.

Im Dorf wurde darüber geredet, daß die Schildmacherfrauen dem Krieger einen Schild machten, mit allen Kräften und auch der Kraft der Vollendung. Als der Schild fertig war, riefen die Frauen den Mann zu sich. Mit ihm kamen drei Freunde.

‹Wir haben getan, worum du uns gebeten hast›, sagten die Schildmacherfrauen, und dann wurde der Schild in einer Zeremonie erweckt.

Der Krieger blickte stolz auf den Schild. Die Symbole von seiner Visionssuche waren herrlich ausgeführt. Er hing ihn sich an den Arm und hielt ihn wie zur Verteidigung. Als er das tat, ging er plötzlich in Flammen auf. Im Nu war der Krieger zu Asche geworden. Seit der Zeit wird ein Schild mit totaler persönlicher Kraft ein Opfer- oder Torschild genannt. Schilde werden jetzt für besondere Zwecke bereitet. Das Machen der Schilde ist eine ernste und heilige Sache.»

«Muß ich jetzt damit rechnen, in Flammen aufzugehen?»

«Lynn, ich will dir zeigen, womit du zu rechnen hast», sagte Agnes. Sie ging durch die Hütte und kniete vor ihrem Bett nieder, suchte unter ihm etwas und zog ein rundes Bündel hervor. Es bestand aus verschiedenen Tierhäuten. Sie legte es auf das Bett und knüpfte das Rohleder auf.

«Es ist ein alter Medizinschild», sagte Agnes.

Der Schild war atemberaubend. Er wirkte riesig in der winzigen Hütte. Der scheibenförmige Gegenstand bedeckte praktisch das ganze Bett. Vom unteren Rand hingen einige Büschel Falkenfedern. Er schien wie von einer Naturgewalt durchtränkt. Aufgeregt vergaß ich für einen Moment alles andere und vertiefte mich in seine Schönheit.

«Das ist der bei weitem schönste Schild, den ich je gesehen habe», sagte ich.

«Mir gefällt er auch», meinte Ruby und schob sich näher heran.

«Hände weg, Ruby», sagte Agnes. «Ich weiß, daß du ihn dir gern krallen würdest.»

Ruby wandte sich schmollend ab.

«Schau mal», sprach Agnes. Aus einer Tasche, die unter dem oberen Rand verborgen war, zog sie ein vergilbtes Spitzentaschentuch. Es sah so alt aus, daß ich dachte, es würde gleich zerfallen. «Dieser Schild gehörte meiner Großmutter», erklärte Agnes. «Und dieses Taschentuch tauschte sie 1893 von der Frau des Generalgouverneurs ein.»

«Gute Medizin», sagte Ruby und berührte sanft die Spitzen. «Stark.»

«Agnes, danke, daß du ihn mir gezeigt hast», sagte ich. «Ruby, kannst du Schilde wie den hier machen?»

«Nicht genau so. Dieser Schild könnte ein wunderbarer Freund für einen Medizinmenschen sein. Er ist nicht die Sorte Schild, die du verwenden würdest. Du bist eine Schülerin, und du stehst am Anfang. Ich bin mir nicht sicher, ob du überhaupt etwas weißt. Der hier ist ein weiblicher Schild. Manche Schilde sind halb männlich, halb weiblich – im Gleichgewicht. Manche sind nur männlich.

Alle Schilde sind für einzelne Menschen. Der große Schild, das Medizinrad, ist für alle. Ein Schild im Gleichgewicht wäre ideal für dich, die Sorte Schild, die Wissen bringt und die bestimmte Sachen spiegelt, die du erkennen mußt, mit denen du arbeiten mußt. Dein erster Schild muß ein Schild mit starker Wassermedizin oder ein Geistschild sein. Weißt du etwas über Schildkrötenmedizin?»

«Nein, was ist das?»

Agnes antwortete. «Die Schildkröte steht für die Mutter Erde, doch trägt sie die großen Schilde auf ihrem Rücken – sie ist der Hüter des Wissens der Geist-Clans, die über die Erde verbreitet sind. Manche Geist-Clans sind sichtbar, manche unsichtbar. Jeder gehört einem dieser Geist-Clans an.

Eine Schwierigkeit gibt es. Du mußt deinen Geist-Clan erkennen, und das ist nicht so einfach. Erforderlich ist ein Werk der Kraft. Wenn du ein Werk der Kraft ausführst, wirst du von einem Geist-Clan geprüft. Wenn du Glück hast, ist das der richtige für dich. Möglich, daß du vergeblich geprüft werden wirst. Wenn die Prüfung kommt, mußt du ganz still stehen. Wirf deine Schultern zurück und sei stolz auf das Erreichte. Laß dich vom Vertreter des Geist-Clans prüfen, und ganz gleich, was du tust, lauf nicht vor Entsetzen davon.»

«Was geschieht, wenn man seinen Geist-Clan findet?» fragte ich.

«Dann kannst du eine der Unsichtbaren sein. Du kannst wirkliche Kraft haben. Alles, aber auch alles steht dir zur Verfügung. Was du auch willst, du kannst es haben.»

«Wie kam es zu diesen Geist-Clans?»

«Sie entstanden in alter Zeit. Weißt du, es ist jetzt nicht das erste Mal, daß der Mensch am Rand der Katastrophe entlangwankt. In jenen alten Zeiten gab es Kraft, stark wie die Son-

Die Lehren der Medizinfrau

ne-Kräfte, neben denen sich die Atombombe wie ein Knallfrosch ausnimmt. Es gab einen Krieg auf der Mutter Erde, wie man ihn nie zuvor und auch nachher nicht wieder erlebt hat. Die Leute, die übrig blieben, waren sich klar, daß etwas so Ungeheuerliches nicht noch einmal geschehen darf. Es wurden Geist-Clans gebildet, die alles Wissen in sich bergen sollten. Die Hälfte der Geist-Clans sind sichtbar, und die andere Hälfte ist unsichtbar.»

«Und du meinst, ich gehöre zu einem dieser Clans?»

«Aber gewiß. Alle auf der Mutter Erde gehören einem Geist-Clan an. Die Schwierigkeit ist, daß du ihn finden mußt. Sie wissen nicht, wer du bist. Du weißt nicht, wer sie sind. Es ist ein bißchen wie ein Herumtappen im Dunkeln.»

«Auf dieser Suche wird dir das Machen deiner Schilde helfen», fuhr Agnes fort. «Wenn du einen Schild machst, mußt du in dir eins sein. Mit jedem Schild wirst du eine Eigenschaft erreichen, die abseits deiner gewohnten Ansichten über das Dasein in dir ist. Diese Eigenschaft kann dann mit Licht erfüllt werden. Wir alle sind wie Stücke des großen, rauchenden Spiegels, spiegeln alle dasselbe Licht wider.

Deine Schilde sind wie Malereien. Wenn du eine wahre Vision hast, ist kein Zweifel möglich, daß du dich in dieser Vision bewegst. Das Entwerfen deiner Schilde wird das Ausbrüten deiner Vision sein. Wir nennen das das schwebende Ei im Innern des Träumens. Das schwebende Ei muß ins Nest gelegt werden, und dein Schild ist dieses Nest.

Es erfordert großes Können, den Schild richtig zu formen. Da ist die Geschichte von Painted Face. ‹Ich habe mein Gesicht verloren›, teilte sie ihrer Großmutter mit. ‹Du hast nichts verloren – du hast deine Malerei verloren.› ‹Was muß ich tun, Großmutter?›

‹Du mußt lernen, dich im zersplitterten rauchenden Spiegel zu sehen, der Illusion ist.› Painted Face machte sich dann mit Lebenserfahrung und Visionen an die Arbeit, fügte die zerbrochenen Stücke des großen rauchenden Spiegels wie ein Puzzle zusammen. Als sie fertig war, wußte sie, wer sie war. Sie war Painted Face.

Als deine Medizinlehrerin ist es meine Pflicht, dich fähig zu machen – fähig, die zerbrochenen Stücke des großen rauchenden Spiegels wieder zusammenzufügen. Du wirst entdecken, daß der Spiegel eigentlich vier Spiegel sind – Four Mirrors, Vier Spiegel, war ein großer Lehrer wie euer Jesus, und es heißt, daß schon sein geheiligter Name allein die Lüge zerstört. Mit der Entwicklung deines Willens beginnst du die inneren und äußeren Aspekte dieser Entwürfe zu verstehen, und du wirst sie vom Rand deines Gesichtskreises in deine Mitte ziehen – wo sich die Wolfs-Pfade vereinen. Eines Tages wirst du durch die Bündelung deiner Aufmerksamkeit fähig sein, deine persönlichen Schilde niederzulegen und die große Medizin einzusetzen, die sich in jedem verkörpert. Du wirst sehen können, wie sich diese wunderbaren Kräfte verbinden und wie sie dir angehören.

Lynn, du springst oft wie ein Gummiball von einer Richtung in die andere, von Gewalten getroffen, die dich beherrschen möchten. In deiner Welt können das politische, gesellschaftliche und dergleichen Gewalten sein, und sie alle sind Formen der Zauberei. Deshalb ist es so wichtig für dich, vier Richtungen aufzubauen. Du mußt in der Lage sein, in allen Richtungen zu arbeiten, auch wenn dein Platz auf dem großen Rad im Norden ist.»

«Ich dachte, du hättest gesagt, ich müßte *fünf* Schilde aufbauen?»

Die Lehren der Medizinfrau

«Ein Medizinmensch hat fünf Gesichter. Das erste ist das der Ratsversammlung. Das zweite ist das des Essens oder der Ernährungsweise. Das dritte ist das Gesicht der Geschichte. Das vierte das der Weisheit. Und das fünfte ist das Gesicht des Lehrers. Die sind im Bereich der vier. Siehst du, der fünfte Schild bist du. Im Norden erfährst du Weisheit. Das wird für dich der leichteste Schild, weil du schon nahe an dieser Kraft bist. Dein Totem ist der Büffel. Der Norden ist also der Baum, der dir die Mitte gibt.

Nicht alle Krieger und Kriegerinnen müssen mit fünf Schilden arbeiten. Für manche gibt es überhaupt keine Schilde und keine Offenbarung. Für sie gibt es keine Initiation. Da ist kein Tanz, kein Lied.»

Ruby sprach nicht weiter und nickte mit dem Kopf. Sie hatte die Zigarettenpackungen genommen und schob sie langsam auf dem Tisch hin und her. Ich fragte mich, was sie damit wohl bezweckte. Sie sagte: «Schau dir die Ehen an. Die Ehe ist eine mächtige Medizin. Manchmal gerät dabei etwas durcheinander. Ein Mann sagt vielleicht: ‹Meine Frau ist ein Star. Ich bin ihr Berater. Ich bin ihr Produzent.›

Eine Frau kann einen Mann durch ihren Körper, ihre Worte und Gedanken vernichten. Aber seine Vernichtung ist auch ihre Vernichtung. Sie überläßt sich seinem Verstand. Sie sagt: ‹Meine Persönlichkeit ist mit ihm, meinem Mann, verbunden.› Aber ihr Traum sollte mit ihrer eigenen Persönlichkeit zu tun haben. In der Bindung ist viel zu lernen. Aber mit welchem Recht dürfen wir uns festhalten?

Eines Tages werden all die Medizinschilde weggehen. Die Medizinschilde schließen sich aneinander an und bilden ein Netz über der Mutter Erde, um während der befreienden Reinigung zu helfen.

Schutz-der-Kinder-Schild

Jeder Mensch hat seine eigene Medizin. Ehre jeden Menschen und entbiete dem Medizinschild in ihm einen Gruß.

In unserer Welt bilden wir eine Hand – fünf Medizinfrauen oder fünf Medizinmänner. Mit der Hand hast du die Zahlen, Leben, Einheit, Gleichheit, Ewigkeit, Lehrer. Das addiert sich zur Vollkommenheit. In den Ratsversammlungen der Frauen tauschen wir die Stellungen aus, damit jede Frau auch alle anderen Stellungen kennenlernt und ein ganzes menschliches Wesen werden kann – im Wechsel ist Wachstum.

Du bist noch dabei, den Weg zu erfahren. Bald kommt der Tag, an dem du die Bedeutung der Schwesternschaft der Schilde verstehen wirst. Besser kann ich es dir nicht erklären. Mach dir einfach klar, daß auf deinem Weg auf der Erde jeder Schild zu einem einzigen, viel größeren Schild gehört. Du mußt eine Meisterin der Schilde werden, und wenn du das bist, wirst du das Schicksal der Kriegerin erkennen.»

Die Luft um Ruby war voller Rauch. Während des Sprechens rauchte sie Kette. Agnes war die ganze Zeit wachsam, wollte anscheinend etwas sagen, unterbrach aber nicht. Ruby hatte zu mir gesprochen, hatte ihre Worte sehr sorgsam gewählt, damit ich ihr Englisch mit dem schweren Akzent verstehen konnte. Ich hatte sie noch nie so lange oder so tiefsinnig sprechen hören. Ich war erstaunt, wie gut sie mich kannte – in mancher Hinsicht gewiß besser, als ich mich selbst kannte. Ich beugte mich vor und ließ die Zigaretten, die sie vorhin nicht annehmen wollte, wieder in ihren Schoß fallen. Sie nahm sie in die Hände, hielt sie diesmal an ihr Herz und legte sie dann auf den Tisch.

«Puh, die hab' ich mir verdient», sagte sie. Eine Sekunde lächelte sie in meine Richtung, nur zu kurz. Stolz setzte sie sich auf. Sie sagte: «Lynn, ich werde dir auf deiner Reise in das Schild-Gleichgewicht helfen. Ich werde dir vor allem über Agnes beistehen, da du ihre Schülerin bist. Ihr Geist ist anders als meiner. Du brauchst jemanden, der viel toleranter und sanfter ist als ich. Natürlich erfülle ich auch einen anderen Zweck bei dir. Ich bin da, um deine Angst zu nähren.»

«Wie meinst du das?» Der Ton gefiel mir gar nicht.

Ruby war zum Teil in die dunkelnden Schatten der nächtlichen Hütte gehüllt. Ich war wachsam. Ihre Augen glänzten mir plötzlich wie die blauen Augen eines Eskimohundes entgegen. Mir wurde unbehaglich zumute – ihr Starren ließ in meiner Nabelgegend ein Gefühl der Wärme entstehen.

«In mir siehst du alle deine Zweifel», sagte Ruby. «Du siehst deine Wut. Du siehst viele Dinge, die du nicht magst, sogar deine Blindheit. Du bist nicht gern in meiner Nähe, weil du Angst vor mir hast. Es wird die Zeit kommen, wo du dich in deiner Ganzheit annimmst, und dann wirst du mir gegenüber gleichgültig sein. Ich werde nicht länger bedrohlich auf dich wirken. Du wirst auch Agnes gegenüber gleichgültig werden. Jetzt im Augenblick bist du dazu nicht fähig. Du bist noch nicht bewußt. Aber schau dir auch das Gegenteil an – den heiligen Clown, der alle deine Glaubenssätze auf die Probe stellt. Wenn du deine Ängste losgelassen hast, damit sie von selbst davonflattern können, wirst du dich erinnern, daß der alte Weg der Stärke weiblich ist, vom Schoß ausgeht. Er ist empfangend. Du kannst die Schilde hochhalten und Selbstvertrauen gewinnen. Wenn du mir gegenüber gleichgültig wirst, wird deine Angst davongeflogen sein. Das wird eine große Medizinzeit für dich sein. Da wird dann Raum für andere sein. Agnes und ich werden jetzt also über deinen Weg der Schilde reden. Du gehst raus und hackst ein bißchen Holz.»

Schutz-der-Kinder-Schild

In Rubys Augen war wieder das alte, verrückte Glitzern. Als ich sie zum allerersten Mal erblickte, stand sie auf ihrer Veranda und schwang ein Fleischermesser. Ich dachte, sie würde mich in kleine Stücke zerhacken. Seit jenem Zusammentreffen hatte ich noch nie gewußt, was ich zu ihr sagen sollte.

Wie befohlen verließ ich die Hütte. Draußen stolperte ich über ein Holzstück, das auf die Stufen gefallen war. Agnes und Ruby lachten, und Agnes stand auf und machte die Tür zu. Es wurde sehr dunkel. Über mir erhellte ein Schleier von Sternen den Himmel. Ein junger, goldener Mond hing über den Kiefernwipfeln. Der Wind hatte sich gelegt. Ich hatte ein großes Gespräch mit meinen Lehrerinnen gehabt und war froh gestimmt. Ruby hatte recht. Sie spiegelte alle meine Ängste wider, und ich verabscheute es, sie mir anzusehen.

Ich steckte die Laterne an, und sie begann zischend zu brennen. Ich packte das Beil und begann ein paar kleine Stücke zu spalten. Im Baum direkt über mir schrie eine Eule. Ich hörte mit dem Hacken auf und lehnte das Beil gegen den Holzstoß. Wieder schrie sie. Ich entfernte mich rückwärts ein paar Schritte von dem Baum und starrte in die Äste hinauf. Ich sah sie auf dem Hauptast stehen und mit glasigen Augen zu mir herabblicken – Ruby nicht unähnlich.

Ich erinnerte mich, daß viele Ureinwohner Amerikas die Eule fürchten und ihr nicht trauen. Agnes sagte, eine Eule in der Nähe zu sehen, sei ein Omen, daß eine Veränderung bevorstünde, und Veränderungen waren mir immer willkommen gewesen. Ich war froh, daß ich der Eule traute und sie als Freund betrachtete. Ich faßte in meine Jeanstaschen und fand etwas Tabak zum Herschenken. Ich streute ein wenig unter den Baum.

«Der ist für dich», sagte ich zur Eule.

Ich machte mich wieder an die Arbeit, und meine Muskeln jammerten über die ungewohnte Anstrengung. Es verstrich mindestens eine Stunde, bis sich die Hüttentür öffnete und ein Lichtstrahl herausfiel. Ruby und Agnes traten heraus, hielten sich umarmt. Genau in diesem Augenblick schrie die Eule über mir noch einmal.

Sie blieben eine Weile auf der Veranda stehen und plauderten auf Cree. Erst lachte Agnes ausgelassen los, dann stimmte Ruby mit ein. Ich hackte weiter. Sie beobachteten mich eine Zeit lang, dann stieß Ruby Agnes mit dem Ellbogen an.

Ruby lief auf mich zu, blieb stehen, wandte den Kopf nach links und nach rechts, als wolle sie sich vergewissern, daß niemand in der Nähe sei. Dann neigte sie sich zu mir und flüsterte mit unheilvoller Stimme: «Lynn, hier draußen hast du wirklich kaum eine Chance.»

«Wie meinst du das?»

Sie war so rasch in der Finsternis verschwunden, daß ich mich schon fragte, ob sie sich nicht in Luft aufgelöst hatte.

Ich rief hinter ihr her: «Ruby, soll ich dich nicht nach Hause fahren?» Doch sie war fort. Eine alte blinde Frau wanderte neun Meilen zurück zu ihrer Hütte.

«Hat sie immer etwas dagegen, im Wagen zu fahren?» fragte ich Agnes.

Agnes lachte leise. «Nur wenn sie es eilig hat.» Wir gingen zurück in die Hütte.

Agnes schien heiter. Sie kramte in ihrer Truhe. Anscheinend hatte sie mich ganz vergessen. «Denk dir nichts», sagte sie. «Wir haben viel Arbeit vor uns. Morgen werden wir beginnen, deinen ersten Schild zu bauen.»

Sie legte ein paar Bündel Fell und andere Dinge auf den

Schutz-der-Kinder-Schild

Tisch – eine Ahle, Schere, Messer, ein Stück aufgewickelten Riemen und endlich, unter dem Bett hervorgeholt, einen langen, gebogenen Schößling. Agnes hatte seine beiden Enden in ein kurzes Stück Abflußrohr gezwängt, um ihn zusammenzubiegen. Ich sah zu, wie sie die beiden Enden zusammenzog, bis ein Kreis von ungefähr einem Meter Durchmesser entstand. Sie brachte es nach ein paar Schnitten mit dem Messer sauber zuwege und band die Enden mit dem Riemen aneinander. Sie hob jetzt den vollkommenen Reifen hoch, damit ich ihn genau betrachten konnte.

Agnes sah mich ernst an. «Das nächste Mal mußt du es tun. Versuch dir zu merken, was ich getan habe.»

«Das werde ich», erklärte ich beeindruckt von ihren Fähigkeiten.

Danach gingen wir zu Bett. Ich lag still im Dunkeln und versuchte, meinen neuen Weg der Schilde zu verstehen. Ich war aufgeregt, und es dauerte einige Zeit, bis ich einschlief.

Am nächsten Tag bereitete ich die Felle vor und zog sie auf den Kreis aus gebogenem Holz. Das erforderte eine so tiefe Konzentration, daß es, ehe ich mich versah, Zeit zum Abendessen war. Agnes war in der Hütte gewesen und hatte genäht, während ich auf der Veranda arbeitete. Ich stürzte mich mit Heißhunger auf den Wildeintopf und die Brötchen.

Nach dem Essen kippte Agnes ihren Stuhl gegen die Wand, und wir blieben eine Weile still sitzen. Ihr Blick ließ mich verlegen werden. Ihre Augen prüften mein Gesicht.

«Bevor du deinen ersten Schild machst, mußt du einige Dinge wissen.

Zum ersten können nur Frauen ihre eigenen Schilde machen. Ein Mann kann das nie. Das wäre unheilvoll. Ein Mann kann einem anderen Mann den Schild machen, aber nie für sich. Nach alter Sitte hatte ein Mann eine Vision oder bekam ein Zeichen, wer den Schild für ihn machen würde, und ein Schild konnte nie ohne die Hilfe einer Frau gemacht werden. Frauen waren die Meisterinnen der Schilde. Wie ich schon sagte, sind die Schilde ihrer Eigenschaft nach entweder männlich oder weiblich. Schilde im Gleichgewicht waren halb weiblich, halb männlich. Das wurde mit der Energie erreicht. Die Sachen, die bei der Herstellung der Schilde verwendet wurden, waren selbst schon entweder männlich oder weiblich.»

«Kannst du mir ein Beispiel geben?»

«Klar. Die Farbe erst einmal. Blau und Grün sind männlich, und Orange und Rosa sind weiblich. Gewisse Pelze sind männlich, andere weiblich. Schließlich werden diese Energien erweckt.»

«Wie geschieht das?»

«Du erweckst einen Schild, indem du zur Galaxis, zur Milchstraße betest. Bete zum endlosen Raum. Bete zur Sonne. Bete zu den Sieben: Erde, Jupiter, Mars, Neptun, Merkur, Mond, Venus. Wenn du betest, bring die Milchstraße in den Schild. Bitte um die Medizin, die du willst. Schütze mich davor, von einem Schuß getroffen zu werden. Schütze mich vor Krankheit. Bitte den kleinen Vogel Merkur, dich vor Schaden zu schützen. Bitte ihn um Schnelligkeit von Geist und Körper. Bitte die Sonne und den Jupiter, sie mögen dich vor Massenwahn beschützen. Ein weiblicher Schild hat die Eigenschaften von Zeit und Raum. Ein weiblicher Schild gibt dem Krieger Mut.

Ich spreche jetzt in deiner Sprache. In meiner Sprache sind die Worte besser. Bitte Mars um Stärke. Bitte die Mutter Erde um Charisma und Gesundung. Bete zum Mond um Einbildungskraft und Intuition. Das läßt sich auch auf andere Weise sagen: die sieben Geisthüter des großen Traumes. Bete zur Süßen Medizin, den Tierwesen. Erscheinen wir nicht durch die Tiere wieder? Bete um Heilung zur Weißen Büffelfrau. Sie ist die Hüterin der Pflanzenwelt. Erscheinen wir nicht durch die Pflanzen wieder?

Einige Schilde werden unter Steinen gereinigt, damit sie Kraft erhalten. Andere werden für einige Zeit unter Bäumen oder in die Mutter Erde vergraben.

Medizinmenschen sehen die verschiedenen Arten von Medizin in den Schilden. Du siehst die wirkliche Farbe und Kraft eines Schildes. Diese Kraft kannst du nicht verschlingen. Du kannst sie nicht stehlen, es sei denn, du weißt, wie. Du kannst sie nicht verbrennen. Die Energie wird trotzdem bleiben.

Es gibt viele Arten, Schilde zu machen. Ich mache sie gerne aus Weidenholz. Du machst einen Weidenreifen, schneidest dann das Rohleder zu einem Kreis zurecht. Du ziehst es über die Weidenform. Du kannst Rehfell nehmen. Manchmal siehst du Schildpatt pyramidenförmig zugeschnitten und kreisförmig angeordnet, mit einer Bronzeperle im Schildpatt. Oder du kannst Roßhaar mit vier weißen Federn am Rand des Schildes verflechten. Pferdeknochen mit irgendeiner Art Schlange eingeritzt ist schön. Oder male Sonnen zwischen Pferdeknochen.»

«Gibt es Namen für die verschiedenen Teile der Schilde?» fragte ich.

«Ja, der untere Schild heißt der segnende Schild, der Hauptteil. Der obere Schild wird mit seinem oder ihrem Namen benannt, oder nach dem Bild, dem Zeichen vorn. Der ganze Schild wird Schutz genannt. Es gibt Namen für die verschiedenen Muster. In den Mustern sind oft männliche oder weibliche Pyramidenformen zu sehen. Wie ich schon sagte, haben die Farben Bedeutung. Weiß ist zum Beispiel entweder männlich oder weiblich, je nachdem, wie du die Farbe abschattierst. Weiß mit Rot gemischt ist mehr weiblich. Nach alter Sitte war der Osten rot, doch Rot ist jetzt im Süden. Gold steht für die Sonnenwesen. Gold ist der Osten.»

«Kannst du mir etwas über meinen ersten Schild sagen?»

«Am deutlichsten mußt du dir einprägen, daß alles an einem Schild seinen Grund hat. Es hat besondere Kraft und Bedeutung für die Träger der Schilde. Ein Symbol ist das Bild einer Idee. Die Idee stammt aus Träumen oder Visionen. Der Schild ist das Herz der Kriegerin. Das Herz ist die Energie, die alle Dinge in dieser Welt zusammenbindet.»

Agnes beugte sich vor und berührte sanft meinen Handrücken. «Komm, schlafen wir ein wenig.»

Als ich aufwachte, zermahlte Agnes eifrig getrocknete Kräuter zwischen zwei Steinen zu einem feinen Pulver.

Ich wusch mich, kämmte mir das Haar aus und zog mich an. Als ich fertig war, setzte ich mich und sah zu. Sie schüttete den Pulverhaufen in ein Marmeladeglas mit Wasser und schüttelte es.

«Was machst du?» fragte ich.

«Für dich», sagte sie. «Wir lernen, wenn wir die Nager beobachten. Ich nenne es Backenhörnchen-Wasser.» Sie reichte mir das Glas. «Trink.»

Ich schraubte den Deckel ab und schnupperte. «So richtig gut riecht es aber nicht, Agnes.»

«Es soll dir Stärke geben, dich wiederherstellen. Es ist der Pflanzenweg, den du brauchst. Trink.»

«Okay, Mammi, ich esse meinen Spinat schon.»

Ich trank das Gebräu hinunter. Es schmeckte ein wenig bitter, und ich wußte sofort, daß mein Körper danach verlangte.

«Du mußt mehr Zeit draußen verbringen, brauchst mehr von der blanken Kraft von Großvater Sonne. Du brauchst starke Muskeln. Setz deine Schritte sanft auf die Erde. Nimm die Kraft wie eine wahre Schwester an. Lausche aufmerksam auf deine innere Stimme. Wir haben viel zu tun und nur eine kleine Weile, in der wir es tun können. Wir brauchen die Sonne.»

Agnes stand auf. Sie kramte in der Hütte herum und holte ein paar Sachen. «Nimm den Reifen», sie zeigte auf ihn, «komm mit.»

Ich folgte ihr nach draußen. Sie trug einige spitze Stöcke und ein Bündel Leder. Wir gingen nicht weit. Agnes gab mir ein Zeichen, ich solle mich auf den Boden setzen. «Leg den Reifen zwischen uns.»

Wir saßen uns dann auf der Höhe eines flachen Hügels gegenüber. Kleine Vögel zwitscherten, und ich fühlte mich von Leben umgeben. Nach einer Weile sprach Agnes.

«Lynn, vor langer Zeit ging ich zu einem wichtigen Treffen der Gemeinschaft vom Roten Tipi. Nur Frauen waren zugelassen. Ich reiste zusammen mit einigen anderen Frauen ein paar Wochen, bis ich dort war. Die Tipis standen an einer herrlichen Stelle hoch in den Bergen. Wir kamen an einem friedlichen Tag im Spätfrühling an, als überall Bergbienen und Schmetterlinge flogen. Vor den Tipis standen die vier großen Schilde des Roten Tipis, und ich war erfreut, sie aufgestellt zu sehen, bereit für die Erneuerungen.

In den Roten Tipis wurden viele deutliche Worte gesprochen. Wir gaben den Sprechstab unter den anwesenden Frauen herum. Viele Herzen wurden für den Großen Geist geöffnet. All die Roten Tipis hatten Kraft. Wir lernten alle voneinander und tauschten Medizinen. Bei einem Treffen bemerkte ich, daß in dem Tipi ein Schild hing mit langem, gelben Haar daran – ein Skalp eines Menschen. Ich sah, er war ein Schild mit großer Kraft, aber ich konnte die verborgene Bedeutung um mein Leben nicht enträtseln. Ich war in Verlegenheit. Dieser Schild mit dem langen, gelben Haar war sehr männlich und doch so gemacht, daß das Männliche das Weibliche, das über dem ganzen Schild lag, nur verstärken konnte. Ich schüttelte verwundert meinen Kopf.

Ich fragte meine Schwester, ob sie wußte, was die wahre Bedeutung des Schildes sein konnte. Auch sie schüttelte verwundert den Kopf. Als das Treffen beendet war, ging ich zur Ältesten. Ich fragte: ‹Großmutter, welche Medizin hat dieser erstaunliche Schild?› Sie blickte mich freundlich an. ‹Dieser Schild wird Zerstörer der Kinder genannt. Er ist ein guter Schild, ein Schild voller Würde und Bedeutung. Wenn immer ein Mann das Kind in sich abtötet und seine Leblosigkeit haßt und anfängt, harmlose Kinder schlecht zu behandeln, ist das sehr schlimme Medizin. Meine Tochter, das erste Gesetz ist, daß alle Kraft von der Frau kommt. Das zweite besagt, niemals etwas zu tun, was Kindern Schaden zufügt. Sind nicht die Kinder die Mitte des ersten Schildes? Schütze immer die Kinder. Die Lehre dieses Schildes ist, daß den Leuten viele Skalps genommen werden, die Kindern Schaden zugefügt haben.›

‹Wo stammt dieser Skalp her, Großmutter?› fragte ich. Die alte Frau sprach traurig: ‹Wie du weißt, mein Kind, war es vor nicht langer Zeit die Pflicht einer Kriegerin, einen, der Kindern Schaden zufügte, zum Kampf herauszufordern und ihn ehrenvoll zu töten. Das lange, gelbe Haar ist der Skalp eines weißen Soldaten, der unten im Süden Kinder erschoß und tötete, die er im Gebüsch versteckt fand. Der Soldat hatte seinen Spaß daran. Shield Woman, die schon zwei andere Jäger getötet hatte, warf ihm ein Kriegsbeil in die Brust. Seine Augen standen noch weit offen, als sie seinen Skalp nahm. Ich glaube, er war überrascht, daß eine Frau mit ihm abrechnete.›

Als ich mit der Großmutter gesprochen hatte, ging ich und kehrte nach Hause zurück. Ich dachte lange über diesen Schild nach. Die Welt hat sich heute verändert, aber die Grundsätze dieses mächtigen Gesetzes sollten von allen geachtet werden. Wenn du einen Menschen erfaßt, so frage dich, ob dieser Mensch das Kind im Inneren ehrt – denn dann ehrt er das Kind in der Welt.»

«Agnes, das ist eine unglaubliche Geschichte, eine, an die ich mich immer erinnern werde. Heute wird den Kindern in der Welt so viel Schaden zugefügt. Wie kommen Männer oder Frauen dazu, Kinder zu mißhandeln?»

«Ein Mann hat genau wie eine Frau einen Schoß. Viele Frauen sind keine Schwestern und haben ihren Schoß nicht entwickelt, und viele Männer haben ihren Schoß nicht entwickelt. Wenn der Schoß eines Menschen nicht lebendig ist, gibt es auch kein Verständnis für seine Frucht. Diese Menschen stören die Selbstverwirklichung eines Kindes.»

Ich nickte zustimmend, und sie richtete ihre scharfen, klaren Augen auf mich.

«Lynn, du stehst am Anfang. Ich als deine Lehrerin und Ratgeberin bin ebenfalls am Anfang. Alles Leben und das Leben einer Medizinfrau ist am Anfang. Eines Tages wirst du das einsehen. Dein Weg wird hier geboren.» Agnes legte sich die Faust aufs Herz. «Hier ist das Licht, das aus der Dunkelheit kam. Hier wohnen die Geheimnisse, die dich wie gutes Essen nähren werden. Hier werden die Worte geboren, die imstande sind, dir die große Lüge und die große Wahrheit zu zeigen.»

Agnes nahm den Weidenreifen und hielt ihn vor mir hoch. «Aus diesem Reifen wird dein erster Schild entstehen. Wenn du fertig bist, wird er ein sehr gutes und nützliches Werkzeug sein. Dieser Schild beginnt im Anfang, im Süden, im Wasser. Schau und versuche zu sehen, was vor dir liegt, denn es gibt Gerüche und wachsende Wesen, die Zeichen geben. Es gibt Würg-Kirschen mit Augen wie Saphire. Nach alter Sitte hieß er Schild der Frau des Schlammflußes, Schild des Frauenblutes.»

«Ist das auch ein Kinder-Schild?» fragte ich.

«Ja, wir haben gesagt, er ist der Zerstörer-der-Kinder-Schild. Er ist der Schild der Schweigsamen. Er ist ein Schild des Geist-Pfades.»

«Mein erster Schild wird viele Bedeutungen haben», sagte ich.

«Viele», bekräftigte Agnes. Sie legte den Weidenreifen zurück auf den Boden und wies auf den unteren Rand, der mir am nächsten war. «Dort wird der heilige Altar sein, im Süden deines Schildes. Hier sind die Lehren der großen Kreisläufe. Dort wächst auch die Pflanzenwelt – die heiligen Lehrerpflanzen. Der Tabak war die erste.»

Agnes bewegte die Hand nach links und deutete. Ich begriff, daß sie die linke Seite des Reifens besprach. «Dieser Teil deines Schildes unterrichtet über deinen Körper, über dein Herz. Er ist das Wissen von den Pflanzen-Medizinen, von den Giften. Hier ist die Medizinpfeife und der Heilkürbis. Pflanzengleichgewicht ist hier und Schildmalerei.»

«Hier oben an deinem Schild», fuhr Agnes fort und wies auf den Bereich des Reifens, der ihr am nächsten war, und den ich als Norden erkannte, «ist die Kunst des Reisens und des Hörens in die Ferne. Er ist die sieben tanzenden Wasser. Er ist die Arbeit mit Kristallen und das Lernen von den Kristallen des großen Rades. In der Mitte ist der Schamanen-Baum, die Medizinfrau, die du eines Tages sein wirst.»

Agnes und ich, wir sprachen ausführlich über die verschiedenen Bedeutungen der Richtungen des Südschildes. Dann begann sie mich in der eigentlichen Kunst zu unterweisen, einen Schild zu machen. Wenn die Art der Anfertigung eines Schildes auch wichtig war, so schien es doch zweitrangig im Vergleich zu den Lehren, die sie mir mitzuteilen versuchte.

«Es ist unbedingt notwendig», sprach Agnes, «daß du die allerkleinste Einzelheit genauso machst, wie ich es dir sage. Wir streben nach der geziemenden Ausrichtung des Selbsts. Wenn dir das gelingt, werden alle übrigen Formen folgen.»

Die nächsten beiden Tage bereitete ich nach den Anweisungen von Agnes ein Rehfell vor. Ich ging meiner Tätigkeit nur an einer ebenen, grasigen Stelle nicht weit von der Hütte nach. Hin und wieder erschien Agnes, gab Anweisungen, sah sich den Fortgang der Arbeit an. Als ich beinahe fertig war, kam sie, setzte sich mit gekreuzten Beinen und strich mit der Hand über das Fell.

«Ja. Du mußt so weich wie dieses Rehfell werden. Dieses Fell ist kein Leder für einen Kriegsschild. Das ist das Fell deines Südschildes und es erfordert Weichheit.»

«Wie kann ich weich wie dieses Fell werden?» fragte ich.

«Unsere Körper haben natürliche Schilde, aber das ist die Schwierigkeit. Wir verlieren unsere fließende Beweglichkeit. Wenn du im Fluß bist und in ein Loch stürzt, tust du dir nichts. Wenn du steif bist, brichst du dir den Hals. Ich möchte, daß du die Schilde aus deinem Körper herausnimmst und vor dich hältst. Ich möchte, daß du im Fluß bist. Fließende Beweglichkeit ist eine große Kraft der Kriegerin. Dein erster

Schild ist eine fröhliche Angelegenheit, ein Fest. Fließende Beweglichkeit läßt dich den Weg gehen, der am natürlichsten ist. Fließende Beweglichkeit läßt dich du selbst sein.»

Am späten Nachmittag zog ich das Fell auf den Weidenreifen und paßte es an. Agnes kam noch einmal und setzte sich mir gegenüber nieder. Von Zeit zu Zeit lächelte sie über meine linkischen Versuche, das Fell zu befestigen. Sie machte kaum Anstalten, mich zu ermutigen.

Als ich fast fertig war, fragte ich: «Meinst du, es ist eine anständige Arbeit?»

Agnes blickte skeptisch. «Das Fell muß straffer sein», sagte sie. Ihre Augen leuchteten auf. «Ich habe etwas in der Hütte für dich.»

Ich sah zu, wie Agnes zu ihrem Haus lief und im Eingang verschwand. Nach einigen Augenblicken war sie zurück. Ich spürte eine gewisse Stille in der Luft. Sie hielt ein paar Federn in der Hand.

«Hier sind einige Adlerfedern, die du an diesen Schild heften kannst.» Sie reichte mir drei Federn.

«Adlerfedern! Danke, Agnes.»

Ich wußte, in ihrer Welt waren Adlerfedern sehr wichtig, und ich erhielt sie nur zu besonderen Anlässen. Ich prüfte die Federn und war entsetzt.

«Agnes, das sind keine Adlerfedern!»

«Doch, es sind welche.»

«Nein, Agnes. Ich weiß, wie Adlerfedern aussehen, und das hier sind keine.»

«Was für Federn sind es denn?»

Ich war verwirrt. «Ich glaube, es sind Federn vom wilden Truthahn.»

«Ich sehe, du hast keinen Respekt vor Truthahnfedern.»

«Naja, es sind keine Adlerfedern.»

«Ich sagte, es sind Adlerfedern», beharrte Agnes.

«Agnes, verzeih mir, aber Truthahnfedern können keine Adlerfedern sein.»

«Das können sie doch und das sind sie auch.»

«Agnes, du hast große Macht und kannst mich manchmal dazu bringen, daß ich Schwarz für Weiß ansehe, aber die Realität kannst du nicht verändern. Ich weiß, daß das hier Truthahnfedern sind.»

«Du weißt gar nichts.»

Ich wurde ärgerlich. Agnes war von sehr stolzem Wesen, und ich konnte mir nicht vorstellen, warum sie versuchen könnte, mir Truthahnfedern anzudrehen. Das war schlimm genug. Aber dann noch alles zu verdrehen und darauf zu beharren, es seien Adlerfedern, gab mir das Gefühl, ich solle übervorteilt werden. Ich wurde mürrisch, packte den Schild und machte mich daran, die Innenseite mit Riemen zu versehen.

Agnes lachte mich aus. Ich blickte auf und nahm die Haltung berechtigter Empörtheit an. Ich fühlte mich nun heftig verletzt. Agnes lachte wieder und starrte mich an, als sei ich die lächerlichste Person, die sie je gesehen hatte. Ich saß bewegungslos, doch ihre schelmischen Augen zermürbten mich.

«Kein Wunder, daß wir nie miteinander auskamen», sagte sie.

«Wer?» fragte ich.

«Meine Leute und deine Leute.»

«Wieso sagst du das?»

«Die ganze Zeit ärgerten sie sich über einander, und zwischen uns entstand viel Haß. Das war unvermeidlich, weil meine Leute sehr stolz waren und viel Humor hatten. Deine wurden zappelig und wollten die abschießen, die über sie lachten. Trotzdem finde ich euch Weißen immer noch sehr lustig. Ich muß über euch lachen.»

«Was ist so lustig, Agnes?»

«Ihr Laßt euch nie los. Bei euch ist jedes Wort entweder eine Vollkommenheit oder liegt weit daneben. Ihr schlagt gern die Bedeutung einer Sache klein, bis sie in eurer Beschränktheit Platz hat.»

«Redest du von den Truthahnfedern?»

«Ja. Weißt du, der Truthahn wird ‹Südadler› genannt. Du machst einen Südschild; es gibt keine Kraft, die sich besser für ihn eignen würde. Wir nennen den Truthahn einen ‹Büffeladler› oder den ‹Adler des Herschenkens›. Unsere Sprachen sind so verschieden. Kein Wunder, daß sich meine und deine Leute ständig an die Gurgeln gingen. Und dir würde es guttun, wenn du deine Reizbarkeit ablegen könntest.»

«Ist der Truthahn auf die Art der Büffeladler, wie die Eule von euch Nachtadler genannt wird?»

«Ja. Wenn du deinen Nachtadlerschild, deinen Heyoka-Schild machst, wirst du Betrügerfedern anbringen. Der Nachtadler ist in Betrügerfedern gehüllt. Wir haben uns betrogen, wenn wir uns durch diese Welt auf die komische Art bewegen, mit der du meinst, eine Truthahnfeder kann keine Adlerfeder sein. In der Bedeutung steckt alles, nicht im Namen. Am besten lernst du jetzt, was Täuschung ist, und wie du sie hinter dir lassen kannst. Wahrscheinlich hältst du Truthahnfedern für weniger wertvoll als Adlerfedern. Ein tödlicher Irrtum. Der edle Truthahn hat etwas hergeschenkt, damit du genau diese Federn haben kannst. Truthahnfedern haben Medizinkraft, Kräfte, die uns belehren, und Kräfte, die uns heilen. Wenn du einen wilden Truthahn gejagt hättest, würdest du wissen, wie vollendet sie sind, welche Ehre es ist, die Federn an deinem Schild zu tragen.

Der Fischadler ist der Adler des Westens – der träumende Adler – den wir Indianer den geliebten Fischadler nennen. Der Nordadler oder der Tagadler ist derjenige, der bei euch Adler heißt. Weißt du, für mich sind sie alle Adler, während für dich, die du so viel über die Geflügelten weißt, der Adler des Herschenkens genau das Fleisch ist, das an Festtagen verschlungen wird.»

Ich spürte, wie mir das Blut in die Wangen stieg. Agnes zuckte die Schultern, drehte sich um und war verschwunden, bevor ich mich entschuldigen konnte.

In dieser Nacht träumte ich von bemalten Schilden und hörte Trommeln und Flöten. Dann sah ich mich selbst im rötlichen Licht eines Lagerfeuers stehen. Ich begann zum Schlag der Trommeln zu tanzen. Ich wartete, daß sich andere Frauen dem Tanz anschließen würden, und wußte, daß bald viele bei mir sein würden. Während ich tanzte, spürte ich, wie sich in der Leistengegend ein Muskel verkrampfte, und im Kreuz noch einer. Ich bemerkte, daß das Feuer heller wurde, daß mir wärmer wurde. Ich erwachte und öffnete den Reißverschluß meines Schlafsacks.

«Verflixt», sagte ich. «Meine Tage.»

Ich stand auf und holte ein paar Tampons aus meinem Rucksack. Agnes saß am Tisch und bestickte einen kleinen Lederbeutel mit Perlen. Sie sah neugierig zu, wie ich die Packung aufriß.

«Frau, warte einen Augenblick.» Ich riß den Kopf hoch und blickte sie überrascht an. Ich fragte mich, worum es bei diesem Einspruch gehen würde. Ich kam mir merkwürdig dumm vor.

Die Lehren der Medizinfrau

«Was willst du mit deinem Blut machen?»
«Wie?»
«Was willst du mit deiner Weiblichkeit, mit deinem Blut machen?» «Ich werde wie immer einen Tampon benutzen.»
«Oh, das ist gut; meine Tochter, die über die Symbole und die Kraft der Frau schnattert. Nimm einfach einen Tampon und schmeiß dein Blut zu der ganzen Scheiße ins Klo. Ein schönes Symbol. Vielleicht könnten wir es auf deinem Schild anbringen. Das müßte dir eine Menge Kraft bringen. Das zeigt, wie sehr du dich und deine Schwester achtest. Mir gefällt die Art, wie ihr zivilisierten Frauen mit den Gaben eures Körpers umgeht.»

«Also Agnes, was soll ich denn tun? Ich kann doch nicht herumlaufen und bluten. Ich weiß, daß es meine Kraftzeit ist, auf jeden Fall vier Tage lang – aber was soll ich machen?» Ich war erschrocken über ihren Ton und die Wortwahl.

«Eine gute Idee. Wir machen dir einen verborgenen Schild, der zu dem verborgenen Blut paßt. Wir wollen nicht, daß irgend jemand merkt, daß du tatsächlich blutest. Solange man es nicht sieht, brauchen wir nicht daran zu denken. Eure Krieger mögen dich so lieber, solange sie nur nichts merken.»

«Agnes.» Ich blutete und beschloß, einfach stehen zu bleiben. Ich wußte nicht, was ich machen sollte.

Agnes reichte mir ein sauberes Geschirrtuch, warf etwas Brot und Käse in einen Beutel und sagte mir, ich solle einen Rock anziehen und ihr folgen. Ich kleidete mich rasch an, und ich trug das Geschirrtuch. Wir eilten den Pfad hinab zum Bach, zum Dead Man's Creek. Der Morgen war klar und frisch. Ich spürte eine sanfte Brise über meine Wangen streichen. Als wir das Ufer erreichten, ging Agnes langsamer. Sie bückte sich und legte ihre Hände auf eine moosige Stelle nach der anderen. Schließlich entdeckte sie Moos, das ihr anscheinend gefiel. In der Nähe standen Pappeln, und das Moos lag zum Teil im Schatten.

«Dort.» Agnes wies mit einem breiten Lächeln auf das Moos, zeigte ihre gleichmäßigen, weißen Zähne.

«Das Moos ist hübsch», sagte ich und fragte mich, warum wir stehenblieben und uns die moosigen Ufer des Dead Man's Creek ansahen.

«Du kannst dort eine Weile sitzen, während ich dir etwas über dich erzähle. Das Moos ist weich und sanft und wird dir nicht weh tun. Es ist das älteste Tampon. Setz dich dorthin und gib der Mutter Erde freudig dein Blut und lerne deine Kraftzeit kennen. Dein Blut ist heilig und kündet von deiner Weiblichkeit. Sei stolz auf deine Zeit. Sie ist nicht der ‹Fluch›, für den ihr weißen Frauen sie haltet.»

Ich zog meinen Schlüpfer aus, legte das Tuch beiseite und setzte mich vorsichtig in das Moos, kreuzte die Beine. Das kühle Moos hatte etwas linderndes, fühlte sich gut an. Es kitzelte mich, und ich mußte einfach kichern. Agnes setzte sich mir gegenüber auf ihre Decke und bereitete ein Mahl aus Käse und Brot.

Ich aß voller Hunger. Agnes betrachtete das vorüberströmende Wasser des Baches. Sie begann sehr leise: «Da wir Frauen mit dem Wasser zu tun haben, ist es gut, während deines Mondes in der Nähe von strömendem Wasser zu sein. Wir sind geboren aus den ersten Worten der ersten Mutter. Wir entstammen der Leere und wir tragen die Leere in uns. Unser Blut ist ihr Körper. Es ist heilig. Es heißt, daß sie aus dem Wasser und der Erde geboren wurde, und deshalb soll dein Blut zur Erde zurückkehren und dein Geist zu den Wassern des heiligen Traumes. Ihre Kraft soll über die ganze Erde hin geachtet werden, und alle Menschen sollen wissen, daß sie der Anfang ist. Und da du jetzt deinen Körper in die Zeit des Schoßes hinein verwandelt hast, mußt du dich bemühen, daß der Blutkeim unserer ersten Mutter auf heilige Weise willkommen geheißen wird, denn er gehört ihrem Körper an. Ihr Fleisch ist verbrannt worden, damit dir das Leben verliehen werden konnte. Ihr Rauch wird deinem Pfad Weisheit schenken. Der Rauch ist eine Gabe aus dem Herzen der ersten Mutter. Preise ihr Andenken, denn sie lebt in deinem Innern. Wenn du ißt, so ist sie es, die ißt. Wenn du rauchst, so ist sie es, die deine Botschaft ins Anderswo mitnimmt. Wenn du blutest, so ist sie es, die blutet. Wenn du deinen Körper schenkst, um an der Liebe teilzuhaben, so weihe alles an dir ihrem Namen, damit ihre Liebe auf dieser großen Erde vollkommen sein kann.

Die Erinnerung an sie, die uns das Leben gibt, war so lange verschüttet. Wir vergessen, daß unser Mond die Zeit ist, in der wir ihr Leben in uns feiern. Die Frauen in ihrem Mond haben sich zurückgezogen, weil das ihre Kraftzeit ist, die Zeit, in der sie in ihr Inneres schauen und ihre innere Stärke nähren können. Während dieser Zeit nehmen die Frauen an gewissen Zeremonien nicht teil, weil ihre Kraft so mächtig ist, daß sie die Kraft und die Kraftgegenstände jedes Mannes durcheinander bringt. Manche Medizinmänner tragen zu dieser Zeit in den Schwitzhütten Hermelinpelze bei sich, damit sie geschützt sind, aber das ist wirkungslos. Sie täuschen sich. Früher gab es nach alter Sitte besondere Unterkünfte für die Frauen, die in ihrem Monat waren, und die meisten Frauen eines Lagers bluteten etwa um die gleiche Zeit. Das kommt daher, weil sich unsere Körper der Ordnung unserer Schwestern angleichen. In jenen Tagen legten wir uns mit der Sonne nieder und standen mit ihr auf. Unsere Arbeitszeit war die gleiche, und du könntest sagen, wir bluteten wegen des Lichts der Großmutter Sonne zusammen – in jenen Tagen war sie Großmutter, nicht Großvater. Es ist so vieles vergessen worden.

Was träumt diese große Mutter Erde, während sie sich langsam in ihrem Schlummer dreht? Diese dunkle Nacht scheint nie zu enden, und eines Morgens wird sie erwachen und den Schlaf von sich abschütteln und staunen und zornig werden, weil die Knochen ihres Körpers Zelle für Zelle zerrissen werden. Und was ist mit dieser dunklen Nacht in uns allen, die wir nicht erkennen können, ohne wie ein Pfeil zerbrochen zu werden, wie ihr mächtiger Rücken zerbrochen wird, wenn wir nicht mit ihr aufwachen. Was will denn ihr großer Erdkörper mit uns, die wir ihr eine Last sind? Wenn sie blutet und sich reinigt, wird sie daran denken, wer wir sind oder was aus uns werden wird?

Während du hier sitzt, träume zur großen Mutter hin. Dein Schoß ist ihr Altar. Leg dein innerstes Wesen in deine Gebete, wie wir unser Blut an ihr Leben hingeben, und bitte um Gleichgewicht und daß du in diesem Leben verstehen mögest. Gib von deinem Blut, damit sie dich in ihren Träumen hören möge und an uns denkt, wenn sie erwacht.»

Agnes erhob sich. «Ich werde dich allein mit ihr lassen.» Agnes neigte den Rumpf nach vorn und berührte mit beiden Händen die Erde. Dann nahm sie einen Tampon aus ihrer Tasche und reichte ihn mir. Ich sah sie überrascht an.

«Es gibt keinen Grund, warum wir die praktischen Dinge der zivilisierten Welt nicht benützen sollen. Wir müssen fähig sein, alles zu benutzen, was uns das Leben erleichtert. Doch wie wir uns beim Essen an das große Herschenken erinnern, so müssen wir jedes Ding mit Verständnis benutzen, damit es zur Fülle unseres Lebens beiträgt und uns nicht unsere Würde raubt.» Sie drehte sich um und hielt die hohlen Hände in den Wind. Sie ahmte einen pfeifenden Elch nach, ging den Bach hinauf und verschwand hinter einer Biegung.

Die Sonne in der Höhe begann den Himmel in Besitz zu nehmen. Ich legte mich ins Moos und ließ mich von den Strahlen wärmen. Die Vögel des Sommers spielten in den Wipfeln, und ich wühlte meine Zehen in das Ufer des Baches. Ich blieb den restlichen Nachmittag dort liegen, dachte über mich als Frau nach und begriff, wieviele kulturbedingte Hüllen ich noch abstreifen mußte. Ich war immer wieder verblüfft, wie wenig ich im Grund von mir wußte. Während ich auf dem Rücken lag, spürte ich, daß zwischen meinem Körper und der Erde wirklich ein Energieaustausch stattfand. Die Insekten summten über dem dunklen Schlamm am Bach; das Licht der Sonne schien durch die zitternden grünen Blätter und verstärkte den Duft der Weiblichkeit, das Wachstum der Pflanzen. Wir atmeten dieselbe Luft in genau demselben Rhythmus ein, und ich fühlte mich sehr direkt mit allem verbunden.

Am späten Nachmittag wanderte ich zur Hütte zurück. Ich arbeitete bis nach Anbruch der Dunkelheit am Schild. Bevor ich zu Bett ging, teilte mir Agnes mit, daß der materielle Schild vollendet sei. «Bleibt nur noch», sagte sie, «der Geist.»

Beim Frühstück am nächsten Morgen fühlte ich mich wunderbar. Ich war es nicht gewöhnt, mich körperlich und geistig so wohl zu fühlen. Vielleicht war es eine Illusion, aber ich wollte es trotzdem genießen.

«Nimm deinen Schild», sagte Agnes nach dem Geschirrspülen. «Ich möchte mit dir wegfahren. Beeil dich. Wir haben nicht viel Zeit.» Ich habe immer zu wenig Zeit, und Agnes ahmte mich mit Vergnügen nach.

Schutz-der-Kinder-Schild

Ich nahm den Schild und folgte Agnes zu meinem Wagen. Ich legte den Schild auf die Rücksitze und stieg ein.

«Wohin?» wollte ich wissen.

Agnes hob die Hand. «Fahr die Straße in dieser Richtung und bieg rechts ab.»

Wir waren etwas länger als eine Stunde unterwegs, als Agnes sagte, ich solle anhalten. «Komm mit», meinte Agnes. «Nimm deinen Schild mit.»

Ich ging mindestens eine weitere Stunde hinter Agnes her. Agnes führte mich einen Pfad entlang, der von Pappeln und Salbei gesäumt war. Die Luft war köstlich. Aus Südosten wehte leise ein kühler Wind. In der Ferne konnte ich die grauen Kuppen flacher Berge erblicken. Der Pfad endete an einem rasch dahinströmenden Fluß. Ich wollte anhalten und mich ausruhen, aber Agnes drängte weiter. Gleich darauf kamen wir um eine Biegung und erreichten einen Wasserfall. Das Wasser stürzte von einer Felsenklippe hoch über uns nieder, und wir befanden uns in einer Art Kessel. Dichte Schleier stiegen auf, wo das Wasser in die Felswanne unten traf.

«Wie schön», sagte ich.

«Hier gibt es viele Helfer», meinte Agnes und zeigte auf den Wasserfall. «Sie haben mir versichert, daß du hier deinen Schild sehen wirst. Findest du allein den Weg zurück zum Wagen?»

«Du willst mich doch nicht hier draußen allein lassen, Agnes?»

«Du wirst viel Gesellschaft haben», sagte sie und wies auf das stürzende Wasser. «Ich höre sie schon zu dir sprechen.»

«Wirst du beim Wagen auf mich warten?»

«Nein. Hast du dir den Weg zurück zur Hütte gemerkt?»

«Ich glaube schon.»

«Du hättest besser aufpassen müssen, Lynn. Leg deinen Schild hier an den Rand des Wassers.» Agnes erklärte mir dann, daß ich die Ratschläge des Wassers beachten sollte, daß das Wasser sich mit mir auszutauschen suchte. Sie sagte, ich solle die Ohren spitzen. Sie wies mich an, fest auf den Punkt zu blicken, wo das Wasser in das Becken traf, und zwar so lange, bis alles sich auflöste. «Das ist das Reich der Wasserwesen, der Erkenner aller Dinge, die dem Wasser entstammen. Es ist die Pforte in die untere Welt, wo die Ahnen weilen. Hier kann es geschehen, daß deine Wächter zu dir kommen.» Sie empfahl, ich solle nicht bewußt versuchen, einen bestimmten Geisteszustand zu erreichen, sondern eher träumen. Der Wasserrand sei der Vermittler großer Bewegung, mächtigen Fließens, und ganz gleich, was ich täte, die Wasserbabys wollten sich mit mir austauschen. «Ich hoffe, daß du heute abend den Weg nach Hause findest.»

Ich nickte, daß ich verstanden hatte. Agnes blickte mich ernst an.

«Bist du dir sicher, daß ich dich nicht zurückfahren soll?» fragte ich.

Ich konnte sehen, daß sie nicht die Absicht hatte, auf mich zu warten. «Geh und freunde dich mit den Geheimnissen an», verabschiedete sie sich.

Ich beobachtete, wie sie den Pfad hinauflief, brachte meinen Schild dann an den Ort, den sie mir gezeigt hatte. Ich beschloß, mich zu entspannen und ein Geistlied zu singen. Die Sonne blendete von der Oberfläche des Beckens her und machte meine Augen tränen. Ich schaute über meinen Schild hinweg zum schäumenden Wasser hin. Ich wußte nicht, was ich erwarten sollte. Ich sang leise und behielt es lange Zeit im Auge. Im lauten Brausen des Wassers schienen Stimmen zu sein, die nicht auseinanderzuhalten waren. In meinen Ohren war ein unangenehmer Druck. Ein Geräusch wurde ein paar Sekunden lauter und lauter. Als ich dachte, ich könne es nicht mehr ertragen, wurde es wieder normal.

Bald schon verlor ich das Zeitgefühl. Meine Gedanken, die normalerweise wohlgeordnet vorüberzogen, begannen ziellos im Kreis zu laufen – und einige schweiften umher und hatten keine Ahnung, wohin sie reisten. Das war irgendwie überhaupt nicht schrecklich. Ich fand den Geisteszustand sogar eher lustig. Ich führte nicht mehr das Kommando über meine Truppen. Mein Heer war in Unordnung. Ich hatte die plötzliche Erkenntnis, daß der Herrscher über diese gemischte Gruppe irgendwo im Bauch zu orten war. Ich spürte ihn dort als eine Art Furcht, und ich begriff, daß der Schlüssel zur Lenkung meiner Gedanken darin bestand, kritisch zu sein.

«Schilde machen ist doof», brachte ich laut heraus.

Meine Gedanken horchten zwar nicht schlagartig her, reihten sich nicht in geschlossener Formation auf, aber ich hatte auf jeden Fall ihre Aufmerksamkeit erweckt. Sie blickten mich alle irgendwie erwartungsvoll an. Da wußte ich, wenn ich eine Frage stellen oder kritisch sein könnte, würden sie losstürzen und genau machen, was ich befahl. Ich war dem zwar nicht abgeneigt, doch schien es einfach nicht wichtig.

Und ich erkannte noch etwas. Kritik war nicht der einzige Schlüssel, der meine Gedanken in einen Schwebezustand versetzte. Ein Rätsel genügte demselben Zweck.

«Warum Schilde machen?» fragte ich.

Hierauf wurden meine Gedanken zu Amateurdetektiven. Ich konnte sie wie Sherlock Holmes umherpirschen und die Spuren mit einem Vergrößerungsglas prüfen sehen. Jeder der Detektivgedanken gab mir eine Antwort.

Die Lehren der Medizinfrau

Ich erkannte, daß mein Denken eine Art Energiespeicher war. Es war bereit, in jede Richtung loszugehen. Die Energie, die das Denken einsetzt, ist wie ein unendlicher Strom von Wasser. Das Wasser, das vom Felsen fiel, wurde von der Sonne durchstrahlt und schimmerte wie eine Halskette aus Spiegeln. Plötzlich war ich von der unendlichen Vielfalt der Lichtmuster in dem Wasserfall gefesselt. Ich sah oder hörte nicht auf die vertraute Art – beides schien aus derselben Quelle zu stammen. Die Beziehungen und Entsprechungen waren unklar. Mein Denken versuchte, eins zu werden mit dieser Schwingung. Mein ‹Ich› wollte sich selbst loslassen und mit dieser höheren Harmonie verschmelzen. Ich war im Augenblick gefangen, und es gab überhaupt keinen Ausweg. Ich suchte auch keinen.

Ich kniete auf einem sandigen Vorsprung, vor mir den Schild, während das Wasser aus dem Becken neben mir fortwirbelte. Der Fall, kaum höher als hundert Fuß, ergoß sich in eine dunkle Höhle.

Ich begann, die Felsen in der Nähe des Falls zu betrachten. Plötzlich tauchte zwischen den unterschiedlichen Formen eine Felsfrau auf. Ihr steingrauer Körper war vielleicht fünfzehn Meter hoch, unten etwa drei Meter breit. Die Felsfrau hatte langes Haar, ein recht seltsames Gesicht und trug einen weiten Rock.

In ihrer Felsform waren noch viele andere Formen. Sie hielt den Blick fest auf einen Punkt im Wasser hinter meinem Schild gerichtet. Als ich mich auf diesen Bereich konzentrierte, wurde das Geräusch des Wasserfalls zu einem Donnern, das lauter und lauter wurde. Das Wasser flimmerte an der Stelle, auf die die Felsfrau unverwandt blickte. Ich hatte die Vision, daß Agnes den Wasserfall in ihrer Hand hielt. Er strömte in einer Lichtform immer weiter in die Höhe. In der anderen Hand hielt sie einen Schild, von dem eine gesprenkelte Adlerfeder hing.

Ich blickte wieder auf den Wasserfall. Das Wasser bestand aus Licht und wurde noch immer von Agnes getragen. Es entsprang ihren Händen. Ich folgte ihm, wie es im Zickzack nach oben stieg. Anscheinend wälzte sich der Himmel um, drehte sich über mir im Uhrzeigersinn. Mir wurde äußerst schwindlig. Ich blickte zurück zum Becken, und Agnes war fort. Das Wassergeräusch wurde sogar noch lauter. Ich versuchte, wieder die Frau in den Felsen zu finden. Aus dem Fall heraus erschienen viele juwelengleiche Vögel mit Regenbogenflügeln. Sie flatterten an mir vorüber. Sie waren wunderbar. Es war, als hätte der Regenbogen selbst Leben angenommen und die prächtigen Wesen geboren. Sie waren auf hypnotische Weise schön. Da sah ich die Felsfrau noch einmal. Ihre Augen starrten wieder auf den Heck im Wasser gleich vor meinem Schild. Als ich den Fleck ansah, begann das Wasser zu strudeln. Es schien zu vibrieren, und ich hatte das Gefühl, nach hinten zu fallen. Ich richtete meinen Blick wieder ein und kam endlich ins Gleichgewicht. Der Strudel wurde größer und begann zu wirbeln. Ich konnte die Augen nicht abwenden. Er ließ mich nicht los, drehte mich, drehte alles andere. Ich wußte, die mächtige Frau aus Stein hatte diesen Wirbel gesandt. Er donnerte und saugte ein und wurde unerträglich. Da stieg ein großer Schild aus dem Wirbel herauf. Er war vollkommen wirklich und vor dem Wasserfall. Das Muster des Schildes war eine rätselhafte Spirale. Noch nie hatte ich etwas Ähnliches gesehen. Die Reihenfolge der Bilder war überwältigend. In mich strömten so viel Licht, Klang und Schönheit ein, daß etwas in mir zersprang und ich das Bewußtsein verlor.

Die Lehren der Medizinfrau

Als ich zu mir kam, war es dunkel. Ich hatte keine Angst. Ich lag auf meiner Seite am Boden. Ich kam unbeholfen auf die Beine und watete hinaus, um meinen Schild zu holen, der auf dem Wasser des Beckens trieb. Mondschein glitzerte vom Wasser und den Felsen her. Ich wußte, das war ein Ort großer, zusammenlaufender Energien, und Agnes hatte mich genau deshalb hergebracht. Ich fühlte mich ein wenig benommen und schwindlig im Kopf. Ich wußte aber, daß ich zu gehen hatte. Ich sagte dem Fall, der Felsfrau und dem Kraftplatz Lebewohl und opferte Tabak. Ich trug den nassen Schild und lief den Pfad hinauf zu meinem Wagen.

Als ich mitten in der Nacht zu Agnes und ihrer Hütte zurückkehrte, glühte ich vor Energie und Aufregung. Ich war erleichtert, in der Hütte Licht brennen zu sehen, und war ungeduldig, Agnes zu erzählen, was mir geschehen war. Ich stürzte zur Tür herein. Agnes mußte über mein Gesicht lachen, stand auf und schenkte Tee ein.

«Lynn, ich sehe schon, wir werden den Rest der Nacht aufbleiben. Setz dich und erzähle, bevor du platzt.»

Ich war im Zustand der Freude, und die Worte sprudelten aus mir hervor. Ich sprach lang. Als alles erzählt war, hatten wir drei Tassen Tee getrunken. Schließlich war ich still, wartete auf eine Erklärung. Die Bretter der alten Hütte knackten. Der Wind schien die Wände hochzuklettern.

«Medizinkraft ist die Kraft, die Harmonie und Gleichgewicht in dein Leben und in das der anderen bringt. Wenn du beginnst, dich auf einem Medizinweg ins Gleichgewicht zu bringen, erhältst du auch flüchtige, magische Einblicke, weil du den Wesen der Erde sagst, daß du an die Schönheit glaubst. Als Geschichtenerzähler mußt du das verstehen. Du wirst zu einer Spinnerin. Medizin lernen heißt, greifbare Formen aus der

Absicht des Lebens zu spinnen oder zu weben. Dich über die alltägliche Sichtweite zu erheben und die Gewalten zu sehen, die uns das Leben schenken. Deshalb lehre ich dich, die Dinge mit deinem ganzen Wesen, mit all deinen Sinnen zu verstehen. Mit deinem Sehen, Hören, Schmecken, Riechen – mit allem, was du als Frau bist. Was dir heute geschehen ist, geschah dir allumfassend. Deshalb war es magisch, und deshalb warst du berauscht. Du hast über alle Vorstellungskraft hinaus in den Raum geträumt, der den Schamanen, den Sehern vorbehalten ist. Einem Medizinmenschen ist jene einsame Welt vertraut, in der sich Verrücktheit und Genius treffen. Dir ist bestimmt, die großen Mysterien jener Dimension zu durchwandern. Denk nicht, daß du diesen Weg einfach nur gefunden hast, weil du viele Leben hindurch hart und lang gearbeitet hast. Du bist jetzt und in Ewigkeit auf der letzten Reise, dem größten Abenteuer – folgst deinem Weg die gute rote Straße entlang.

Dein Symbol war heute der Wirbel. Einige nennen ihn die wirbelnden Baumstämme oder den Wirbel, dem alle Wesen entstammen. Du hast das Tor zu deiner Unschuld gesehen, eine Spirale, den Beginn des Wissens von deiner Weiblichkeit. Die Regenbogenvögel enthüllten die Farben des Regenbogens – jede steht für einen der immer weiter werdenden Umläufe der Spirale, und die Feder für den Schild vom Gefleckten Adler. Die Steinfrau vom Wasserfall segnete dich und heißt dich in ihrer Welt der Flußsteine willkommen. Bring einen Stein innen am Schild an.»

In dieser Nacht schlief ich kaum. Früh am nächsten Morgen vollendete ich die Malerei auf dem Schild.

Wir tranken unseren Morgentee, und ich machte mich auf den Weg zu Rubys Hütte, um ihn von der alten Frau prüfen zu lassen. Das Laufen tat mir gut. Ich war diesen Pfad schon lange nicht mehr gegangen. Der altvertraute Weiher, an dem ich einst meine Schwester Libelle traf, schien mir fern, war aber ein willkommener Anblick. Es war fast Mittag, als ich sein Ufer erreichte. Ich setzte mich auf den Stein am Wasser und aß etwas luftgetrocknetes Fleisch. Behutsam legte ich meinen Schild ab, damit er nicht schmutzig wurde.

Ich mußte dringend über die letzten Monate meines Lebens nachsinnen. Alles – der Schild, Ruby, das Erlangen so vielfältigen neuen Wissens – schien ein Wunder zu sein. Manitoba und der sich ständig ändernde Himmel, das stets erquickende Wetter – der große Frieden brachte mich Agnes und ihren Lehren immer näher. Ich fühlte mich genährt von ihr. Ob es mir möglich war, das Leben in diesem Tempo weiterzuführen? So vieles war neu. An manchen Tagen weinte ich innerlich über die vielen kleinen Tode, die ich anscheinend erlitt. Dann wieder dachte ich, die Zeit ist nur eine Maßeinheit. Den Tod gibt es nicht: Es gibt nur die Metamorphose.

Ich lief schneller weiter, rannte dann eine Weile. Es herrschte tiefe Stille. Ich rannte lange. Die Brust wurde mir eng, und der Atem ging schwer. Ich hatte immer den Eindruck gehabt, im Reservat hätte jeder Stein und jeder Busch Augen. Ich wurde langsamer, ging wieder. Mir kam dann der Gedanke, daß Red Dog irgendwo in der Nähe lauerte und bereit war, mich zu töten. Ich mußte den Gedanken an ihn beiseite schieben, atmete die reine Luft tief ein. Seit langem hatte ich mir nicht gestattet, an ihn zu denken.

Ich sah unten Rubys Hütte. Ich war praktisch den ganzen Morgen gewandert und gerannt, und ihre Hütte schien mir weiter entfernt als in der Erinnerung. Ich blieb eine Weile stehen, ließ den Platz und die große Einsamkeit auf mich wirken.

Aus dem Kamin schlängelte sich Rauch in die Höhe, doch sonst bewegte sich nichts. Alles war friedlich. Ich stand lange dort, versuchte, so still wie der Tag zu sein, versuchte angestrengt, meine Mitte zu finden. Als ich mich gut fühlte, begann ich, den Steig hinabzugehen.

Als ich mich der Hütte näherte, hörte ich drin gedämpfte Geräusche. Die Tür flog auf, und Ben kam auf Rubys Veranda heraus. Er hatte sich ein Taschentuch um die Stirn gebunden und begann, mit einem Besen zu kehren. Dann trat Drum mit einem Stück Papier heraus. Er kniete neben Ben nieder, und der kehrte den Schmutz auf das Papier.

Ruby kam heraus. Ihre Haltung hatte etwas Bedrohliches.

«Macht nur gute Arbeit, Jungs», sagte sie.

«Hallo, Ruby», rief ich. Auch wenn mir Agnes erzählt hatte, daß Ben und Drum Schüler von Ruby geworden waren, erschrak ich doch, als ich sie sah. Ich hatte sie immer als meine Feinde angesehen.

Als meine Stimme erklang, zuckten Ben und Drum zusammen. Die beiden hatten mich nicht kommen sehen. Drum, der sich mit dem Papier hingekniet hatte, warf seine Arme hoch und verstreute den Schmutz überall. Ben sah aus, als sei ihm das Herz in die Hose gerutscht.

«Sie ist's», sagte Drum.

«Ihr idiotischen Pfuscher!» schrie Ruby, riß Ben den Besen aus der Hand. Sie begann Drum mit dem Besenstiel zu prügeln, wandte sich dann an Ben, schrie ihn auf Cree an.

«Wir wollten uns keinen Schrecken einjagen lassen», entschuldigte sich Drum. «Sie hat sich angeschlichen. Ich habe keine Angst vor ihr.» Er sprach auf Cree weiter.

Seine Augen straften ihn Lügen. Ben und er waren offenbar entsetzt. Da konnte ich mich nur gut fühlen.

Die Lehren der Medizinfrau

Ruby warf den Besen auf die Veranda. «Macht es jetzt ordentlich», zischte sie. «Und ich möchte, daß ihr auch die Fenster putzt. Um sie braucht ihr euch nicht zu kümmern.» Sie nickte in meine Richtung. «Lynn übernehme ich.»

«Ja, Ma'am», sagten beide.

Ruby wandte sich an mich. «Ich habe diese Jungs als Schüler angenommen, wie du sicher schon gehört hast. Wenn sie dir irgendwie Ärger machen, schlägst du einfach nur zu.»

Ruby drehte sich um und ging wieder hinein.

Ich wagte mich hin und blieb stehen, lehnte mich an die Veranda. Ben und Drum waren angestrengt bemüht, den verstreuten Schmutz aufzukehren.

«Hallo», sagte ich.

Beide waren fest entschlossen, mich nicht anzusehen, und erwiderten den Gruß nur gedämpft. Sie arbeiteten gleich weiter.

Mir fiel auf, wie sehr sich die beiden ehemaligen Schüler Red Dogs verändert hatten. Nicht nur war ihr Haar gekämmt und mit Rohlederstreifen zurückgebunden, auch ihre Kleidung war sauber und gepflegt. Sie wirkten wie andere Menschen. Selbst ihre Haltung hatte sich geändert. In meiner Erinnerung waren sie unordentlich, unsauber und manchmal richtig geduckt gewesen. Jetzt hielten sie sich aufrecht – die Brust heraus und die Schultern zurück. Sie sahen sehr gepflegt und sauber und innerlich gesammelt aus.

Ich sagte ehrlich: «Neuerdings seht ihr ja recht gut aus.»

Ich hatte erwartet, daß sie wieder nur einsilbig antworten würden, wurde aber wiederum überrascht. Ben und Drum hielten in ihrer Arbeit inne. Sie waren sehr höflich.

«Sie sehen selbst auch gut aus, Ma'am», meinte Drum.

«Ja, Ma'am. Wie nett, Sie wiederzusehen», fügte Ben hinzu.

Ich wollte gar nicht glauben, wie gut ihre Manieren waren. Ich dachte an die erste Begegnung mit dem Paar. Damals hatte ich sie für die ungehobeltsten Menschen gehalten, auf die ich je getroffen war. Sie hatten mich zugleich ängstlich und sorglos gemacht. Ich hielt sie für Gegner und war der Ansicht, daß sie zu der Sorte Menschen gehörten, die man als tödlich betrachtete. Und sie hatten wirklich ernsthaft versucht, mir zu schaden.

In dem Augenblick steckte Ruby die Nase zur Tür heraus, als wolle sie hören, was gesprochen wurde. Ben und Drum eilten an die Arbeit und kehrten schneller.

«Lynn, worauf wartest du? Es wird Zeit, daß du hereinkommst und etwas Tee trinkst. Und bring deinen Schild mit.»

Das war das erste Mal, daß mich Ruby tatsächlich in ihre Hütte einlud. Mir war, als hätte ich eine unsichtbare Schranke durchbrochen, und ich war erfreut.

Rubys Hütte ähnelte innen der von Agnes – mit einem Unterschied. Das Haus war auf den Kopf gestellt. In der Küche stand jede Schublade offen. Eine ungewöhnliche Sammlung nicht zusammenpassenden Geschirrs und vieler Gläser stand auf der Anrichte neben dem Ausguß. July saß auf dem Boden, umgeben von einer großen Kollektion von Töpfen und Pfannen. Sie wusch sie sorgfältig in einem alten Waschzuber. Es roch stark nach Seifenlauge.

Es gab zwei Betten, ein großes und eins, das eher wie ein Feldbett aussah. Auf beiden waren die Matratzen zurückgeschlagen. Auf einem Stuhl lag ein Stapel Leintücher und Dekken.

«Lynn!» sagte July höchst überrascht. Sie stand auf und umarmte mich herzlich, machte sich sehr rasch wieder an ihre Arbeit.

«Wir können uns ein andermal unterhalten», sagte sie. «Im Augenblick...» Sie zeigte auf ihr Geschirr.

Ich stieg behutsam über die Papierstapel, Kleider und Küchenutensilien, die sich auf dem Boden ausbreiteten. Ich setzte mich an einen neugestrichenen Tisch und legte meinen Schild ehrerbietig darauf. Ruby saß mir gegenüber.

«Hast du mir Zigaretten mitgebracht?» fragte sie.

«Nein. Hab' ich nicht, Ruby. Hätte ich das tun sollen?»

«Ja. Wenn du nächstes Mal kommst, bringst du mir eine Stange mit.»

«Gerne», sagte ich.

Ruby wandte sich an July und sagte etwas auf Cree, sprach darauf Englisch, damit ich verstand. «Mach uns etwas Tee», befahl sie. July ging auf die Suche nach Trinkgefäßen. Sie holte etwas Kräutertee, der in einem Marmeladeglas auf dem Fensterbrett in der Sonne stand, goß durch ein Stück Stoff ab und füllte zwei Becher. Sie stellte sie auf den Tisch.

«Ich möchte mit Lynn allein sein», sagte Ruby schroff. «Geh nach draußen und kümmere dich um den Holzstoß. Sag Ben und Drum, sie sollen nicht reinkommen. Sorg dafür, daß sie beschäftigt sind. Die beiden fangen sofort an zu trödeln, wenn sich eine Gelegenheit bietet.»

July ging wortlos und ohne den Kopf zu wenden hinaus und schloß die Tür sanft hinter sich. Ich hörte Hacken, hörte, wie Holz geworfen wurde.

Ruby sagte, als könne sie meine Gedanken lesen: «Ich halte das Lasso hier straff gespannt. Ich tue das absichtlich, da sie im Innern keinen Häuptling haben. Und du hast auch keinen.»

Sie drehte mir ihr Profil zu, als blicke sie aus dem Fenster. Das geschah auf eine Weise, die mich entnervte. Mir war fast, als würde sie mich jeden Augenblick seitlich anspringen, auch wenn sie in eine andere Richtung sah. Ich nippte an meinem Becher Tee. Er war sehr gut, und ich wußte, ich könnte schnell eine Vorliebe für ihn entwickeln. Ich blickte über die lichtdurchflutete Hütte hin. Ruby sprach nichts, und ich hatte das Gefühl, sie wolle mich herauslocken. Ich blieb stumm. Ich kreuzte ständig die Beine, löste sie wieder und rutschte auf meinem Stuhl herum. Ruby sagte noch immer nichts. Ich wand mich, fühlte mich immer unwohler. Ich ging ganz in dem Gedanken auf, Ruby werde als erste sprechen. Doch je länger ich wartete, desto alberner kam ich mir vor, wobei sie kerzengerade saß und aus dem Fenster blickte. Ich mußte Atem schöpfen. Ruby ließ nicht erkennen, ob sie sich für meinen Schild interessiere oder ihn zumindest bemerke.

Schließlich streckte sie die Hand sehr langsam aus und griff nach meinem Arm. Genauso langsam drückte sie sehr kräftig zu.

«Ich warte, daß du still wirst», sagte sie.

Die Reaktion war, daß ich noch entnervter wurde. Sie schüttelte ganz leicht den Kopf und fuhr fort: «Was weißt du über den Süden?»

«Agnes sagte mir, es ist der Ort des Vertrauens und der Unschuld.»

Sie unterbrach mich rasch. «Ich sagte, was weißt *du* über den Süden?» Sie wandte sich noch immer nicht vom Fenster ab. Ich sprach lange über alles, was ich gelernt hatte. Ich schloß mit den Worten: «Der Süden ist rot.» Ruby hatte die ganze Zeit, während ich sprach, die Handflächen über meinen Schild gehalten, als prüfe sie seine Kraft.

«Weißt du, warum er rot ist?»

«Nein.»

«Wenn du also nicht weißt, warum er rot ist, was hilft es, wenn du weißt, daß er rot ist?»

«Vermutlich nichts», sagte ich.

«Erinnert dich Rot an irgend etwas?»

«Naja, an Blut.»

«Wenn du also überlegt hättest, würdest du wissen, daß das Rot des Südens etwas mit Blut zu tun haben könnte?»

«Ja.»

«Und was, meinst du, hat es nun mit dem Blut zu tun?»

«Ich weiß es nicht.»

«Bluten gehört zum Körper, oder? Wir Frauen sind Körper, oder? Und bluten wir nicht?»

«Jeden Monat», sagte ich.

«Ich möchte, daß dir das bewußt bleibt», sagte Ruby. «Die Indianer sagen, die Vagina der Frau sei im Süden. Du mußt dein Blut in den Schild geben. Er ist gut, aber dir müssen erst noch ein paar Sachen wieder bewußt gemacht werden. Der Süden hat Kraft, und wenn du blutest, bist du in deinem Mond, oder? Es ist eine Kraftzeit. Ein Mann hat auch einen monatlichen Zyklus. Das ist seine Kraftzeit. Wenn er einfühlsam und bewußt ist, weiß er, wann diese Zeit ist. Er gibt kein Blut her, und so ist seine Kraftzeit nie so stark wie die einer Frau. Für den Mann ist es nämlich anders. Wenn er Kraft erlangt, fliegt er. Eine Frau geht in die Erde. Eine Frau, die in ihrem Mond ist, nimmt einem Medizinmann leicht die Kraft. Sie kann ihn überwältigen. Einige Medizinmänner glauben, wenn sie mit einer Frau, die in ihrem Mond ist, zusammen in einer Zeremonie sind, daß sie von ihr leicht mehr Kraft bekommen können – aber das gelingt nie.

Du hast gekratzt und gekämpft und deinen ersten Schild gemacht. Dein zweiter Schild, dein Westschild, ist ebenfalls wichtig. Im Augenblick mußt du dich mit dem Süden identifizieren – dein Bündnis schließen. Du mußt nach Belieben im inneren Süden leben und dir das Gefühl des Südens merken und nie vergessen, wie du dorthin zurückkehrst. In Zeremonien, und wenn du das Wissen dieser Richtung brauchst, mußt du dich erinnern, wie du in deinem Innern dorthin gelangst. Einige Medizinmänner haben vier Winde, die ihnen helfen. Eine Medizinfrau kann vier Berge haben. Das bedeutet, daß sie vier Gatten haben kann – einen Nord-, einen Süd-, einen Ost- und einen Westmann. Wenn bei jemandem eine Westzeremonie nötig ist, wird sie ihren Westmann einsetzen – seine Westenergie, die ihr in der Zeremonie hilft. Bei einigen geht das sehr gut. Du wirst dir über dein Geschlecht bewußt, deine Vagina. Das bringt dich in den Süden. Der Südschild ist der Mutter- oder Mutterschaftsschild. Du weißt, es ist Gesetz, die Kinder zu beschützen, sie zu ernähren und zu pflegen. Willst du die Kinder schützen, mußt du dir über dein inneres Kind bewußt bleiben. Wiederhol mir jetzt alles, damit ich weiß, du verstehst.»

Ich sagte alles, an das ich mich erinnerte.

Sie strich mit einem Finger am Becherrand entlang. Einen Augenblick sah sie mich fest an. Ihre Stimme hatte etwas Sonderbares, als sie mich fragte: «Du bist noch in dem Alter, in dem du blutest?»

«Ja.»

«Schön, da ziehst du dann die Kräfte an, die du brauchst.»

Ruby ergriff meinen Schild und sagte, sie wolle ihn einige Tage bei sich behalten. Sie brummte so etwas wie eine Anerkennung.

Wir unterhielten uns weitere zehn Minuten, und ich sagte dann: «Weißt du, Ruby, ich fühle mich mit diesem Schild so unglaublich gut und ausgeglichen, daß ich meine, ich brauche eigentlich keine anderen mehr zu machen. Ich fühle mich wirklich großartig.»

«Tatsächlich?» sagte Ruby und wandte sich langsam vom Fenster ab. Sie stellte sich neben mich und tastete meinen Körper sanft vom Kopf bis zu den Füßen ab.

«Wie fühlst du dich hierbei?» fragte sie und drückte sehr kräftig gegen die Außenseite meines rechten Knies. Stechender Schmerz fuhr durch mein Knie, schoß die Außenseite meines rechten Oberschenkels und meines Rumpfes entlang hinauf bis in mein rechtes Ohr. Eine Klangexplosion tobte kurz durch meinen Kopf, und ich war plötzlich in der Luft, riß mich mit aller Gewalt von Ruby los. «Gottverdammt nochmal, Ruby! Das tut entsetzlich weh», schrie ich.

«Du hast gesagt, du bist im Gleichgewicht. Wenn du ausgeglichen wärst, hättest du überhaupt keinen Schmerz gespürt. Ich habe dich geprüft, weil ich sehen wollte, ob du noch Arbeit zu tun hast. Ich denke schon. Was meinst du?»

«Okay», sprach ich, setzte mich wieder und rieb mir das Bein. Ich war tief erschrocken. Ruby befahl mir zu gehen und kein Wort mit July, Ben oder Drum zu reden. Ich war enttäuscht, weil ich mich gern mit allen unterhalten hätte. Sie sagte, ich solle direkt zu Agnes' Hütte zurück gehen und weder anhalten noch mich ausruhen.

Ich war erschöpft, als ich bei Agnes eintraf. Es dämmerte. Die Abendsonne sank zur Ebene. Agnes schien sich mehr als sonst zu freuen, mich zu sehen. Wir aßen, und ich war immer noch müde und ein bißchen angegriffen, doch Agnes wollte reden. Sie fragte mich, was geschehen war. Ich berichtete von meinem Erlebnis mit Ruby.

«Wenn Ruby den Schild bei sich behält, heißt das, er ist

fertig, und wir können mit dem Westschild weitermachen. Ruby ist sehr streng, aber sie tut dir gut. Bei Helfern, bei manchen Helfern ist nichts zu machen. Es kann reichlich gefährlich sein, mit Ruby zu arbeiten. Wie du siehst, duldet sie jedoch kein Zögern.»

«Wie meinst du das?» fragte ich.

«Ruby ist ein sehr harter Lehrer. Sie kann den Leuten durch den Kopf trampeln, bevor die noch wissen, wie ihnen geschieht. Ihr fällt das leicht, aber für die, die in ihr Netz geraten, ist es nicht so leicht.»

«Ich verstehe das schon richtig. Übrigens habe ich heute Ben und Drum gesehen. Sie haben sich aufgeführt wie zwei Mondkälber – waren voller Angst und so komisch. Und heute habe ich auch Red Dog unmittelbar in der Nähe gespürt – viel zu nahe.»

«Deshalb lehren wir dich die Schilde.» Sie beugte sich vor und tätschelte mir die Hand. «Keine Bange – alles hat seine Gründe, und die Schilde werden dich schützen und dich lehren, was du wissen mußt.»

Einen Augenblick betrachtete ich Agnes' Gesicht. Die dunklen Augen waren voller Anteilnahme. Sie sah so liebevoll und schön aus, daß ich sie plötzlich ganz fest halten wollte.

«Lynn, du mußt deine Wolfsmedizin sehr stark erhalten. Nicht nur mit diesem Körper, auch mit dem Traumkörper. Ich möchte, daß du heute nacht von deiner Medizin träumst und dann morgen früh als allererstes deine Gefühle wie eine Erzählung in dein Tagebuch schreibst. Dann wirst du mir vorlesen. Jetzt schlafen wir.»

Ich legte mein Tagebuch neben meinen Schlafsack. Ich kroch hinein, war fast sofort eingeschlafen, als ich meine Gedanken dem Träumen zuwandte. Ich hatte einen herrlichen

Medizintraum, den ich in der Morgendämmerung in mein Tagebuch schrieb. Dann weckte ich Agnes und las ihn ihr vor:

Schwarze Wölfin sah im Geist Milliarden Pfade, trabte unter den Kiefern hervor und schnüffelte den sauberen Geruch der Luft. Die Bäume wurden still und aufmerksam, die Ebene verstummte. Das silberne Antlitz des Mondes erhob sich. Ein Steig leuchtete vor den Augen der Wölfin und wurde zu einem Pfad, der sich in die dunkelsten Tiefen des Tales hinabwand. Sie hielt sich seitlich von ihm.

Eine Melodie aus Echos streifte die Ohren der Wölfin, und sie blieb stehen, wurde stark von einer Vorahnung ergriffen. Die Echos waren über den Boden mit den Kiefernnadeln gestrichen, hüpften wie Sonarwellen, von den Bergen ausgehaucht. Die Wölfin wich zurück, spürte die Flut unsichtbarer Wogen, und jedes Haar an ihren sehnigen Läufen stellte sich auf. Sie hob die Pfoten, als stapfe sie durch warmen Morast. Plötzlich waren die Flutwellen vorbeigeströmt. Sie hielt in ihrer Gegenbewegung inne und schnupperte wieder, hörte nun die flüchtigen Echos, die durch das Chaparral schweiften. Sie wußte jetzt, welcher Medizinplatz gesungen hatte, und ihre Augen blitzten vor Freude.

Der Mond stieg immer höher in den Nachthimmel, während sie die ausgetrocknete Rinne entlanglief – locker auf das glühend rote Auge zutrabte, wo die Zweibeinigen hausten. Als sie eine Wand erreichte, eine dunkle Macht, die aus der Erde aufragte, schlug sie einen weiten Bogen. Dann sprang sie den Hang einer Bergschlucht hinauf, wich den Weiden aus, die in Gebete versunken waren.

Als sie die Anhöhe erreicht hatte, drehte sie sich um und blickte zurück, schätzte die Entfernung – maß den Tanz der Farben, die sich in Kreisen über den Talboden bewegten. Schwarze

Schutz-der-Kinder-Schild

Wölfin hatte es nun nicht mehr weit. Sie stieß ein feierliches Heulen aus, als sie ihre Verwandtschaft mit Großmutter Mond fühlte, die ihr Antlitz zeigte und mit ihrer eigenen, düsteren Musik zu antworten schien. Ihre Pfoten spreizten sich in den feuchten Boden, als sie die Anhöhe verließ.

Das purpurne und malvenfarbene Gras wogte und strömte unter der stillen Berührung des Windes. Der Wunsch der Wölfin war unwiderruflich, und sie lief in ihrem gemächlichen Tempo weiter. Sie wurde ungeduldig und bewegte sich schneller. In der Ferne, auf den Fluß zu, verschwammen die Umrisse der Bäume. Die Wölfin wußte, daß sie dort tief unten bei den Felsen, den geschützten Zähnen der Mutter Erde, ihre Schwester von Angesicht zu Angesicht treffen würde.

Schwarze Wölfin rannte. Selig spürte sie die Anstrengung der Muskeln, den Nachtwind in ihrem Fell. Ihre Pfoten trafen auf die Erde, lösten sich von ihr, schufen einen hypnotischen, trommelartigen Rhythmus, der den leuchtenden Pfad schwingen ließ. Sie hielt an, spähte, lauschte. Der Wald war jetzt vor ihr, so nahe, daß sie die Blätter miteinander wispern hören konnte, das Strömen des Flusses. Der Staub, den sie aufgewirbelt hatte, holte sie ein, schuf die Illusion von Nebel. Sie lief weiter. Im Waldschatten flackerte dicht am Boden weißlich-oranges Licht auf. Die Wölfin nahm die Witterung auf und wußte, daß sie den Platz erreicht hatte, an dem ihre Schwester wartete. Sie erreichte eine kleine Lichtung, und mit klopfendem Herzen zog sie langsamer, vorsichtiger weiter. Sie näherte sich der leuchtenden Gestalt vor ihr, wich den Pfützen aus Mondlicht aus, die hier und dort lagen. Die Wölfin beschloß, genau vor der Wolldecke aus der Dunkelheit ins Licht zu treten. Auf der Decke saß eine Zweibeinige – jung, blond, eine Frau. Sie rauchte die Pfeife über einem Medizinschild, und der Rauch stieg in einer Spirale auf, um sich mit

Die Lehren der Medizinfrau

den Sternen oben zu vereinigen. Die Wölfin wußte, daß sie ihren Ehrenplatz der Pfeife gegenüber einnehmen sollte. Sie erschnupperte das Aroma des heiligen Tabaks mit bebender Nase, bewegte ihre Vorderpfoten zum Rand des Kreises, wurde eins mit dem Licht, als sie die Decke berührte. Im Sitzen war die Zweibeinige so groß wie die Wölfin. Langsam blickten sich die leuchtenden Augen an. Sofort war Verstehen, und sie schauten sich eine Ewigkeit in der Verwandtschaft des Wiedererkennens in die Augen. Sie waren eins.

Als ich am Ende war, sah ich Agnes an. Sie sagte nichts. Sie sah mich einfach lächelnd an und nickte vergnügt.

Träumender-Bär-Schild:

Westen

Öffne das Trugbild; es ruft dich...
Philip Lamantia, aus
Sichtbar werden

Ruby Plenty Chiefs und July trafen gegen Abend in der Hütte von Agnes ein. Ich mochte July und hätte gern mehr Zeit mit ihr zusammen verbracht. Ihr langes, glattes, schwarzes Haar war prachtvoll, und ihre lebhaften Augen schienen vertrauensvoll und freundlich.

July brachte Weißfisch mit, den sie vor kurzem geräuchert hatte. Wir saßen alle an Agnes' Tisch, und July wickelte das Zeitungspapier auf. In der Vorfreude auf das Festessen lief mir das Wasser im Mund zusammen. Ich hatte nagenden Hunger, doch Ruby zog das Zeitungspapier wieder über die beiden Fische. «Später», sagte Ruby. «Zuerst müßt ihr etwas lernen.»

Ich spürte, wie sich mein Hunger in Enttäuschung verwandelte. Mir war, als schnappe mir Ruby immer das vor der Nase weg, was ich gern hatte. Ihr finsterer Gesichtsausdruck zeigte mir, daß ihr jeder Protest gleichgültig sein würde.

«Es wird bald dunkel sein», fuhr Ruby fort und zeigte mit einer Geste, daß July und ich zuhören sollten. «Agnes und ich werden dir und Lynn die Medizinen eurer Westschilder lehren. Wir werden euch in der Tiefe in die Erdmedizin führen. Wir werden euch etwas über die Innenschau lehren. Die Innenschau befindet sich im Westen. Wir werden eine Zeremonie abhalten. Danach können wir geräucherten Fisch schmausen.»

Ich hatte Lust zu debattieren. «Wie kannst du jemandem etwas über die Schau nach innen zeigen, da sie ja definitionsgemäß innen und nicht außen stattfindet?»

«Innen ist außen», sagte Ruby mit Nachdruck.

July und ich sahen uns verwirrt an.

«Wir werden euch mit der Schattenfrau bekannt machen», meinte Agnes.

«Sprichst du von unserer anderen Seite?» fragte July rasch.

«Nein», antwortete Ruby. «Das wäre Heyoka-Bewußtheit – die Einsicht in dein wahres Verhältnis zum Großen Geist. Das ist das Vier-Spiegel-Selbst, eine östliche Medizin. Wie Ameisen, die in ihre Kiva, ihren Zeremonienraum laufen, werden wir nach Westen in das Unten gehen, in die Erde, wo sich der schwarze Nebel bewegt.»

«An den Ort, wo Gebetsstäbe in die Erde getrieben werden», sagte Agnes. «Gebetsstäbe sind stumme Erdaltäre, da sie männlich sind. Für ihr Gleichgewicht benötigen sie die weibliche Erdkraft.»

«Wir gehen zum Platz des großen Reifers», fuhr Ruby fort. «Es gibt Zeiten, wo eine Schülerin mächtige Visionen hat, und wegen ihrer Größe wird ihr Sehen unausgeglichen – sie sieht alles als lebendig an, jeden Stein, jede Maschine, jeden Stock. Aber wenn eure große Vision richtig ist, fangt ihr an, euch zu entwickeln und zu sehen, daß einige Steine und sogar auch Maschinen lebendig sind, und einige tot. Diese toten sind durch das Tor im Westen gegangen. Das hängt von dem Leben in dem Gegenstand ab. Ihr beginnt die Heiligkeit in den Dingen zu sehen, die Energie, ihre Farben, ihre leuchtende Form – ihr Schattenwesen.»

Während Ruby sprach, wurde es draußen langsam dunkler. Sie schenkte sich wieder Kaffee ein, füllte die Tasse, bis die heiße Flüssigkeit ihren Finger am inneren Rand berührte.

«Am westlichen Anfang», sagte Ruby, «singen wir den heiligen Gesang. Wir tanzen mit unserer Intuition. Es ist der Kürbispfad. Wir sind Träger des Traumschildes.»

Ruby stand auf und nickte Agnes zu. Agnes erhob sich, holte unter ihrem Bett ein großes Bündel hervor und gab es mir.

«Hier, das wirst du brauchen. Mach es jetzt noch nicht auf.»

Es fühlte sich wie eine Hülle aus Tierhäuten an. Agnes nahm ein kleineres Bündel und hängte es sich über die Schulter. Sie gab auch July eines.

«Nimm deine Autoschlüssel. Wir müssen ungefähr fünfundzwanzig Meilen fahren – zum Teil auf unbefestigten Straßen.»

Wir stiegen in den Wagen. Ruby und July saßen auf den Rücksitzen. Wie gewöhnlich schwiegen wir während der Fahrt. Der Abend neigte sich. Irgendwo in der Ferne rollte Donner.

«Bieg da vorn nach rechts ab», sagte Agnes und beendete das lange Schweigen.

«Das sieht ganz wie einer deiner Viehwege aus», erwiderte ich lächelnd. Ich bremste ab und verließ die Straße. Der Viehweg fiel rasch ab, und wir fuhren eine Schlucht hinunter, die wie ein Riß in der Erde aussah. Ich war verblüfft, als wir den holprigen Weg hinabpolterten. Der tiefe, keilförmige Einschnitt in die Erde war von der Hauptstraße aus nicht zu sehen.

Die Lehren der Medizinfrau

«Von meinen Leuten kennen nur wenige diesen Platz.» Sie machte eine Pause. «Von deinen gar niemand.» Sie drehte sich zu mir und lächelte.

Unten in der Schlucht bogen wir unvermittelt ab und fuhren am Rand eines Sumpfes entlang. Wir legten etwa eine Meile zurück, bis Agnes mir befahl, den Wagen anzuhalten. Wir stiegen aus.

Ein großer Halbkreis aus Felsen ragte auf. Ich machte einige tiefe Kniebeugen, rannte auf der Stelle, holte ein paarmal tief Luft.

Ruby drehte sich langsam, schnupperte in die Luft. Ich blickte vom Fuß der Felswand in die Höhe und entdeckte so viele schöne Farben – malvenfarbene Töne, Rosa, Rotorange und Grau, das in Braun überging. Die Wand zeigte Schichten von Sedimentgesteinen, war abgeschliffen und stumm, sah wie das ausgewaschene Skelett einer sumerischen Stadt aus, das nur noch schwach ahnen ließ, daß hier einst Leben gewesen war. Regen und Wind, davor das nagende Wasser hatten in langen Zeiträumen die senkrechten Felsformationen so modelliert, daß die Oberfläche aussah, als sei sie unendlich sorgsam von zwei riesigen Händen rundgeschliffen worden.

Bei schwerem Regen toste das oberflächlich abfließende Wasser sicher in Strömen über die Kante und schuf so vorübergehend einen Wasserfall, direkt hinab in ein Becken mit einem Wirrwarr von Felsblöcken. Der Wasserfall würde uns dort, wo wir standen, ertränkt haben. Ich konnte mir das stürzende, schimmernde Wasser vorstellen und konnte sein Rauschen hören, die brausende Kraft, mit der es gigantische Felsbrocken bewegte und zu Kieseln zerschmetterte. Jetzt wies nur eine dunkle, purpurne Scharte auf das mächtige Strömen bin, das hier oft anzutreffen sein mochte.

Strauchkiefern und Tamarisken wanden und krümmten sich über den Steig. Ich blieb stehen, sah nach, ob in den kleinen, aufgesprungenen Kiefernzapfen noch Kerne steckten – aber die waren schon von den Eichhörnchen geplündert worden. Wir liefen rasch hinab in ein Trockental, in das wegen der steilen, eindrucksvollen Felsen nie Sonne fiel. Salbeibüschel pünktelten die dunkle Erde und wischten mit ihren Zweigen über unseren Pfad. Mäusestraßen und Abdrücke von Rehen waren die einzigen Fährten, die ich entdecken konnte. Kleine Vögel, vielleicht weißkehlige Segler schossen in verborgene Spalten hoch über uns – jeder Schrei, jede Bewegung kam als Echo zu uns und in die Stille zurück.

Agnes hatte diesen Platz Heyoka-Wand genannt – den Echospiegel jeder Bewegung des Lebens in diesem Gebiet. Die Felsen verspotteten uns, als wir eine sumpfige Stelle überquerten und unseren Aufstieg in die Wand der größten Klippe begannen. An dem grauen Fels waren kaum genügend Stellen, die den Füßen Halt gaben, und wir kletterten vorsichtig. Agnes führte uns.

Auf halber Höhe trat sie plötzlich in einen Spalt und war verschwunden. Ein paar Minuten später hatten wir dieselbe Stelle erklettert, drehten uns: Vor uns lag der dunkle Eingang einer Zeremonienhöhle. Sie war den Blicken entzogen und nur durch Zufall zu entdecken.

Die Sonne ging unter, und die purpurnen Schatten wurden länger. Der Wind war aufgefrischt und wehte mir winzige Sandpartikel ins Gesicht. Ich kroch auf allen Vieren durch den Eingang zur Höhle. Drinnen entdeckte ich, daß ich stehen konnte. Ich rieb mir die Augen. Das Höhleninnere war etwa sieben Meter tief, wie ein mittelgroßes Zimmer, und die Wände waren mit Felsbildern und Malereien bedeckt. Die Ritzzeichnungen an einer Seite schienen uralt zu sein. Auf die gegenüberliegende Seite war Lehm geschmiert worden, und jemand hatte mit Naturfarben Muster darauf gemalt.

«Der Ort heißt gelegentlich ‹der Platz, an dem gekreuzte Pfeile gezeichnet werden›. Dies ist eine Zeremonienhöhle. Erzähl niemandem, wo sie ist.»

Agnes wies auf ein großes umgekehrtes Hakenkreuzmuster. «Das hier stammt aus der Mitte, wo der Große Geist wohnt.» Dann riß sie sich einige Haarsträhnen aus und legte sie in ein tiefes Loch im Höhlenboden, in der Nähe der Reste eines Feuers. Wir taten es ebenfalls.

«Für die Großeltern», sagte sie.

Draußen wurde es dunkler, und der Wind erzeugte unheimliche, pfeifende Geräusche. Ich wollte mich mit einem Blick auf Agnes und Ruby beruhigen, aber in den dunkelnden Abendschatten waren ihre Mienen nicht zu erkennen.

Sie nahm mein Bündel, übergab es mir, drehte mich dann so, daß ich in den Hintergrund der Höhle blickte.

Einen Augenblick war es sehr still.

«Kommt alle.» Agnes faßte nach Rubys Ellbogen. «Wir steigen in einen verborgenen Ort der fernen Vergangenheit ab. Nur eine kleine Weile noch, und wir steigen in die Tiefe.»

Agnes hielt die Fackel hoch, die sie entzündet hatte. Wir schlichen alle über den ebenen Boden auf eine Platte aus gewachsenem Fels zu. Auf ihr lag eine flache, runde Granitscheibe. «Sie verschließt den Zugang», sagte Agnes. «Rückt sie vorsichtig weg, denn sie schützt den Weg.»

July und ich knieten nieder und unter großen Anstrengungen gelang es uns, den Stein zu bewegen. Ich fror inzwischen in der feuchten Kälte und hatte auch ein bißchen Angst. Ich spähte in das Loch und konnte die beiden ersten Sprossen einer Leiter mit Holzholmen sehen. Sie führten in vollkommene Finsternis hinab. Agnes gab uns Zeichen, wir sollten den Anfang machen.

Ich hatte angenommen, ich sei die einzige, die sich fürchtete, doch July hielt sich an meinem Arm fest. Sie zitterte leicht. Sie neigte sich zu mir und flüsterte: «Lynn, ich habe Angst. Wir werden von den Geistern unserer Ahnen verschlungen werden. Sie werden uns fortschleppen, und wir werden nur noch in Träumen zurückkehren können. Wir sind erledigt.»

Ich holte tief Luft. Ich wußte nicht, was ich sagen sollte, versuchte sie mit einer schnellen Umarmung zu beruhigen. Julys Angst war jedoch ansteckend. Ich verspannte mich mächtig, und da begannen meine Muskeln ebenfalls zu zukken.

«Du zuerst, Lynn», sagte Ruby.

Die Leiter hinabsteigen hieß, den Schritt ins Unbekannte tun. Mein Herz hüpfte. Ich stieg langsam in eine rätselhafte Dunkelheit ab, wie in die Unterwelt der Sagen. Ich klammerte mich voller Angst an die Leiter. Ich sah nach oben und erblickte July, die den Abstieg begann und den Fackelschein verdunkelte. Es schien eine gierige, fast greifbare Dunkelheit zu sein, in der alles Licht verschluckt wurde. Ich konnte nicht feststellen, wie tief ich war, und ich war viel weiter hinabgelangt, als ich erwartet hatte. Die Leiter muß mindestens dreizehn Meter lang gewesen sein. Als meine Füße endlich den Boden berührten, trat ich von der Leiter zurück und wartete auf July und die anderen. Ich fragte mich, was mit uns geschehen würde, wenn die Leiter brach. Würden wir je gefunden werden? Ich blickte mich um und sah eine große Höhle voller Schatten. An einem Ende war eine Felsbank. Es roch nach trockener, staubiger Erde, und an den Wänden waren zum Teil schwer verständliche Felsbilder. Ich folgte einer der alten Gravierungen mit den Fingern – einer Spiralwindung, die in einem Symbol endete, das einer Schlange glich. Ich wollte ein Zeichen an dieser Wand anbringen und fragte mich, ob ich in einer anderen Zeit hier vielleicht mein Mal für Frauen hinterlassen hatte, damit sie wie ich Unterweisung fanden. Auf July folgte Ruby, und dann kam Agnes mit der Fackel.

Agnes gab uns Zeichen, wir sollten unsere Bündel an einem Ende, der Felsbank gegenüber, ablegen. Sie sagte uns, wir könnten versuchen, die Symbole an den Wänden zu deuten, während sie mit Ruby die Vorbereitungen traf.

Schatten bewegten sich nun in dem unterirdischen Raum. Wir befanden uns in einem runden Verlies, ähnlich einer Kiva. In die Wände waren Zeichen graviert, die mit einer Art Kreide überzogen worden waren. Es gab Darstellungen von Büffeln und Jägern mit Speeren und Messern, Tipi- und Hüttenzeichen, Embleme und viele heilige Symbole, deren Bedeutung ich nicht kannte. Bald standen Ruby und Agnes neben uns. Der Fackelschein badete uns in Gold, die Farbe wilden Honigs. Schatten wiegten sich wie riesige Puffottern an den Wänden.

Agnes steckte die Fackel an der Wand in eine Spalte. In dem flackernden Licht sahen alle seltsam verzerrt aus. Die Schatten schienen mit unseren Körperteilen zu verschmelzen, schnellten dann vor. Meine Augen spielten mir Streiche. Julys Gesicht wurde lang wie ein Modigliani, schrumpfte ebenso unerwartet auf die normale Größe zusammen. Ruby vor mir veränderte sich auch. Ihre Hüften dehnten sich nach rechts aus, zogen sich ein, bis sie dünn wie ein Strich war. Agnes schien aus dem Boden hervorzuwachsen. Es kostete Mühe, das normale Bezugssystem aufrechtzuerhalten. Ich fühlte mich zwischen diesen Wänden äußerst geschützt, als könnte ich mich nach hinten in die Arme der Großen Mutter fallen lassen.

«Legt eure Sachen und euren Schmuck ab, damit ihr bemalt werden könnt». Agnes' Stimme klang gedämpft in dem umschlossenen Raum. «Über diesen Punkt hinaus dürft ihr nichts mit euch nehmen.»

«Du mußt auch bemalt werden, July», sagte Ruby.

July und ich legten die Kleidung und die Armreifen ab. Agnes bemalte mich, und Ruby bemalte July. «Dieser Platz wird Baum des Träumens genannt, und ihr seid Weiße Schmetterlingsjungfrauen, die zum Lernen hierhergekommen sind.»

Agnes bemalte mich von den Beinen angefangen nach oben mit verschiedenen Farben. Ich war mit dem Muster nicht vertraut, aber an meinen Armen gab es Bogen und in der Nähe meiner Brüste zwei Monde. «Hier können wir mit dem Auge der Schlange sehen. Diese Malerei heißt ‹den Pfad des Altars wählen›. Ich bemale dich, um das Schiefe in dir geradezurücken. Ich bemale dich, um dich zu schützen.» Sie tupfte mir Farbe ans Kinn, zog auf meinen Wangen zwei scharfe Linien. Ich warf einen flüchtigen Blick auf July, die die gleiche Behandlung von Ruby erfuhr. Als Agnes und Ruby fertig waren, mußten July und ich uns in etwa zwei Meter Entfernung gegenüberstellen. Die Farbe auf meinem Körper prickelte merkwürdig, als ziehe sie an meiner Haut. Wir standen fast in einem Quadrat, Ruby links von July, und Agnes links von mir. Ruby begann zu singen, und Agnes fiel ein. Während des Gesanges verbrannte Agnes Salbei, Zeder und einen Strang Süßgras. In dem Lied ging es, glaube ich, darum, unseren Weg zu heiligen. Es schien noch genug Licht, um die Gestalten der drei Frauen undeutlich sehen zu können. Ich wußte, die Fackel würde bald gelöscht werden, und der flackernde Feuerschein, die wogenden Schatten würden nicht mehr sein. Die Dunkelheit würde uns umhüllen. Sie hörten auf zu singen.

Agnes kniete nieder und sagte: «Wir haben alles Unerwünschte hier gesegnet und ausgetrieben und diesen heiligen Platz ins Gleichgewicht gebracht. Wir sind bereit, mit den großen Lehren zu beginnen.

An dieser Stelle treffen zwei Welten zusammen, die geistige und die körperliche. Wir sind im Schoß unserer Mutter, der Erde. Hier sind alle Dinge enthalten.» Agnes schnürte während des Sprechens einige Bündel auf. Dann maß sie verschiedene Pulver in Tongefäße ab. «Wir sind im Durchgang zum großen Traum. Wenn du niedersteigst, ist es hier, wo du geboren wirst, und wenn du aufsteigst, wird hier der Faden zerschnitten, und du bist von deiner Mutter getrennt. Doch wird sie in dir wiedergeboren. Du bist ihr Ort des Werdens, und wir sind in der Lagerstätte ewiger Wiederkehr. Hier werdet ihr lernen, das Verborgene zu sehen – mit den Augen der Schamanin zu sehen. Stellt euch vor, ihr seid ein Samenkorn in einer heiligen Hülse und wartet darauf, daß euch die geheimen Gesetze all der Ahnen in euch wie Nahrung zugeführt werden, damit ihr mit ihnen geboren werdet.»

Ich wagte einen kurzen Blick auf July. Sie schien unter der Enge zu leiden, bewegte unruhig die Augen. Sie wollte mich nicht anblicken. Ich fröstelte ein wenig, aber das kam nicht von der Feuchtigkeit, war eher ein inneres Frösteln. Das flackernde Licht der Fackel war tröstlich. Ich befand mich jedoch an einem Ort und in einer Lage, die mir nicht vertraut waren, und so begann ich nervös zu werden. Auf mir lastete eine Schwere, und meine Muskeln verspannten sich.

Träumender-Bär-Schild

Ruby sagte July, sie solle stehenbleiben – mich führte sie an ein kniehohes Felsband ein paar Fuß hinter uns. Sie kündigte an, daß Agnes einige Zeit brauchen würde, um die nötigen Vorbereitungen zu treffen. Von meinem neuen Platz aus schien das weiche, gelbe Fackellicht fahler zu wirken. Überraschenderweise war mir nicht kalt. Die Erde bewahrte uns die Körperwärme. Ich betrachtete Agnes, die über ihre Gefäße gebeugt war und die Pulver mischte, dabei mit leiser Stimme betete.

Ruby führte July an einen Punkt etwa einen Meter vor meinem Sitzplatz. «Bleib hier vor Lynn stehen», sagte sie.

Agnes richtete sich auf, hielt eine der Tonschüsseln in der Hand. «Bleib sitzen, Lynn», sagte sie und kam näher. Ihr Schatten fiel sehr groß auf die Wand. «Wir werden euch mit der Schattenfrau bekannt machen. Zu dir wird die Schattenfrau durch July kommen. Sie wird dieses Prinzip verkörpern. Ich habe viele Jahre mit der Schattenfrau gearbeitet, und sie hat mir einiges beigebracht. Wenn ihr euch umblickt, werdet ihr selbst hier feststellen, daß ihr nicht das seht, was ihr zu sehen meint. Das erste ist, daß wir umgekehrt sehen.» Agnes hielt die Arme empor und kreuzte sie. «Etwa so. Der menschliche Geist nimmt das Sehen und richtet es sich ein. Wenn ihr mit der Schattenfrau sprecht, begreift ihr, daß wir auch noch andere Dinge ausgeglichen haben. Mit eurem natürlichen Sehvermögen könnt ihr Energien sehen, die Lichter, die von Tieren und Zweibeinigen ausgehen. Doch müßt ihr euer Sehvermögen vervollkommnen, wenn ihr das sehen wollt. Wenn ihr gleich jetzt lernen würdet, wirklich zu sehen, ihr wärt überwältigt von dem, was es hier tatsächlich zu lernen gibt. Für den unausgebildeten Geist ist es zu viel. Die Zweibeinigen haben ihr Bewußtsein so eingerichtet, daß es recht wenig annimmt. Wir schirmen das heilige Sehen von uns ab. In diesem Fall kann ein Schild euer Verderben sein. Es ist schlimm, wenn kleine Kinder Lichter um die Pflanzen herum sehen, und die Eltern sagen, sie sollen nicht ständig Lügen über das erzählen, was sie sehen. Wenn ihr die Schatten in den Schatten seht, könnt ihr, wenn ihr wollt, in die heilige Trance geraten und die Wahrheit sehen und aussprechen.»

Agnes hielt die Tonschale vor mich hin. Das Sprechen fiel ihr schwer und sie schwieg kurz. «Schau sie dir an. Du solltest voller Erstaunen und Verwunderung sein, daß diese magische Schale hier sein kann, wie sie noch nie zuvor in diesem großen Traum gewesen ist. Es ist tragisch für die Welt, daß sie dir die Augen genommen haben. Sie haben dir erzählt, vom Geist eines Wesens zu sprechen, sei eine Lüge, und daß deine Heiligkeit außerhalb von dir ist. Doch es gibt einen Großen Geist, und in ihm werden die vielen Geister geboren.»

Ruby löschte die Fackel aus, und plötzlich verschlang uns tiefe Finsternis. «Es gibt viele Wege, die Geistwesen ans Licht zu bringen und sich an sie zu erinnern», fuhr Agnes fort. «Das werden wir nun tun. Schau die Schattenfrau an. Blick geradeaus.»

Einen Moment herrschte völlige Stille, totale Dunkelheit. Da blendete mich auf einmal eine Explosion von hellem weißen Licht, die etwa zehn Sekunden dauerte.

Ich hörte Agnes sagen: «Lynn, halt die Augen offen und sieh July aufmerksam an.»

July sah traumhaft aus. Sie war in das kräftigste Licht getaucht, das ich je erlebt hatte. Das stammte aus dem verbrennenden Pulver, das Agnes vor mir in die Luft geworfen hatte. July trat so deutlich hervor, daß sie beinahe wie ein Hologramm wirkte. Dann war der Lichtblitz verschwunden, und es war wieder total dunkel, bis auf Julys vollkommen rosa leuchtende Gestalt. Ich wußte nicht, ob das vielleicht ihr Nachbild war, aber die Wirkung war insgesamt erschütternd.

«Halte den Anblick fest», sagte Agnes. «Halte ihn.»

Inzwischen war das leuchtende Bild nicht so sehr verschwunden, sondern eher in einer Reihe von Einzelaufnahmen wie die Bilder auf einem Film nach links oben geschwebt. Mir kam der Gedanke, daß mich diese neue Erfahrung an ein Feuerwerk erinnerte, das ich einst gesehen hatte. Kaum ging mir der Gedanke durch den Kopf, war die leuchtende Gestalt fort.

«Das nächste Mal bleibst du länger konzentriert», sagte Agnes.

Das Licht explodierte wieder. Es war, als sei plötzlich ein Scheinwerferstrahl von unermeßlicher Lichtstärke auf July gefallen. Das Pulver zischte in der Luft und verlöschte. Ich sah die leuchtende Gestalt, Julys Nachbild, wieder. Diesmal schien sie näher und noch kräftiger. Ich muß einen Ton von mir gegeben haben.

Agnes sagte: «Sprich nicht. Halte das Bild fest. Du siehst, was Mutter Erde sieht. So erkennt sie ihre Kinder und weiß, wann sie krank sind. Schau die Stelle an ihrer rechten Seite an. Dort ist weniger Leuchtkraft. Was meinst du, weshalb das so ist? Was siehst du nun?»

«Ich sehe dort eine leicht rosa Gestalt. Jetzt kann ich in sie hineinblicken. Ich kann ihr Skelett sehen.»

«Beschreib die leicht rosa Gestalt.»

«Jetzt sieht sie wie eine alte Frau aus. Sie welkt dahin und wird zu einer Großmutter.»

«Halt jetzt dein Denken ruhig», befahl Agnes. «Berichte uns, was geschieht.»

«Schau diese Federn an. Sie sieht eher wie ein riesiger

Die Lehren der Medizinfrau

Vogel aus. Oh, sie will eben wegfliegen. Sie muß Adler-Medizin haben – Vogel-Medizin. Schau den Flügel an.»

«Diesmal», wies mich Agnes an, «schau und sieh die Schattenfrau als Göttin.»

Wieder ein Blitz, und July stand im Licht.

«Meine Güte, sie ist wieder jung.»

Noch ein Blitz. July war im Licht, und dann zeigte sich die undurchsichtige Gestalt. July hatte das strahlende Gesicht eines kleinen Mädchens. Ich sah, wie sich das Bild vom kleinen Mädchen zu dem verwandelte, was July eines Tages sein würde – eine Frau in Hirschleder mit langen Fransen. Die Perlen an ihrem Gürtel hatten in dem Nachleuchten eine Art gläsernes Glitzern. Ich konnte einige Symbole erkennen. Sie hatte weißes Haar, das schimmernd bis zur Taille reichte. Sie hielt die heilige Pfeife. Ihre Lichtgestalt reichte sie mir her. Da begann sie länger zu werden und zu verblassen – ihr Bild verwehte nach rechts oben, während meine Augen sich mühten, es zu halten. Ich war so in die Betrachtung ihrer gespenstischen Gestalt vertieft, daß ich mich nach rechts zu neigen begann und das Gleichgewicht verlor. Ich wußte nicht mehr, wo oben oder unten war – fühlte nur noch ein unirdisches Schweben. Ich griff um mich, versuchte mich zu fangen, hielt eine Hand gegen die Wand, hielt mich mit der anderen an der Felsbank fest.

Obwohl es völlig dunkel war, traten Agnes und Ruby rasch neben mich, stützten mich. Agnes sagte, diese neuen Visionen seien für meinen unausgebildeten Geist zuviel, und es wäre an der Zeit, daß ich die Schattenfrau für July darstellen sollte.

Ich nahm Julys Platz ein, und der Vorgang wurde wiederholt. Ich war für einen Augenblick geblendet, als das Pulver vor mir explodierte. Ich konnte nichts als weißes Licht sehen.

«July, was siehst du?» fragte Ruby.

«Oh, Lynn, ich kann dich sehen...» Ihre Stimme wurde immer schwächer.

«Gib diesmal besser acht.»

Wieder erschien ein helles Blitzen. Als es verging, sagte July: «Schau, Agnes, sie sieht aus, als ob ihr das blonde Haar bis zu den Füßen reicht. Ihre Füße sind golden, und der Gürtel – oh!»

«Welche Farbe habe ich?» fragte ich.

«Du bist ein goldenes Weiß, wenn es das gibt, und du siehst wie eine Göttin des Nordens aus, Norwegen vielleicht. Du siehst wie zwanzig aus. Du hast wunderschönes Haar. Ach, mein Gott, du bist gerade alt geworden.» July schrie beinahe vor Aufregung.

Das Licht explodierte ein weiteres Mal. Als es diesmal vergangen war, sprach Agnes. «Lynn, du stehst da und zeigst uns in hellem Gold dein indianisches Ich. Du hast langes schwarzes Haar und trägst den Schild einer Kriegerin mit einem großen blauen Adler darauf. Sieh dir den Gürtel an, den sie an ihrer Taille trägt, July. Das sind Symbole der Träumer. Du siehst aus wie fünfunddreißig, und jetzt wirst du sehr, sehr alt.»

Ich hörte, wie July den Atem anhielt. Dann klatschten Agnes und July wie zwei aufgeregte Kinder in die Hände.

«Was seht ihr jetzt?» fragte ich.

«Für einen Moment erschienst du als Weiße Biber Frau, die dem Volk der Cree die heilige Pfeife bringt», sprach Agnes. «Im Augenblick haben wir euch nichts mehr beizubringen. Ihr beiden merkt euch, was ihr gesehen habt.»

Tiefe Stille und Dunkelheit hüllten uns ein. Für einen Moment konnte ich in die unglaubliche Leere blicken, die die

Mächte der Schöpfung zurückgelassen hatten. Das Leben selbst warf einen Schatten über die Stille meines Bewußtseins. Ich hatte in jenen flackernden Einzelbildern einen kurzen Blick in die Quelle der Kraft geworfen.

Die Unterweisung war beendet und wir kletterten die Leiter hinauf und schlossen den Eingang.

Wir bauten ein kleines Feuer aus dem Bündel Zweige, das Agnes mitgebracht hatte. Wir setzten uns alle auf den Höhlenboden über dem unterirdischen Raum. Wir berichteten noch einmal über alles Gesehene, und Agnes und Ruby hörten zu.

«Ich kann es nicht fassen», sagte ich. «Wie alt sind diese Unterweisungen?» wollte ich wissen.

«Sie sind uralt», sagte Ruby. «Niemand weiß, seit wann sich die Frauen auf diese Weise gegenseitig unterweisen. Vor langer Zeit stieg die Schamanin hinab in die Erdmutter und ging als leuchtende Gestalt durch ihren Nabel hinaus. Nur Geist kann einen anderen Geist behandeln und heilen. Diese Übung soll das Herz und den Geistsinn heilen.»

«Lynn», sagte Agnes, «ursprünglich waren diese Lehren Südlehren aus dem Land der Kivas. Wenn wir hinabsteigen, lernen wir über den Aufstieg. Wenn wir in die Erde gehen, gehen wir im Geist ebenso hinaus. Wenn die Leiter hinabführt, steigt der Geist in die Höhe. Und je langsamer dein Körper geht, desto schneller reist dein Geist.»

«Das ist der Schlüssel zum Leuchten, nicht wahr?» fragte ich.

«Ja», sprach Agnes. «Das bildet dich dazu aus, die leuchtende Gestalt aller Wesen zu sehen.»

«Dies ist eine Mutterhöhle, ein Kraftplatz», sagte Ruby. «Hier sind wir den Großeltern nah. Zu Beginn waren die Lehren der Kiva Lehren der Frauen. Die Frauen verließen die

Kiva, weil sie ihre Kraft einsetzten, um Mais wachsen zu lassen. Wenn sie in die Kiva gingen, konnten sie die Kraft nicht aus einer Öffnung im Himmel herabbringen und verloren die Medizin des Wachsens. Nach alter Sitte war dieses Hineingehen in eine Mutterhöhle wie eine Reise in den Schoß. Frauen haben es nicht immer nötig, vom Schoß zu lernen, aber sie haben die Macht über die Mutterhöhle. Die Heyoka-Frauen hatten immer diese Macht, und wir können kommen und gehen, wie es uns gefällt.»

Agnes unterbrach sie. «Ruby, ich glaube, wir haben genug gesprochen. Lynn ist müde. Sie sieht aus, als hätte sie einen Geist gesehen.»

Zwei Tage nach den Lehren in der Mutterhöhle änderte sich das Wetter. Ich war am Morgen aufgestanden, nachdem ich nachts ab und zu auf den Regen gelauscht hatte. Agnes war irgendwo draußen, als ich erwachte, und so beschloß ich, nach Crowley zu fahren, um meinen Tank zu füllen, der fast leer war. Es war früh, und ich konnte die Vögel mit der Sonne erwachen sehen. Während der Fahrt faßte ich in die Tasche meiner Jeans und betastete den kleinen Stein, den ich aus der Mutterhöhle mitgenommen hatte. Er fühlte sich glatt und gut an, als ich ihn zwischen den Fingern rieb. Ich war froh, ihn bei mir zu haben, da er mich an meine Erlebnisse erinnerte. Agnes sagte, der Stein sei eine große Verantwortung, daß ich ihn gut ausgesucht hatte, wobei das aber die Entschlossenheit der Kriegerin von mir forderte. Sie erklärte, daß mir der Stein von großem Nutzen sein würde, wenn ich ihn richtig einzusetzen lernte.

Ich fuhr eine Weile über Nebenstraßen und erreichte die Tankstelle in dem Augenblick, als man öffnete. Auf der anderen Seite der Zapfsäulen stand neben mir ein alter Dodge Pritschenwagen. Hinten waren sechs Indianerkinder, die Eis schleckten und manchmal auch einen großen, gelben Jagdhund lecken ließen. Ich gab dem Tankwart, einem alten Mischling, zwanzig Dollar und bat ihn, den Tank vollzumachen, während ich auf die Toilette ging. Beim Gehen wurden mir große, schwere Schatten in der Höhe bewußt. Das Licht glitzerte auf dem nassen Pflaster, und der Geruch nach Regenwasser und öligem Zement stürmte auf meine Nase ein. Ich blickte an dem alten, weiß und rot bemalten Gebäude vorbei auf die Wolken über mir. Sie sahen wie verwehte Haufen Lammwolle aus, dazwischen Flüsse aus glänzendem Blau.

Ich schaltete das Licht in der Toilette ein und sah vor mir das typische Tankstellenklosett. Eine Kabine, benutzte Papierhandtücher auf dem feuchten Boden, stechender Uringeruch. Der Hahn für kaltes Wasser tropfte langsam. Ich verriegelte die Tür. Als ich fertig war, wusch ich mir die Hände und wollte gehen. Ich faßte nach dem Lichtschalter, wollte die Tür öffnen. Beim Löschen des Lichts geriet ich in eine Art Schwebezustand, in dem ich Bewegungen und Schwere plötzlich kaum noch wahrnahm. Ich befand mich außerhalb von Zeit und Raum. Das einzige, was mich noch an meinen Körper erinnerte, war ein ständiges Knacken in meinen Ohren. Ich berührte die weiß getünchte Zementwand und legte den Schalter um, und die Mauer verwandelte sich in luftgetrocknete Ziegel, zu Erdreich wie im Inneren einer Kiva, und es gab keine Tür, kein Klosett, keinen sichtbaren Ausgang. Ganz plötzlich bebten der Boden und mein Körper. Mir war, als sitze ich rittlings auf einem Albatros, als sei ich auf transdimensionalem Flug. Genauso unvermittelt wurde es völlig ruhig.

Ich tastete mich an der Ziegelwand entlang, spürte Lehmkrümel zwischen den Fingern und begriff, ich war in einem kleinen, runden Gemäuer. Mich packte panische Angst. Mein Körper wollte frei sein, Entsetzen lastete auf mir. Ich lehnte mich mit dem Rücken an die Wand, sank nieder auf die Knie. Da bemerkte ich, daß ich lange Gamaschen aus Hirschleder trug, die die Knie beengten. Über mir hörte ich langsame, vorsichtige Schritte. Ich schrie um Hilfe, aber das Stapfen blieb, und die präzise Schrittfolge wurde noch deutlicher hörbar.

Dann hielten die Schritte an, und ich hörte ein ‹Wusch›, wie das Geräusch von Luft, die mit Überschallgeschwindigkeit weggedrückt wird. Ein Lichtstrahl fiel überraschend in die Dunkelheit. Ich konnte durch ein rundes Loch über mir blicken. Zwei Indianer mit langem schwarzen Haar hatten eine Steinplatte beiseite geschoben und waren damit beschäftigt, eine große Klapperschlange in meine Kiva hinabzulassen. Ich schrie weder um Hilfe, noch hatte ich Angst; Ruhe zog in mich ein. Ich begann in einer mir unbekannten Sprache zu singen. Entgegen aller Vernunft wußte ich, daß ich mich einem Einweihungsritual unterzog. Ich versuchte, ruhig zu bleiben und zu verstehen, was mir geschah, doch mein Denken war entsetzt, als der Stein wieder auf die Öffnung geschoben wurde, und ging auf mich los. Ich wußte, daß eine Schlange in der Nähe war – ich konnte ihr leises Zischen hören. Ich hatte Angst, zu blinzeln, und so schloß ich die Augen und begann zu träumen, brachte mein Denken zum Schweigen. Ich wußte, ich würde sterben, wenn ich nicht in meiner Mitte blieb.

Die Stille wurde jäh durch einen Fluch unterbrochen. «Hey Lady, können Sie bitte kommen und Ihren Wagen wegfahren? Ich habe einen Kunden.» Er hämmerte gegen die Tür. «Hey Lady, sind Sie okay? Sie sind schon eine Stunde drin.»

Ich konnte die Schläge hören, dann klapperten Schlüssel in

der Tür- Tageslicht drang in die feuchtkühle Toilette ein. Die plötzliche Helligkeit tat meinen Augen weh, und ich sah zwei Indianer, die mich anstarrten. Ich saß geduckt neben dem Waschbecken am Boden und drückte mich gegen die Wand. Etwas riß, und ich stand auf, streifte meine Sachen glatt und stammelte: «Tut mir leid. Ich habe mich nicht gut gefühlt. Ich komme gleich raus.»

Ich wußte kaum, was ich tat, sah mich rasch nach der Schlange um und betastete die getünchte Wand neben dem Lichtschalter. Keine Spur von einer Schlange oder dem Gemäuer der Kiva.

Ich stieg in meinen Wagen und nahm nicht einmal das Wechselgeld entgegen. Im Rückspiegel konnte ich sehen, wie sich die beiden Männer anblickten und ungläubig die Köpfe schüttelten.

Ich brauchte einige Tage, bis ich das Ereignis in der Tankstelle verarbeitet hatte. Als ich Agnes dazu befragte, meinte sie: «Du bist in ein anderes Leben geschlüpft.»

Die Erfahrung in der Mutterhöhle hatte mir wahrhaftig die Augen für andere Wirklichkeiten geöffnet.

Die nächsten Tage fertigte ich meinen Schild an. Agnes war mit ihrer unendlichen Weisheit immer dann lehrend zur Stelle, wenn ich sie brauchte. Ich arbeitete ohne Hast. Ich hatte den Schild auf den Knien und schloß das Verschnüren des ungegerbten Leders am Weidenreifen ab. Ich prüfte ihn, und er fühlte sich gleichmäßig und fest an. Bis auf das Muster der Vorderseite war alles fertig. Agnes wies mich an, den Schild mitzunehmen und führte mich zurück in die Mutterhöhle. Agnes stand in der Nähe des Eingangs im Fackelschein und flüsterte mir zu, ich müsse mit meinem Schild in die Höhle hinabsteigen, ihn vor mich legen und noch einmal beim Schild sitzen und träumen. Ich stieg mit dem Schild in der Hand die Leiter hinab. Ich tat, wie mir geheißen, und begann meine Wache. Ich hörte von oben Agnes' Stimme: «Lynn, ich muß den Stein schließen. Ich werde wissen, wann du die Lehre empfängst. Erst dann werde ich ihn öffnen.»

Ich spürte panische Angst aufsteigen, als Agnes langsam die Felsplatte über die Öffnung schob. Mit jedem Knirschen von Fels auf Fels wurde das Licht langsam weniger. Einen Augenblick fühlte ich mich von der Enge bedroht, dann ein bißchen schwindlig. Ich fragte mich, ob das Erlebnis aus dem früheren Leben wiederkehren würde. Ich konnte in der totalen Finsternis nichts als meinen Herzschlag hören.

Stunden vergingen, während ich im Dunkel des Schoßes saß. Ich holte tief Luft und versuchte so die Spannung in Rükken und Hals aufzulösen. Ich beobachtete meinen Atem. Dann begann ich, Energie aus der Erde heraufzuholen, wie mich Agnes gelehrt hatte. Sie sagte immer: «Lynn, hör und fühl die Erde unter dir atmen. Hör ihr aufmerksam zu, leg dich auf sie, und eines Tages wirst du eine Erdprophetin werden. Du wirst das Wetter in sechs Monaten voraussehen können. Du wirst Regen und Donner und Katastrophen sehen, bevor sie kommen. Sie wird zu dir sprechen. Du lernst es besser, wenn du die Energiezentren in deinem Körper öffnest. Sieh dir das Rot des Zentrums am unteren Ende der Wirbelsäule an. Beweg dich dann hinauf in das Orange der unteren Bauchhöhle, dann zum Gelb in deinem Solarplexus, und deinen Körper weiter hinauf bis zum Scheitel.»

Als ich mir all die Farben sichtbar gemacht hatte, begriff ich, daß sich das gewöhnliche weiße Rauschen in meinem Kopf von einem Zentrum zum nächsten deutlich im Ton veränderte. Ich spielte in meinem Kopf eine chromatische Tonleiter. Ich war gewaltig aufgeregt über diese Entdeckung. Ich zog die Energie mit den Klängen, die ich hörte, weiter hinunter und hinauf, wollte die lebhaften Farben bewahren.

Als ich blinzelte, wurde mir auf einmal ein Glühen bewußt. Es war, als sei ein Glühwürmchen vor mir herabgefallen. Es schien hin und her zu hüpfen, und zwar etwa in der Mitte meines Schildes. Als ich hinsah, ließ es eine kleine, phosphoreszierende Spur in konzentrischer Anordnung zurück. Ich war über diesen schwingenden Lichtpunkt so verblüfft, daß ich mich fragte, ob mich wohl meine Sinne trogen. Je länger ich hinstarrte, desto größer war der Bereich, durch den das Licht hin und her zog. Ebenso veränderte sich langsam die Farbe, wurde zunächst rosa, dann kräftig rot. Darauf breitete sich das Licht von der Mitte her in einem äußerst verwirrenden Muster aus, bei dem ich an ein Kinderspiel denken mußte – wobei versucht wird, eine kleine Metallkugel in die Mitte eines komplizierten Labyrinths zu bringen. Ich wußte, ich war diese Kugel, die von einer Sackgasse in die nächste schnellte. Anscheinend gab es keinen Zugang, keinen Ausweg bei dem Problem, das sich vor meinen Augen gebildet hatte. Es war, als setze diese Erscheinung mein Bewußtsein in ihren mächtigen Mauern gefangen. Ich saß in beidem, in Zeit und Raum, in Licht und Schatten fest. An diesem Punkt wurde ich Gefängnisaufseherin und Gefangene, ich war in meiner Unfähigkeit, mir den Weg durch das Labyrinth zu denken, mein eigenes Verderben. Meine Bewußtheit saß in der Falle. Ich bemühte mich, zu entkommen, mich loszureißen, meinen Kopf zu heben. Als ich das tat, sah ich zwei große, krallenbewehrte Tatzen am oberen Ende des Labyrinths stehen. Sie leuchteten rot. Erschrocken blickte ich rasch auf. Der gewaltige, leuchtende Grizzly vor mir starrte mir in die Augen.

Träumender-Bär-Schild

«Ich bin Großmutter Bär», teilte mir die Gestalt mit. «Komm, tanz mit mir, meine Tochter. Komm, leb mit mir im Anderswo, dort gibt es weder Hunger noch Durst.»

Ich konnte jede Einzelheit am massigen Körper der Bärin erkennen. Sie wirkte verspielt, als sie den Kopf neigte; ich wollte jedoch davonlaufen. «Ich fürchte mich zu sehr, Großmutter.»

«Ich werde deine Hand halten und dich durch die Furcht führen. Wir werden den heiligen Weg gemeinsam gehen.»

«So, wie ich jetzt den heiligen Weg gehe?»

«Ja, sieh deine Ängste an, mein Enkelkind. Das ist der Medizinweg, den du suchst. Erinnere dich an deine Weiblichkeit. Erinnere dich, wer du bist.»

«Große Geistbärin, was ist dieses Labyrinth hier?»

Die Bärin hob ihre gewaltige Tatze und schlug mit unerwarteter Kraft die nördlichen und östlichen Teile des leuchtenden Labyrinths fort, hinterließ lange Krallenspuren im Sand.

Ich sprang zurück.

«Das bist du», sagte die Erscheinung. Sie wies auf das zerstörte Labyrinth.

Ich blickte vorsichtig hin.

«Finde den Norden und Osten in deinem Inneren. Nur mit ihnen kannst du deinen Weg vollenden.»

Ich besah den zerstörten Irrgarten im Sand und bemühte mich verzweifelt, mir einzuprägen, was übrig geblieben war, während er langsam verblaßte. Ich blickte auf, um mit Großmutter Bär zu sprechen, aber sie war fort.

Ich saß still an diesem dunklen Ort, erinnerte mich noch an den Klang der Bärenstimme. Ich hörte sie anscheinend tief in meinem Inneren. Mir war, als weite ich mich aus, als springe dieses Gefühl für kurze Zeit über die Fassaden eingebildeter

Macht hinweg in die zeitlose Welt des Wunderbaren. Ich muß dann eingenickt sein, denn als nächstes weiß ich nur, daß Agnes den Stein zur Seite schob. Die Fackel in ihrer Hand warf einen milden, goldenen Lichtstrahl herab. Zunächst tat er meinen Augen weh. Als ich auf meinen Schild niederblickte, begann ich zu zittern. Vorne auf dem Fell waren Krallenspuren. Ich berührte sie, und mir stiegen Tränen in die Augen. Ich nahm den Schild und kletterte langsam die Leiter in die Höhe.

Welche Wohltat, aus der Finsternis ins Tageslicht zu kommen, zu sehen. Agnes wies mich an, noch nicht über meine Vision zu sprechen, sie im Herzen zu bewahren. In mir war so viel Energie, daß ich sprechen mußte, und so erzählte ich Agnes, während wir nach Hause fuhren, von meinen Gedanken über die Dunkelheit. Mein Erlebnis hatte mich in eine sehr nachdenkliche Stimmung versetzt.

«Nacht und Tag sind beide gut», sagte Agnes. «Beide haben ihre Sprache. Die Sprache der Nacht unterscheidet sich von der Sprache des Tages. Die Sprache der Nacht ist in deinem Inneren. Die meisten Zweibeinigen haben die Sprache der Nacht vergessen, und es wäre gut, wenn sie sich an sie erinnerten, denn vor dem Anbruch der Dämmerung liegt eine lange Nacht.»

Sobald wir es uns zu Hause in der Hütte bequem gemacht hatten, erzählte ich Agnes von meinen Erfahrungen mit der leuchtenden Bärin. Sie bat mich, genau zu beschreiben, was ich getan hatte, nachdem sie die Öffnung geschlossen hatte. Sie nickte zu meinen Worten, lächelte zustimmend, als ich ihr von den Farben und Klängen berichtete. Ich sprach lange, versuchte, mich an jede Einzelheit zu erinnern. Die Nacht zog noch einmal in kräftigen Bildern an mir vorüber. Diesmal wußte ich, daß Agnes wirklich glücklich über meine Bemühungen war. Sie sah mich an, überlegte sich etwas und trat an eine Schublade ihrer Anrichte. Sie zog sie auf und durchstöberte sie, bis sie hinten ein kleines Bündel aus rotem Stoff fand. Sie brachte es mir, drückte es mir in die linke Hand, legte ihre rechte darüber. Sie hielt meine Hand, sah mir lange in die Augen. Ihre gütigen Augen blickten sanft und warm, und ihr Leuchten war ein Strom der Liebe, der sich tief und weit, weit bis ins Innerste meines Herzens hinein ergoß. Ich war völlig entwaffnet.

«Das ist für deinen Schild. Näh es an die linke Seite und male Bärenspuren hin, die nach Norden führen. Es wird dir immer schwer fallen, im Winter etwas Neues zu schaffen. Für dich ist es besser, in den anderen Jahreszeiten zu arbeiten. Das mußt du über dich selbst wissen und während der Wintermonate ruhst du mit deiner Verbündeten, der großen Mutter Grizzly. Es wird dir eine Hilfe sein, wenn du lernst, zu ihr hin zu träumen, denn ihre Medizin ist voller Kraft.»

Ich nahm das rote Bündel und wickelte den Stoff vorsichtig auf. Im Inneren befand sich ein Beutel aus graubraunem Fell, und in ihm war eine Bärenkralle.

«Danke, Agnes», sagte ich bewegt. Ich wußte, wie kostbar diese Dinge für Agnes waren. «Wo hast du sie her?»

«Als ich die Träumer traf, war das ihr Geschenk an mich. Ihre Medizin ist mächtig und wird dir viel Kraft bringen.» Ich umarmte sie fest.

Wir waren beide erschöpft. Ich spritzte mir Wasser ins Gesicht und legte mich dann nieder. Ich war schon eingeschlafen, bevor ich noch den Reißverschluß des Schlafsacks zugezogen hatte. Am nächsten Morgen wachte ich vor der Dämmerung auf. Ich stand auf und zog mich leise an, ließ Agnes schlafen.

Ich schlich mich mit meinem Schild, dem Bärenfellbeutel und Farben hinaus. Ich beschloß, erst zurückzukehren, wenn der Schild vollendet war. Ich lief etwa eine Meile zu einem meiner Lieblingsplätze unter einigen Pappeln auf einem Grashügel. Ich arbeitete sorgfältig den ganzen Tag. Dieser Schild hatte die Eigenschaft, mich in mein Inneres zu ziehen. Als ich zur Hütte zurückkehrte, spürte Agnes, daß ich Stille brauchte. Sie sah den vollendeten Schild und nickte zustimmend.

Den nächsten Tag kümmerte ich mich ein paar Stunden um die Wäsche und schrieb Briefe. Der Tag neigte sich, als ich meinen Schild in eine Decke hüllte und ihn in den Kofferraum des Wagens legte. Agnes und ich fuhren zu Rubys Hütte. Wir kamen im Zwielicht an und traten mit dem Schild und einem Päckchen ein, das Agnes für Ruby mitgebracht hatte. Wir stellten unsere Sachen neben der Tür ab.

Ruby und July ließen sich eben zum Essen nieder, und Ben und Drum eilten geschäftig umher, bereiteten und servierten das Abendessen. Eine Kerze verbreitete ihren angenehmen Schein über den Tisch. Ein Marmeladeglas mit hübschen, wilden Blumen setzte einen Farbakzent. Es gab sogar ein blauweiß gewürfeltes Tischtuch. Ruby lud Agnes und mich ein, uns zu setzen und mitzuessen, und wir nahmen gern an.

«Ben und Drum können später essen», sagte sie. Ich hörte Ben etwas murmeln. July zwinkerte mir zu. Drum war offensichtlich enttäuscht. Es war jedoch klar, daß sie nicht den Mut hatten, sich zu beklagen. Die beiden Männer liefen hin und her, trugen Wildbraten auf, der bestens zubereitet war, und dazu Kartoffelbrei.

«Ruby, wirklich ein Festschmaus», sagte Agnes und zerteilte hungrig ihr Fleisch. Ruby beachtete sie nicht, sondern saß mit einem verdrießlichen Gesicht da und sah wie ein neunzigjähriges Kind aus. «Mein Kaffee ist kalt», mokierte sich Ruby. Drum nahm sofort ihre Tasse, goß die dampfende Flüssigkeit zurück in den Topf, füllte die Tasse wieder. «Hat reichlich lang gedauert, bis das Essen fertig war», fuhr Ruby fort. «Es wäre schön, wenn es dann fertig ist, wenn ich essen möchte.» Sie stocherte auf ihrem Teller herum. «Wir haben keine anständigen Gabeln», beschwerte sie sich weiter. «Ben, bring mir eine Serviette. Das Zeug ist nicht gesalzen. Die können einfach nichts richtig würzen.»

Agnes und ich sahen uns über unsere Teller hin fragend an. Ich konnte mir nicht vorstellen, was Ruby jetzt im Sinn hatte.

«Aber wir haben genau die Menge Gewürze genommen, die du uns angegeben hast», entgegneten Ben und Drum.

«Also, ihr habt es nicht richtig verstanden», fuhr sie Ruby an.

«Ruby, ich meine, es schmeckt eigentlich recht gut», sagte Agnes.

«Ich mag keinen Kartoffelbrei», sprach Ruby und ging nicht auf Agnes' Bemerkung ein. «Ist schlecht für die Zähne. Drum, du weißt, daß ich ihn nicht mag.»

Drum riß den Mund auf. «Aber du hast Kartoffelbrei immer gern gehabt.»

«Also, jetzt habe ich keine Lust darauf.» Sie nahm einen winzigen Bissen und rümpfte die Nase. Plötzlich wurde sie auf mich aufmerksam. «Lynn, an was fummelst du da herum?»

«Ich nehme meine Vitamine.»

«Holt Lynn ein Glas Wasser», bellte sie. Drum gehorchte eilfertig. «Diese Pillen kommen mir wie Rauschgift vor.»

«Also, das sind sie nicht. Das sind biologische Vitamine.

Wir haben schon über meine Vitamine geredet.»

«Was mich betrifft, so sind sie Rauschgift.» Sie schob ihren Teller July zu. «July, ich mag das nicht alles. Iß du es.»

Ben beugte sich offenbar heißhungrig vor. «Ich werde es essen.»

«Ben, das sieht dir ähnlich, mich an der Nase herumführen und versuchen, mir mein Essen wegzunehmen.» Ruby riß ihren Teller zurück. «Naja, brauchst nicht zu glauben, daß ich es mir gefallen lasse.» Sie fing an, sich riesige Bissen in den Mund zu stopfen. Sie aß den ganzen Teller leer und befahl Ben, alle Reste zu bringen. «Bring auch den übrigen Kartoffelbrei», verlangte sie. Im Nu hatte sie die Reste aufgegessen. «Diese beiden gesunden jungen Männer bringen es glatt fertig, einer alten Frau das Essen unter der Nase wegzuschnappen», klagte Ruby mit vollem Mund. «Nach allem, was ich für sie getan habe!»

Agnes holte das Päckchen, das sie neben die Tür gestellt hatte. «Hier, Ruby, ein paar Beeren für deinen Speiseschrank.» Agnes gab Drum das Päckchen.

Ruby stieß sich vom Tisch ab, stand auf, stemmte die Hände in die Hüften und sprach sehr übelgelaunt: «Wieso bringst du Beeren für meinen Speiseschrank mit? Willst du damit sagen, ich habe nichts in meinen Speiseschränken?»

Agnes beachtete Ruby nicht. Sie setzte sich wieder. «Ich dachte nur, du magst sie vielleicht, meine Liebe.» Sie blickte zur Hüttendecke und wiegte den Kopf.

Drum hatte das Päckchen inzwischen geöffnet, und ich sah, wie der Inhalt den beiden Appetit machte.

«Naja, wir können diese Beeren genau so gut als Nachtisch essen. Drum, du machst sie uns, und wehe, wenn du auch nur eine anfaßt.»

Ben und Drum blickten sich an und seufzten ergeben.

Als der Nachtisch gegessen war, bat ich Ruby, meinen Schild zu begutachten.

«Kann das nicht bis morgen warten? Wenn du hier auftauchst, kann ich nie mit Agnes Zusammensein. Ihr könnt beide hier übernachten. Ihr könnt die Decken von Ben und Drum haben. Hoffentlich sind sie sauber. Ben und Drum können in eurem Wagen schlafen.»

Ich bat Agnes mit einem Blick um Unterstützung. Sie schüttelte den Kopf, zuckte die Schultern.

«Agnes und ich möchten allein sein, um Dame zu spielen», sagte Ruby. «Die jungen Leute können sich trollen, wenn sie die Unordnung hier aufgeräumt haben.»

«Dame», sagte ich erstaunt.

«Ja, Dame. Kannst du mir vielleicht sagen, was an Dame nicht gut sein soll?»

«Nichts», sagte ich. «Wenn es dir Spaß macht.»

Das Geschirr war in ein paar Minuten abgewaschen. Wir räumten die Hütte blitzblank auf und standen draußen auf der Veranda im Mondschein, starrten uns an und überlegten, was wir tun sollten. Aus der Hütte drang auf einmal schallendes Gelächter an unsere Ohren. July und ich, wir sahen uns wissend an und begannen laut zu kichern. Ben und Drum blickten auf ihre Füße und stießen Kieselsteine von den alten Brettern der Veranda.

«Hey, Jungs», sagte July. «Gehen wir runter zum Dead Man's Creek und machen wir ein Feuer. Es ist klar, daß uns Ruby und Agnes nicht in der Nähe haben wollen. Wir können uns dort unterhalten.»

Alle schienen einverstanden, und so gingen wir den Steig hinab, der zum Dead Man's Creek führte und sammelten auf dem Weg Holz für das Feuer. Als wir den Bach erreichten, suchten wir eine ebene Stelle und machten in einem Steinkreis ein kleines Feuer. Der Boden war feucht, und die Luft roch nach modernden Pflanzen und Laub. Das Wasser plätscherte über die Steine im Bach; es klang beruhigend. Drum erzählte uns einen Witz, und wir entspannten uns und kicherten.

Ich fragte Ben und Drum, was aus Red Dog geworden war. Die lustige Stimmung verflog und wich einer nervösen Gespanntheit.

«Ich weiß nicht, ob Ruby was dagegen hat, wenn wir darüber reden», meinte Drum ernst. Sein Schnurrbart bog sich über die Mundwinkel herab, und so sah er eher wie ein tibetischer Sherpa und nicht so sehr wie ein Cree aus. Er richtete den Blick auf mich, und seine Augen glänzten im goldenen Feuerschein.

«Ich weiß, daß Red Dog in seinem Herzen tief getroffen und verletzt war. Er sagte, du hast die Kraft dafür von Agnes bekommen. Er sagte, allein wärst du nie fähig gewesen, ihn zu bestehlen. Er war zornig und jagte uns fort. Er sagte, daß er losziehen und eine andere Kraft des Weiblichen suchen müßte. Er befahl uns, nie wieder zu kommen, weil wir unwürdig sind, verbotenes Wissen zu erlangen. Er gab uns die Schuld, daß er den Macht-Korb verloren hatte, und meinte, wegen unserer Unachtsamkeit muß er jetzt neue Waffen suchen.»

«Ich habe Red Dog den Korb nicht gestohlen», sagte ich. «Ich nahm einfach etwas, das den Ahnen gehört, den Hochzeitskorb nämlich, und gab ihn den rechtmäßigen Wächtern zurück – den Webern und den Träumern.»

«Das wollten wir ja sagen», platzte Ben heraus. «Drum und ich wollen dich nicht beleidigen.»

«Ist schon okay», lächelte ich. «Bringt nur die Tatsachen nicht durcheinander.»

Da begriff ich, daß mir Ben und Drum nie trauen würden. Ihnen blitzte die Angst aus den Augen, die Furcht, daß ich ihnen jederzeit einen Streich spielen könnte. Diese beiden Männer hielten mich auf jeden Fall für eine gefährliche Frau, vor der man auf der Hut sein mußte. Der Gedanke ließ mich seltsam stolz werden,

«Ist irgend etwas Interessantes geschehen, während ich fort war?» fragte ich.

«Naja, etwas Lustiges», meinte July. «Eines Tages kam dieser Kerl her und bat Ruby, ihn zu lehren.» Sie lachte, und Ben und Drum stöhnten. Offenbar kannten sie die Geschichte.

«Der Mann sagte, er möchte ein Zauberer sein. Ruby sagte gar nichts. Sie hörte nur zu. Der Mann erzählte und erzählte von den Sachen, die er aus Büchern erfahren hatte. ‹Weshalb kommen Sie zu mir?› fragte Ruby. ‹Ich bin eine Medizinfrau und keine Zauberin. Sie wissen doch schon alles.› ‹Mir ist es gleich, was Sie sind. Ich brauche Erfahrung›, sagte der Mann. ‹Ich möchte wirklich Ihr Schüler werden. Ich habe wirklich ungewöhnliche Sachen von Ihnen gehört.› – ‹Ich glaube, Sie sollten dorthin zurück, wo Sie herkommen – zum Teufel›, sagte Ruby. ‹Hier weiß niemand was. Wir sind bloß ein Haufen blöder Indianer und Bauerntölpel. Jemand hat Ihnen eine Menge Quatsch erzählt.›

Der Mann wollte sich nicht abweisen lassen und griff in seine Tasche.

‹Wieviel Geld haben Sie?› wollte Ruby wissen.

‹Sechshundert, aber ich kann mehr holen.›

‹Geben Sie her›, sagte Ruby und steckte es in ihre Hemdtasche. ‹Ich lehre Sie. Kommen Sie mit. Nehmen Sie die

Die Lehren der Medizinfrau

Schaufel da drüben, und ich werde Ihnen etwas Zauberei zeigen.›

Der Mann folgte Ruby in den Busch. Sie kamen an eine ebene Stelle, und Ruby wies den Mann an, sie zu glätten. Der Mann kroch umher und warf Steine und Zweige beiseite, rupfte das trockene Gras aus. ‹Stellen Sie sich mit dem Gesicht nach Westen›, sagte Ruby. Der Mann tat es. Ruby zog vor seinen Füßen mit einem Stock ein langes Rechteck. ‹Sagen Sie zu dem Rechteck: dies ist ein magisches Rechteck. Dies ist mein Grab, und ich bin den Würmern ein Fraß.› Der Mann tat es. ‹Gehen Sie jetzt um das Rechteck herum und sprechen Sie es viermal in jede Richtung.›

‹Legen Sie Kraft in das Rechteck hinein?› fragte der Mann. ‹Ich lege Sie in das Rechteck hinein›, antwortete Ruby.

‹Oh›, sagte der Mann. Der Mann bekam es jetzt ein bißchen mit der Angst zu tun. Aber er beschloß, weiterzumachen. Er tat genau, was ihm Ruby auftrug.

‹Jetzt nehmen Sie die Schaufel und graben hier innerhalb der Striche, die ich gezogen habe, ein Loch, ungefähr einen Meter tief.›

Der Mann begann zu graben. Ruby ging hin, rauchte ein paar Zigaretten und beobachtete. Der Mann wollte reden und Fragen stellen, aber bei jedem Versuch schnitt ihm Ruby das Wort ab. Der Mann brauchte fast den ganzen Nachmittag, aber schließlich hatte er die Grube so, wie Ruby sie wollte.

‹Jetzt legen Sie sich hinein›, befahl Ruby.

Der Mann war sehr beunruhigt und versuchte, sich zu widersetzen, doch Ruby bestand darauf, daß er sich in die Grube legte. Als er es tat, sagte Ruby: ‹Falten Sie Ihre Hände auf der Brust und verabschieden Sie sich von allem, was Ihnen etwas wert ist. Das ist psychologisch gut›, sagte sie. ‹Machen Sie es wie ein Gebet. Legen Sie alles hinein. Sie wissen, wie sehr das Zaubern von Gefühlen lebt.›

Der Mann begann zu weinen und verabschiedete sich von seinen Schwestern, von seinem Wagen, von seinen akademischen Titeln.

‹Ganz gut›, sagte Ruby. ‹Sie wissen von Ihrem vielen Lesen sicher, daß die Erde gute Ausstrahlungen hat.›

‹Selbstverständlich›, sagte der Mann.

‹Sie werden also alles verstehen, wenn ich Sie jetzt begrabe?›

‹Nun, ich...›

Ruby schaufelte inzwischen Erde auf den Mann. Der Mann zuckte zusammen, als ihm die Erde die Augen bedeckte, spuckte und fauchte. ‹Was machen Sie?›

‹Ich begrabe Sie›, meinte Ruby. ‹Das ist Ihr Grab.›

‹Was reden Sie da? Sie sind verrückt.›

‹Ach verdammt›, sagte Ruby. ‹Ich habe einen Teil des Rituals vergessen. Ich vergaß, Ihnen wie den anderen mit der Schaufel den Schädel einzuschlagen.›

Der Mann verlor die Nerven, kroch aus der Grube und rannte davon. ‹Kommen Sie her›, schrie Ruby. ‹Ihr Grab wartet. Die Würmer warten.›»

Wir wälzten uns am Boden, lachten so laut, daß wir uns die Seiten hielten, als July zu Ende erzählt hatte. Als wir uns beruhigt hatten, legte Ben Holz auf die verglimmende Glut, fachte sie mit den Händen an, und bald brannte wieder ein hübsches Feuer. Wir streckten uns alle aus und machten es uns bequem.

«Das erinnert mich an eine Geschichte, die einmal passierte, als ich bei Agnes war», sagte ich. «Wir fuhren vom Laden in Crowley zurück, und oben am Hügel war ein großer, roter

Cadillac geparkt. Drin saß ein Mann. Er kam zu meinem Wagen gerannt und fragte Agnes, ob sie Agnes Whistling Elk wäre. Agnes bejahte. Er sagte, er suche sie seit Monaten. ‹Was kann ich für Sie tun?› wollte Agnes wissen. Der Mann stellte sich Agnes mit Namen vor und sagte, er sei Millionär. Er sagte, er habe den Riecher, daß sie ihm helfen könne, ein Geld-Avatar zu werden.»

«Was ist ein Geld-Avatar?» fragte Drum. Ben und July wollten es ebenfalls wissen.

«Das ist ein Mensch, der sich durch Geld selbst verwirklicht. Jemand mit Kraft wie Ruby und Agnes, der sie aber durch das Geld findet.»

Ben, July und Drum diskutierten eine Weile über diesen Begriff. Sie waren froh, den Medizinweg zu gehen, und meinten alle, Geld sei ein harter Weg zur Selbstverwirklichung.

«Erzähl weiter», bat Drum. «Was passierte mit diesem Geldtypen?»

«Agnes teilte ihm mit, daß ein guter Riecher ein starker Beweggrund sei. Sie sagte, es gehörte Mut dazu, einem Riecher zu folgen. Sie fragte ihn, was sie seiner Meinung nach für ihn tun könnte. Er sagte, sie könnte ihn lehren, seine anderen Kräfte zu erwecken, damit er fähig wäre, noch mehr Geld zu erlangen. Agnes fragte ihn, was ihm das wert war. Er sagte, fünfzehnhundert Dollar wären ein angemessener Preis, wenn man bedachte, daß sie keine großen Bedürfnisse habe. Agnes verlangte mehr. Sie feilschten weiter. Ich schwöre, das ging über eine Stunde so hin und her. Schließlich einigten sie sich auf einen Preis von dreitausend Dollar für Agnes' Lehren. Agnes forderte den Mann auf, ihr die dreitausend Dollar zu geben. Er zählte sie ihr in Hundert-Dollar-Scheinen auf die Hand. Dann fragte sie ihn, ob er ein Streichholz hätte. Er durchsuchte seinen Wagen und kam mit welchen zurück, die er im Handschuhfach gefunden hatte. Sie saß mit gekreuzten Beinen auf der Kühlerhaube meines Wagens, als er zurückkam. Agnes hielt das Geld in der linken Hand und setzte es in Flammen. Der Mann war einen Augenblick so vor den Kopf geschlagen, daß er sich nicht bewegte. Dann begann er zu fluchen, riß Agnes das brennende Geld aus der Hand und trampelte es auf dem Boden aus. Er schob die angebrannten Scheine in die Tasche und sagte Agnes, sie sei völlig verrückt. Er stieg in seinen Wagen und machte sich aus dem Staub.»

Ben stöhnte auf, und alle begannen zu lachen.

«Es geht weiter», sagte ich. Ich trat zu Agnes und fragte sie, warum sie das Geld des Mannes angebrannt hatte. Sie sah mich sonderbar an. Ihr Gesicht zeigte Mitleid. ‹Ich habe dem Mann eben die Antwort gezeigt, nach der er suchte. Sein Pfad ist freilich wie abgeschnitten, und er wird die Wahrheit nie im Leben erreichen. Das Geld ist ihm eine zu große Bürde, als daß er je dessen Freiheit begreifen könnte. Sein Riecher war richtig, aber sein Vertrauen zu gering. Ich hoffe, er kommt zurück, aber ich weiß, daß er das nicht tun wird, und er wird nie Führung finden.›»

In all dem Gelächter hörte ich am Rand der Bäume einen Seetaucher rufen. Ich hatte großen Spaß mit den anderen Schülern. Rauchgeruch füllte die Luft. Ich blickte über die Glut auf Ben und Drum. Ein paar Stücke frisches Holz platzten gelegentlich funkensprühend auf, wenn der Saft mit den Flammen zusammentraf.

«Gibt es jemand, vor dem Red Dog Angst hat?» fragte ich.

Kaum hatte ich Red Dogs Namen erwähnt, verhielten sich Ben und Drum deutlich anders. Ihre Augen bewegten sich hin und her. Da war nichts mehr von der Freude, die ich bei den Gesprächen vorhin bemerkt hatte.

Ben fing an, die Fingergelenke laut und nervös zu knakken, dann sagte er: «Naja, da gab's einen Mann der Kraft, bei dem sich Red Dog richtig auf den Hintern gesetzt hat. Der war nicht aus Kanada. Ich erinnere mich, daß uns Red Dog einmal von einer Zeremonie unten in Oklahoma erzählte, wo dieser Schamane namens David Carson etwas ganz Ungewöhnliches machte. Carson kam rein und – »

Auf einmal schnellte Drum zur Seite. Er packte Bens Kopf mit der linken Hand und legte ihm die Rechte auf den Mund. Ben wehrte sich, wollte sich befreien.

«Du Dummkopf. Du verdammter Dummkopf», schrie Drum mit heiserer Stimme.

Ben riß sich mit Gewalt los. Es dauerte eine Minute, bis er wieder zu Atem kam.

«Bist du verrückt, Ben? Er hat uns gewarnt, ihn nie mit dieser Geschichte lächerlich zu machen. Du wirst nicht mehr lang hier sein, wenn du so blöd bist. Red Dog wird uns beide vernichten.»

Ben nickte und sagte: «Du hast recht, Drum. Du hast recht. Er hat uns die Geschichte nur erzählt, um uns Angst zu machen.» Er spuckte verlegen auf den Boden.

Ich wußte nicht, was ich sagen sollte, und schwieg. Ben wirkte gedemütigt. July kam ihm zu Hilfe.

«David Carson klingt wie ein Schamane, den wir uns merken müssen», sagte sie lachend. «Ruby hat mir erzählt, daß Carson wie sie selbst ein Heyoka ist. Das ist alles, was ich weiß. Ihr Jungs habt auch vor jedem Angst. Schluß mit den Geschichten. Warum singen wir nicht eine Weile?»

Wir begannen ein Lied an die große Mutter Erde zu singen,

das uns Ruby vor Jahren beigebracht hatte. Wie immer wurden wir von dem Rhythmus gepackt und sangen etwa eine Stunde, bis das Feuer zu einem dunkelroten Glühen heruntergebrannt war.

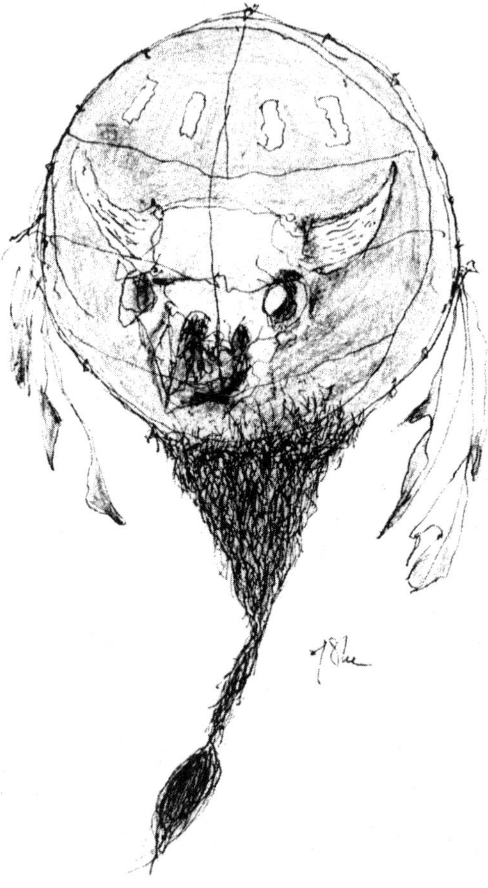

Stehender-Büffel-Schild:
Norden

Die Swampy Cree sagen, Geschichten leben in der Welt und können sich Menschen suchen, in denen sie bleiben, und denen es dann freisteht, sie wieder der Welt zu erzählen.
Das alles kann zu einer Symbiose führen: wenn die Menschen eine Geschichte richtig hegen, erzählt sie etwas über das Leben.
Das gleiche gilt für Träume und Namen...

Howard A. Norman,
The Wishing Bone Cycle

Am nächsten Abend gingen Agnes und ich bei Sonnenuntergang spazieren. Wir sahen einem Adler zu, der niederstieß und dann über uns kreiste. Als wir uns auf einen grauen Felsvorsprung setzten, versank die Sonne hinter massigen Felsbrocken, deren Umrisse schwarz vor dem rosenfarbenen Himmel standen. Der Wind wehte aus Südwesten und duftete nach Sommergräsern. Schwarze Schatten zogen sich einschläfernd über die Felsen und lullten mich ein. Ich war auf einmal mit einem Ruck munter. Etwa hundert Schritte entfernt stand die einsame Gestalt eines Mannes in einer Lücke zwischen den

Die Lehren der Medizinfrau

Felsen. Er stand sehr still, ein schwarzer Scherenschnitt vor dem Himmel. Der Rand seines Bartes glänzte kupfern im letzten Licht. Ich wußte, daß es Red Dog war.

«Agnes», flüsterte ich. Keine Antwort. Ich drehte mich zu ihr, wollte sie aufmerksam machen. Sie war eingenickt. Ich hielt den Atem an und schüttelte sie sanft wach.

«Dort drüben. Es ist Red Dog», flüsterte ich eilig. Ich wies mit einer Bewegung des Kopfes hin und beobachtete, wie Agnes reagierte. Ihre Augen wurden aufmerksam, ohne daß sie den Kopf wendete. Sie runzelte die Stirn.

«Wo?»

«Dort drüben.» Ich drehte mich um, wies die Richtung und hörte links von mir einen Raben krächzen. Ein zweiter Rabe antwortete zu meiner Rechten.

«Er war dort. Ich habe ihn gesehen.»

Agnes tätschelte mir das Knie und sagte: «Bist du dir sicher, daß du ihn nicht recht gern dort hättest?»

«Natürlich will ich ihn nicht dort haben.»

«Es gibt viele, die ihren Ängsten gut zureden, und die Ängste folgen ihnen mit Sicherheit», lachte Agnes. «Er ist nicht dort drüben. Er ist da.» Sie nickte nach rechts und verengte die Augen. Als sie das sagte, sah ich in der angegebenen Richtung einen Lichtfleck. Ich fühlte eine leichte Benommenheit. «Nein, dort ist er.» Agnes deutete hin. Wieder sah ich einen Lichtfleck. Mir war klar, ich würde in Ohnmacht fallen. «Nein, er ist hinter uns!» Ich fuhr unwillkürlich herum, erschrak bis ins Mark. Da war wieder ein Lichtfleck, und ich fiel nach links. Agnes packte mich, stützte mich.

«Agnes, was machst du, willst du mich umbringen?» Mein Herz raste. Ich dachte, sie foppe mich, und wenn sie damit fortfuhr, würde ich jeden Augenblick das Bewußtsein verlieren. Sie tat es nicht. Sie rieb mir statt dessen mit kreisenden Bewegungen das Kreuz. Das schien die Verspannungen in Kehle und Brust zu lösen.

«Hör auf, den Ängsten gut zuzureden, Lynn», sagte Agnes und tätschelte mir das Knie. «Wenn du jagst, besteht eine Art, die Beute anzulocken darin, daß du eine Stelle in deinem Geist suchst, die die Beute willkommen heißt. Die Beute wird dann neugierig und kommt, und du kannst sie dir nehmen. Mit deinen Ängsten ist es genauso. Der Feind ist es, der dich in deinen Tod lockt. Hör auf mit dem gut Zureden und laß dich nicht blicken. Sonst ziehst du deinen Feind an, und das kann schlecht für dich ausgehen.»

«Willst du damit sagen, daß mein Denken der Grund war, warum ich Red Dog sah?»

«Ja, du bittest die Kraft, ihn zu dir zu bringen. Aber du hörst damit lieber auf, das möchte ich dir dringend raten. Du ziehst mächtige Gewalten an, die dir nicht wohl gesonnen sind.»

«Was kann ich tun?» fragte ich gereizt.

Agnes rieb mir noch einmal das Kreuz und schwieg. «Gehen wir», sagte sie dann.

Agnes schwieg die beiden nächsten Tage. Wir waren die letzte Zeit so sehr ein Herz und eine Seele gewesen, daß mich das überraschend kühle Verhalten verletzte. Immer, wenn ich Agnes etwas sagen wollte, legte sie mir die Hand auf den Mund und schüttelte den Kopf. Sie schien kein Interesse zu haben, mich irgend etwas zu lehren. Dann geschah etwas Erstaunliches.

Als ich in der Nähe der Hütte unterwegs war, sah ich eine Spechtfeder über den Boden wehen. Ich hob sie auf, hielt sie fest, ließ sie jedoch irgendwie fallen. Die Feder war klein, schwarz, mit einem Rot wie Himbeersorbet. Ich jagte hinter ihr her, faßte nach ihr, hob sie hoch und ließ sie noch einmal fallen. Ich ärgerte mich über mein Unvermögen, die Feder festzuhalten, faßte ohne Erfolg wieder nach ihr.

Agnes schoß aus der Hüttentür und schrie mich an. «Lynn, laß sie! Die ist nicht für dich.»

«Unsinn», schrie ich zurück und jagte hinter der dahinwehenden Feder nach.

So schnell hatte ich sie noch nie gesehen. Bevor ich wußte, wie mir geschah, hatte mich Agnes an den Schultern gepackt und schüttelte mich.

«Ich sage dir, laß sie!».

«Warum denn?»

Sie hörte auf, mich zu schütteln. «Diese Feder gehört dem Windigo, dem Berggeist mit dem Herz aus Eis. Die Feder gehört ihm, und er hat sie geschickt, um dich zu kriegen. Ich hörte, wie dich die Feder aufforderte, mitzukommen, und du bist blind ihren Anweisungen nachgekommen.»

«Naja, wie soll ich merken, daß mir eine Feder etwas sagt?»

«Lynn, ich weiß nicht, was dich beschützt. Ich habe nicht die leiseste Ahnung, wie du den vielen Windigos entgangen bist, die sich dir nähern. Viele gibt es, und sie locken dich in den Tod.»

«Du hast die Geschichten von den Windigos schon einmal erwähnt.»

«Ich wollte, ich könnte es in meinen Worten erklären. Diese Feder wurde von einem Geist ergriffen, der ihr Leben gibt und sie bewegt. Beinahe alle Pflanzen, Tiere und Dinge können von einem Windigo ergriffen werden. In diesem Fall ist der Berg ein Windigo. Siehst du den Berg dort?»

«Ja.»

«Geh dort nie hin, unter keinen Umständen. Wenn du es tust, gibt es für dich keine Rettung. Für dich ist dieser Berg ein Windigo, dein Tod. Der Berg hat die Feder ausgeschickt, dich zu holen und zu ihm zu bringen. Er sieht dich als sein eigen an und ist für dich der Tod.»

«Agnes, ich hatte oft das Verlangen, zu diesem Berg zu gehen. Der einzige Grund, warum ich nie hingegangen bin, liegt darin, daß er so weit weg ist.»

«Ich garantiere dir, du wärst nie zurückgekehrt.»

Ich zitterte vor Angst und versprach, nie in die Nähe des Windigo-Berges zu gehen.

«Wie kann ich einen Windigo erkennen, Agnes?»

«Ich sehe es deinen Augen an, daß du mich nicht ernst nimmst, aber ich versichere dir, daß ich so spreche, weil ich um dich besorgt bin. Ein Teil von dir glaubt mir nicht, doch ein anderer Teil kennt die Wahrheit. Lerne im Wachen zu träumen, und du wirst sehen, was der Große Geist sieht. Du wirst die Windigos sehen, die nach dir ausgreifen. Du wirst wissen, wann du in Gefahr bist. Du wirst keinen dummen Tod sterben müssen. Du kannst dich retten und du kannst andere retten. Es heißt, es gibt nur eine Art, einen Windigo zu töten: sein Herz aus Eis zu schmelzen. Laß dich nicht so leicht in eine Falle locken.»

An diesem Abend saßen wir auf der Veranda. Ich lehnte mit dem Rücken an der Wand neben der Tür, und Agnes saß mit gekreuzten Beinen, hatte die Hände auf den Knien liegen. Es war eben dunkel geworden, und der Mond schien durch die Wolken. Eine Eule begann zu schreien. Der Mondschein modellierte die hohen Backenknochen von Agnes heraus.

«Die Alten, die ich kannte, sagten, bleib immer einfach.

Wenn du dein Bündel schnürst, dann mach dir keins, das aus Verwirrung besteht.»

«Sprichst du von der Unschuld?» fragte ich.

«Nein, von Einfachheit. Etwas ganz anderes. Ich habe gesehen, wie du über die Einfachheit gestolpert bist. Du hast große Pyramiden des Wissens gelernt. Doch wenn das Erlernte nicht praktisch angewendet wird, kann es nicht verwirklicht werden. Du bist wie jemand mit einem neuen Pritschenwagen und einem neuen Satz Werkzeuge. Deine Wahrheit ist dein Werkzeug. Wenn du dich an die Tagesarbeit machst, läßt du dein Werkzeug einfach hinten auf deinem Pritschenwagen liegen. Du setzt es nicht in deinem gesamten Lebenskreis ein. Wie die meisten Menschen, nimmst du nicht mit deinem ganzen Ich wahr. Das ist der Unterschied zwischen Wissen und Weisheit. Komm rein. Trinken wir etwas Tee.»

Wir standen auf und gingen in die Hütte. Agnes entzündete eine Lampe, und ich setzte Wasser auf. Agnes saß auf dem üblichen Stuhl am Küchentisch, hatte die bestrumpften Füße wie ein kleines Mädchen in die Streben der Stuhlbeine gestemmt. Ich schenkte aus der Kanne heißen Tee in unsere Tassen und nahm links von ihr Platz.

«Schau, wo du sitzt, Lynn. Was sagt dir das?»

Ich wußte nicht, was ich antworten sollte. Ich überlegte kurz, kam zum Schluß, daß Agnes, wenn der Tisch rund wie ein Medizinrad wäre, im Westen saß, an einer Stelle, der ein Kraftplatz der Frauen war, wie sie mir oft erzählt hatte. Ich sagte: «Ich sitze im Norden. Stimmt das?»

«Ja. Dein Körper hat im Norden Platz genommen. Du hast es nicht bemerkt, aber du hast deinen Stuhl deutlich von seiner üblichen Stelle im Osten weggerückt. Dein Körper lernt die Weisheit rascher als dein Denken.»

«Gewöhnlich sitzt du mir gegenüber», fuhr sie fort, «und das bedeutet, daß du dich auf Lernen einstellst. Dein Körper deutet mich gewöhnlich als Lehrerin, die im Norden sitzt, und du nimmst gewöhnlich den Platz der Schülerin ein, die vertrauensvoll und unschuldig im Süden sitzt. Doch heute abend ist etwas Ungewöhnliches geschehen.» Agnes schwieg einen Augenblick. Sie nahm die Tasse, nippte an dem Tee, beobachtete mich aber weiter. Sie begann leise zu lachen, und ich fing an, verlegen zu werden. Ihre Augen schienen im Lampenlicht zu tanzen. Ich wurde noch verlegener und war zu verwirrt, um etwas sagen zu können. Agnes stellte ihren Tee ab, stand auf und kletterte auf ihren Stuhl. Sie warf den Kopf zurück. Sie sah stolz und stark aus und sehr gewandt.

«Das gesamte Bewußtsein deiner Rasse ist besessen von Hinterteilen.» Sie wölbte die Hüfte unverschämt zur Seite und drehte sich auf dem Stuhl langsam um.

«Agnes, sei bitte vorsichtig», entgegnete ich auf ihre Ausgelassenheit. Sie brachte mich mit einer Handbewegung zum Schweigen.

«Wenn du dir eine Zeitschrift ansiehst, entdeckst du immer ein Dutzend Anzeigen mit irgendeinem Hintern in engen Jeans. Ihr Leute seid vom Hintern besessen, und das hat seinen Grund. Weißt du, was der Grund ist?»

Ich blickte zu Agnes auf. «Nein, eigentlich nicht. Ist es eine Art Sexbesessenheit?»

«Nicht so ganz. Ich meine eigentlich folgendes.» Agnes holte weit mit dem Arm aus, wies auf den Tisch. «Doktoren, Lehrer, Häuptlinge sagen ständig: ‹Blickt in euer Inneres.›» Sie beugte sich aus der Hüfte nach vorn, als suche sie etwas in der Mitte des Tisches. Ganz gleich, wohin ich mich bewegte, in Augenhöhe sah ich nichts als Agnes' Hinterteil.

«Was siehst du?» fragte sie und tätschelte sich den Hintern.

Ich lachte laut los.

«Genau. Wenn du nach innen blickst, zeigst du denen, die hinter dir nachkommen, nichts als dein Gebläse.»

Agnes richtete sich auf und trat mit einer raschen Bewegung in die Tischmitte.

«Das mußt du dringend tun, Lynn.» Sie drehte sich um und sah mich an. Ich starrte ihr in die klugen Augen. «Stell dich in deinen Kreis. Wende dich denen mit dem Gesicht zu, die dir folgen und blicke ihnen direkt in die Augen.»

«Du hast eine recht anschauliche Art, mir die Augen zu öffnen, Agnes», sagte ich. Wir grinsten beide.

Ich hüpfte auf den Stuhl, um Agnes vom Tisch zu helfen. Anstatt sich helfen zu lassen, sprang sie in die Luft. In dem Augenblick sah ich nichts als ihre rosa-weißen Socken. Sie landete sanft auf beiden Füßen, wirbelte herum und machte wie beim Judo einen Ausfallschritt nach vorn. Ich jedoch geriet auf dem Stuhl aus dem Gleichgewicht. Agnes eilte her und bewahrte mich vor einem Sturz.

«Bleib oben», sagte sie. «Schauen wir mal, ob du im Gleichgewicht bleiben kannst, während wir uns unterhalten.»

Ich kam mir ein bißchen albern auf dem Stuhl vor, und bei Agnes hatte es völlig natürlich gewirkt.

«Wenn du es kannst, steh auf einem Stuhl. Es wird dir gut tun.» Sie ließ meinen Arm los und trat ein paar Schritte zurück. Ein Stuhlbein wackelte, und es dauerte einen Augenblick, bis ich wieder im Gleichgewicht war. Agnes ging hinter mich. «Beweg dich nicht. Hör einfach zu», sagte sie. «Ich werde dich runterstoßen. Mach dich bereit.»

«Tu mir nicht weh, Agnes.»

«Nein, ich werde dich nicht berühren.» Sie hatte ihre Stimme um eine Oktave gesenkt. «Als du heute abend deinen Stuhl nach Norden gerückt hast, hat sich dein Körper dafür entschieden, sich in deinen heiligen Ring zu stellen und mit diesem oberflächlichen Quatsch aufzuhören, nach innen zu schauen. Bleib bei dieser Sicht. Willkommen im Kreis.»

Mir war, als dringe Agnes' Stimme vom Boden hinter mir herauf, und ich drehte mich um, wollte sehen, wo sie war. Ich verlor das Gleichgewicht und fiel kopfüber vom Stuhl. Agnes packte mich mitten im Sturz und milderte ihn ab. Dann half sie mir hoch. «Komm mit nach draußen», sagte sie. «Ich möchte dir etwas über das Gleichgewicht zeigen.»

Ich folgte ihr ins Freie. Wir entfernten uns ungefähr zwanzig Schritte von der Hütte und blieben im Mondschein stehen.

«Ich möchte, daß du mich zu Boden wirfst. Du kannst es auf jede Art versuchen», forderte sie mich auf.

«Meinst du das im Ernst, Agnes?»

«Ja, allerdings. Wirf mich zu Boden.»

«Du meinst, ich soll dich umstoßen?»

«Versuch, mich umzuwerfen. Du schaffst es nicht.»

«Klar schaffe ich es.»

«Unmöglich. Komm schon. Ich werde dich nicht anfassen.»

Agnes drängte mich weiter, sie niederzuwerfen, aber ich war instinktiv vorsichtig. Ich wollte ihr nicht weh tun. Ich dachte, es würde einfach sein, sie aus dem Gleichgewicht zu bringen und zu Boden zu drücken, vor allem, da sie keinen Widerstand leisten wollte.

«Okay, ich probier's mal. Aber mach mir keine Vorwürfe, wenn ich dir weh tue.» Ich spürte, wie sich meine Muskeln spannten, und sprang sie an. Statt sie wie beabsichtigt zu packen, fand ich mich auf dem Boden wieder. Agnes war mir geschickt ausgewichen. «Probier's noch einmal», sagte sie. «Vielleicht gelingt es dir das nächste Mal besser.»

Ich versuchte es wieder. Agnes bog den Körper ganz leicht nach links, und wieder ging ich direkt vor ihr zu Boden. Sie lachte.

«Du machst es mit zu wenig Kraft», sagte sie. «Möchtest du nicht, daß ich hinfalle?»

«Ach, Agnes, ich will es schon. Ich versuche es.»

«Dann werde gefährlich. Werde gemein und gib es mir.»

Ich ging mit ganzer Kraft auf sie los. Agnes wich plötzlich ganz leicht seitlich aus, und mir blieb die Luft weg, als ich hart ins Gras stürzte. Ich setzte mich keuchend auf.

«Wir bringst du das fertig? Ich komme nicht an dich heran.»

«Meine leuchtende Gestalt geht hinaus und tritt deiner leuchtenden Gestalt entgegen», sagte sie und reichte mir die Hand, half mir hoch. «Je mehr du es versuchst, desto leichter ist es für mich. Meine leuchtende Gestalt versetzt deiner einfach einen Klaps, und du gehst hauptsächlich durch deine eigene Anstrengung zu Boden. Schau nicht so verwirrt.» Agnes hatte strahlende Augen. «Genug davon. Denk dran – wenn du in deiner Mitte bist, kannst du deine Energie wirksam einsetzen.»

«Agnes...» ich versuchte, zu Atem zu kommen, «mach mir's nicht zu schwer, sonst hast du eine Schülerin weniger, mit der du arbeiten kannst.»

«Du glaubst vielleicht, ich zeige dir, wie kraftlos du bist, aber das tue ich nicht. Du bist genauso dran wie ich. Eigentlich sogar noch besser, weil ich alt bin. Ich helfe dir, damit du dir deiner Möglichkeiten bewußt wirst. Setzen wir uns eine Weile auf die Veranda.»

Wir machten es uns auf den Stufen bequem. Es war ein gutes Gefühl, neben Agnes zu sitzen, in ihre eigene Aura einzutauchen. Sie legte einen Arm leicht auf meine Schultern.

«Du stehst immer vor der Wahl», sagte sie. «Du hast die Wahl, mit deiner Kraft zu nähren oder zu zerstören. Wenn du Schülern die Kraft lehrst, ist es sehr wichtig, sie zu Beginn durch ihre Ängste zu führen, weil das Böse und die Machenschaften von Gier und Neid verursacht werden, die wiederum aus der Angst entstehen. Wenn du durch deine Ängste gehen willst, mußt du dich kennenlernen. Und ohne ein Werk der Kraft, ein Werk der Schönheit ist es schwer, dich selbst kennenzulernen.»

«Wie meinst du das?»

«Laß mich als erstes erklären, was ich unter Kraft oder Macht verstehe. Das sind Worte, die in deiner Welt in ihrer Bedeutung verdreht worden sind. Wenn du Macht sagst, bekommen die Leute Angst. Sie denken an die Polizei, an die Steuer, an jemand, der Macht über sie hat. Das ist es nicht, was ich mit Macht oder Kraft meine. Bei mir ist Kraft das Verständnis des Geistes der Medizin-Energie, die durch alle Wesen fließt. Ein Medizinmensch kann diese Energie für sich und andere in Heilung, in Verwandlung umsetzen. Kraft besteht aus Stärke und der Fähigkeit, dich mit deinen eigenen Augen und nicht mit denen anderer Leute zu sehen. Sie besteht in der Fähigkeit, dir selbst zu Füßen einen Kreis der Kraft einzurichten, die Kraft nicht aus dem Kreis von jemand anderem zu nehmen. Wahre Kraft ist Liebe!

Das Problem ist für Männer wie Frauen das gleiche, nur ist es für die Frauen schwerer. Wie erlangt eine Frau aus deiner Gesellschaft die Weisheit? Eine Frau ist wirklich nicht ohne Kraft, und beim Mann ist es genauso. Weil gelogen wird, ist

Die Lehren der Medizinfrau

es für eine Frau schwer, den Bogen der Machtvollkommenheit über ihr eigenes Leben in die Hand zu nehmen. Lynn, als Kriegerin mußt du ihn in die Hand nehmen und lernen, ihn zu benutzen. Viele Frauen betrachten den Bogen der Machtvollkommenheit, als sei er ein äußerer Gegenstand, und haben Angst, ihn in die Hände zu nehmen. Wenn du mit einer sprichst, die machtlos dasteht, und ihr sagst, sie soll ihre Macht ergreifen, bekommt sie es mit der Angst zu tun, weil du auf eine Veränderung hinweist. Um kraftvoll zu werden, muß sie einen Schritt in das Geheimnis des Unbekannten tun. Wenn eine, wie alle Frauen, Kraft hat und sie nicht einsetzt, wird die Kraft in ihr ruhen und sich auf nichts richten können. Da wird dann die Kraft verdreht und übel. Sie kann sich gegen die wenden, die sie gerufen hat. Wenn eine Frau vor ihrer Kraft zurückweicht, bekommt sie Schwierigkeiten mit ihrem Rücken, auch sonst alle möglichen Leiden. Wenn du nicht mit deiner Angst mitgegangen bist, sie nicht zu deiner Verbündeten gemacht hast, liegt die größte Gefahr darin, daß du kein Ziel und keine Richtung hast, und deine Kraft wird heimatlos und flüchtig. Sie wird dich zerstören.»

«Kennst du jemand, dem das passiert ist?»

«Es gibt viele», nickte Agnes. «Laß dir von einer Schülerin erzählen, die einst bei mir war, einer guten Frau. Sie wollte die Menschen heilen und verbrachte ihre jungen Jahre damit, die Kraft zu sich zu rufen, um sie auf würdige Weise einsetzen zu können. Sie befaßte sich mit all den Rädern, allen Beziehungen, allen Medizinen. Sie war eine hingebungsvolle Schülerin, hatte aber ein großes Problem. Sie hatte die seltsame Vorstellung, alles um sie herum beherrschen zu müssen. Sie setzte ihre Kraft ein, um Mann und Kinder zu bekommen, beeinflußte sie dann mit ihrer Kraft. Sie zog fort nach Calgary, aber ihr Pfad führte sie von Zeit zu Zeit zu mir zurück. Hexerei und Zauberei werden vom Neid, vom Bedürfnis, andere zu beherrschen, ausgebrütet. Ich glaube, du darfst nie auf den freien Willen der anderen einwirken, es sei denn, sie bitten dich um Hilfe. Meine Schülerin setzte die Medizinkräfte, die ich sie gelehrt hatte, ein, um mich zu bestrafen. Ich arbeitete mit den Kräften zusammen, die sie herschickte, und die mich beherrschen sollten. Eines Tages überraschte ich sie. Ich hörte mit der Zusammenarbeit auf und begann sie, ganz gegen meinen Willen, zu beherrschen.»

«Was geschah?»

«Ich zeigte ihr ganz unerwarteterweise ihre Angst. Das Spiegelbild war unerträglich. Sie bekam Wutanfälle und versuchte auf jede nur mögliche Weise mich weiter zu beeinflussen. Verstehst du, sie scheiterte, weil die Angst von ihr Besitz ergriff. Sie war unfähig, sich dem Dämon zu stellen, den sie selbst geschaffen hatte. Ihre Angst hatte ein gewaltiges Maul und verschlang ihre Lebenskraft. Die Frau war von der Angst so zerfressen, daß sie nur noch weiter beeinflussen konnte. Sie konnte dem gefräßigen Wesen nicht ins Auge sehen, konnte es nicht loslassen.

Da sie sich selbst nicht ins Auge sehen konnte, meinte sie dann, ich sei das Ungeheuer, das sie verschlingt. Sie schwor, sie würde mich durch eben die Kraft töten, die ich sie gelehrt hatte. Sie hat das oft versucht, bis jetzt ohne Erfolg. Sie ist immer noch eine Gefangene der Angst.»

«Kannst du nichts für sie tun?»

«Nein. Ich kann es ihr nicht abnehmen, die Angst anzusehen. Sie muß selbst den Mut dazu finden. Was ich auch tun würde, ihre große Angst kann nur zunehmen, und das verlängert ihren Schmerz.»

«Hat sie denn Kraft, Agnes?»

«Ja, sie hat große Kraft, ist sehr fähig. Sie hat der Kraft den Hof gemacht, und die Kraft hat sie geheiratet. Aber sie kann sich nicht mit ihr in ein Werk der Schönheit bewegen, weil sie zu viel Angst hat. Sie hat ihre Sprache noch nicht gefunden. Ich mache mir oft Sorgen um sie, denke über sie nach. Jeden Tag sende ich ihr Liebe und gute Medizin.»

Wir saßen eine Weile auf der Veranda, betrachteten den Mond, der über den dunklen Baumgestalten hing. Eine Wolke zog vorbei, löschte das Mondlicht aus. Agnes' Stimme klang beruhigend, und sie sagte, es sei Schlafenszeit. Als sie mich umarmte, fühlte ich mich sicher und beschützt.

Früh am nächsten Morgen wurden wir unsanft geweckt. Jemand schlug gegen die Tür. Agnes stieg aus ihrem Bett und schlurfte zur Tür.

«Wer ist da?»

Ruby schrie von draußen: «Rotkäppchen ist's. Was hast du denn gedacht?»

Agnes öffnete die Tür, trat zurück und sagte: «Komm rein, Rotkäppchen.»

Ruby stolzierte mit einer großen Handtasche in die Hütte. Sie rief: «Aber Großmutter, was hast du für große Augen!»

Agnes knurrte wie der große, böse Wolf, und wir brachen alle in Gelächter aus.

Es war seltsam, Ruby fein angezogen zu sehen. Sie stakste mit einem kleinen, runden Hut, dessen Netz über die schmale Krempe gezogen war, durch die Hütte. Sie hatte sich sogar die Lippen hellrot bemalt. Sie hatte das Haar zu einem hübschen Knoten im Nacken frisiert, und über ihr geblümtes Kleid hing eine Perlenkette. Mit den Strümpfen und den schwarzen Schnürschuhen mit hohem Absatz sah sie aus, als spiele sie Verkleiden. Ich erspähte sogar ein Spitzentaschentuch, das sie sich an den Busen gesteckt hatte.

«Mann, bist du aufgedonnert», sagte ich.

Ruby beachtete mich nicht. Sie wandte sich Agnes zu, trat von einem Fuß auf den anderen. «Gehen wir», sagte sie ungeduldig.

«Gehen? Wohin?» stotterte ich.

«Wir wollen meine Kusine im Pas besuchen. Sie hat sich zur Ruhe gesetzt.» Ruby warf sich seufzend auf einen Küchenstuhl. Zu Agnes sagte sie streng: «Warum bist du nicht fertig?»

«Ach, ich hatte es vergessen. Und ich vergaß, es Lynn zu sagen», meinte Agnes. Sie sah mich unschuldig an. «Wir müssen uns von euch Kindern erholen. Wir müssen einige Zeit mit Leuten unseres Alters zusammensein.»

Agnes schlüpfte in ihre Kleider.

«Was ist mit meinem Schild?»

«Na, was schon?» gab Agnes zurück und kramte in einer Schublade. Sie zog eine schwarze Handtasche hervor und legte sie auf die Anrichte, knallte die Schublade zu.

«Naja, was soll ich als nächstes tun?»

«Mach den Schild. Du brauchst keine Hilfe mehr von mir.»

«Aber wie soll ich wissen, ob ich ihn richtig mache?»

«Setz dein eigenes Urteilsvermögen ein.»

«Aber ich muß doch Visionen oder Träume oder was ähnliches haben.»

«Nur zu.»

«Aber wie denn?» Ich steigerte mich in eine panische Angst hinein.

«Du willst mir doch nicht sagen, daß du nach allem, was geschehen ist, nicht weißt, wie du deine Vision träumst?»

Die Lehren der Medizinfrau

Agnes hatte ein blau-weiß gepunktetes Kleid, lange Strümpfe und braune Schuhe mit flachen Absätzen angezogen. Sie holte aus einer alten, grün angemalten Schmuckdose eine goldene Brosche, mit der sie ein weißes Halstuch feststeckte.

«Ich dachte, du würdest mir helfen? Ich habe mich auf dich verlassen.»

«Ich bin dabei, dir zu helfen. Ich verschwinde von hier.»

Ich lief Agnes durch die Hütte nach und wimmerte: «Wo soll ich hin, um meine Nord-Vision zu haben? Gib mir einen Wink.»

Agnes und Ruby lachten, dann sagte Ruby: «Lynn, warum gehst du nicht zum Nordpol rauf? Hat der Weihnachtsmann dort nicht seine Vision gehabt?»

«Ihr beide wollt mich foppen. Ich glaube euch nicht, daß ihr wegfahrt.»

«Und ob wir wegfahren», sagten sie wie aus einem Mund.

«Und wie wollt ihr hinkommen?»

Agnes streckte die Hand aus.

«Was möchtest du haben?»

«Ich möchte die Autoschlüssel. Gib sie mir.»

«Du kannst ja noch nicht einmal fahren, Agnes.»

Die beiden lachten unbändig. Mitten im Lachen sagte Ruby mit lauter Stimme: «Agnes kann schon fahren. Ich erinnere mich, einmal hat sie drei weiße Kerle von der Straße gejagt. Die dachten, wir sind zwei verrückte Indianerinnen, und so hat sie es ihnen bewiesen.» Ruby lachte, daß ihr die Tränen kamen.

Als Agnes hin und her lief und schnell packte, begriff ich, daß sie es mit dem Wegfahren ernst meinen könnten. Sie setzten sich mit ihren abgewetzten Koffern in Bewegung.

Agnes wandte sich in der Tür zu mir: «Also vergiß nicht,

hier alles sauber zu halten, und iß nicht das ganze Dörrfleisch auf.»

Ich stammelte: «Wann kommst du zurück?»

«Zur richtigen Zeit. Ach, übrigens, gib mir zwanzig Dollar für's Benzin.» Sie lächelte mich breit an.

Wir starrten uns einen Augenblick an. Ich war sehr aufgebracht, holte aber meinen Geldbeutel, durchsuchte ihn und gab ihr das Geld.

«Agnes, sag mir, was ich als nächstes mit dem Schild machen soll. Welches Fell soll ich nehmen?»

«Spielt das wirklich eine Rolle?» fragte Agnes.

«Zum Teufel, ja. Das ist entscheidend.»

«Ach, Lynn, hör auf mit dem Getue», sagte Ruby. «Du wirst mir noch die Reise verpatzen. Ein Nordschild wird dir sowieso nicht viel helfen gegen Red Dog.»

Agnes und Ruby liefen sehr schnell den Pfad zu meinem Wagen hinauf. Ich lief ihnen nach und hätte sie am liebsten angeschrien. Sie warfen ihr schäbiges Gepäck auf den Rücksitz, stiegen ein und knallten die Türen zu. Ich schlug gegen das Fahrerfenster, hinter dem Agnes saß. Sie warf mir einen verächtlichen Blick zu, machte das Fenster auf.

«Ja, was gibt's denn, Lynn?» fragte sie ärgerlich.

«Willst du mir keine Adresse oder Telephonnummer oder was ähnliches dalassen? Was ist, wenn ich dich erreichen will?»

«Hör mal, Lynn. Wir waren in Verbindung, und ich denke, das wird wieder geschehen. Von hier kannst du mir sowieso nicht schreiben oder mich anrufen, und eine Adresse oder Nummer würden nichts nützen. Und außerdem habe ich ja deinen Wagen. Mit welchem dieser Gänge kann ich rückwärts fahren? Ich kann diese neumodischen Getriebe nicht leiden.»

Die Lehren der Medizinfrau

«Agnes, du hast mir versichert, daß du fahren kannst», sagte ich beunruhigt. Ich hatte die flüchtige Vision meines Wagens, der sich um einen Baum gewickelt hatte, und fragte mich, was ich der Versicherung erzählen wollte. Ich stellte mir vor, wie ich Agnes und Ruby in einem abgelegenen Krankenhaus besuchte, wie die beiden wie Mumien im Streckverband lagen, und wie ich mich überall entschuldigte, daß ich ihnen die Schlüssel zu meinem technologischen Wunderwerk gegeben hatte.

Auf einmal knirschte das Getriebe, eine Staubwolke stieg auf, und der Wagen machte einen Satz zurück, blieb quietschend stehen und schoß dann auf dem Kies schlingernd vorwärts. Sie waren in einer Wolke von Auspuffgasen und Steinchen verschwunden. Ich stand da und schluckte Staub, hatte vor mir die grünen, herrlichen Ebenen von Manitoba, und kam mir völlig verlassen und hilflos vor.

Langsam ging ich zur Hütte zurück. Ich tauchte verwirrt und verärgert unter das ungemachte Bett von Agnes und wühlte nach einem frischen Weidenstecken, fand einen großen Knäuel ungegerbtes Leder und legte beides auf den Tisch. Ich setzte mich, begann das Holz zu biegen, versuchte, es in einen Kreis zu zwingen. Meine Finger rutschten ab, und der Stecken schoß mir aus den Händen, schlug mir gegen das Kinn und knallte laut auf den Tisch.

«Die beiden alten Fledermäuse!» schimpfte ich. «Lassen mich hier alles allein machen.»

Mein Kinn und die Hand brannten. Ich stand auf und trat den Stuhl. Zur Beruhigung goß ich mir eine Tasse mit Sonnentee voll, setzte mich und begann von neuem.

Ohne Agnes und ihre Anleitung versetzte mich jeder Schritt, der zur Herstellung des Schildes nötig war, in Besorgnis. Ich war wütend, dann wieder lachte ich, weil ich meine Lage so komisch fand.

Mich beunruhigte nicht so sehr, daß Agnes mich verlassen hatte, sondern eher die Ungewißheit ihrer Rückkehr. In meinem Alltagsleben in Los Angeles führte ich einen Terminkalender, in dem jedes Treffen und Mittagessen verzeichnet war. Ich hatte eine relativ klare Vorstellung, was ich von Tag zu Tag tun würde, und mit wem. Das gab mir ein Gefühl der Sicherheit, und ich sah, daß ich in meinem Umgang mit Agnes gewisse Dinge als selbstverständlich angenommen hatte. Ihre unerwartete Abreise hatte mir eindrucksvoll den Teppich unter den Füßen weggezogen. Bei Agnes konnte ich mich auf nichts verlassen. Sie hatte mich gewarnt: Hüte dich vor der Gewißheit.

Ich dachte mir, sie käme vielleicht erst nach einem Monat oder gar einem halben Jahr wieder zurück. Ich konnte unmöglich so lange in Kanada bleiben.

Eine Weile machte ich mir Sorgen um Agnes. Wenn sie mit dem Wagen Schwierigkeiten bekäme? Was, wenn sie meine Hilfe brauchte? Schließlich sah ich ein, daß Agnes eine Medizinfrau war, die die ganze Zeit auf Reisen war, eine, der es irgendwie gelungen war, mehr zu lernen und besser durchzukommen als alle, die ich je kennengelernt hatte. Sie war in jeder nur denkbaren Lage fähig, richtig mit sich umzugehen.

Blieb also *ich*. Hier war ich also und versuchte, in relativer Unwissenheit einen Kraftschild zu bauen. Vom Materiellen her wußte ich, wie ein Schild herzustellen war, aber mir fehlte der Hintergrund bedeutsamer Lehren. Ich fühlte mich wie gelähmt. Je länger ich meine Lage bedachte, desto deutlicher war mir, daß Agnes mich als Schülerin verraten hatte. Ich begann zu überlegen, ob ich nicht von einer anderen etwas über den Nordschild erfahren könne. Vielleicht könnte mich eine andere Medizinfrau in die Lage versetzen, die Grenzen meines Wissens und Könnens zu überwinden.

Ich begriff, wie sehr ich den Austausch mit anderen Menschen brauchte. Ich mußte dringend mit jemand sprechen. Ich begann, laut mit mir selbst zu sprechen.

Ich versuchte, mich mit Worten zu überzeugen, daß ich Stille und Einsamkeit genoß. Doch unvernünftigerweise fürchtete ich, jedes Geräusch, jedes fallende Blatt könnte Red Dog sein. Ich fürchtete ihn nur, wenn ich nicht mit Agnes oder Ruby zusammen war, wobei ich mir oft dachte, daß Ruby schrecklicher als Red Dog werden könnte.

Die nächsten Tage arbeitete ich an dem Schild. Ich dachte über die Fertigkeiten nach, die mir beigebracht worden waren, und über Agnes, was sie mir bedeutete. Viele Gefühle stiegen in mir auf, als ich jetzt, da Agnes nicht bei mir war, mit einer Reihe neuer Rituale begann. Einige Male sprach ich sie an, hatte vergessen, daß sie fort war. Am Ende jeden Tages quoll mir das Herz über, und mit jeder Minute erwartete ich ihr Kommen. In diesen Augenblicken der Hoffnung war mir, als tanzten die Musen mit mir. Ich war wieder einmal am Anfang, und begriff das zum allererstem Mal.

Ich war es nicht gewohnt, allein und isoliert zu sein. Während der Arbeit verlor ich das Gefühl für die Zeit. Der Schild verschmolz in meinen Gedanken mit Agnes; beide waren in mir gegenwärtig. Ich wurde von der Fülle der Bilder meiner Reise hier in den Norden überwältigt. Das Leben, wie ich es gekannt hatte, war mit einem Achselzucken abgetan worden.

Agnes war über eine Woche fort, als ich mitten in der Nacht aus tiefem Schlummer aufwachte, weil ich austreten mußte. Ich schwankte im Dunkeln durch die Hütte, nahm schwach ein klatschendes Geräusch wahr. Ich war noch halb im Schlaf und meinte, als ich die Tür öffnete, einen dunklen Schatten vorbeihuschen zu sehen.

Als ich mich erleichtert hatte, war ich hellwach. Vorsichtig kehrte ich ins Innere zurück und schloß die Tür. Meine Zähne klapperten in der frostigen Nachtluft wie Kastagnetten. Ich versuchte, mich durch tiefe Atemzüge zu beruhigen. Ich wurde sehr wachsam, und meine Augen blickten schärfer in die finstere Hütte. Ohne Warnung streifte etwas mit einem dumpfen Sausen heftig meinen Kopf. Ich schrie nicht, war zu überrascht, konnte nur denken, daß Red Dogs Geist irgendwie in das Zimmer eingedrungen war und versuchte, sich auf mich zu stürzen. Ich ließ mich fallen, kroch auf Händen und Füßen vorwärts und duckte mich unter den Tisch. Ich zog einen Stuhl heran, wollte mich besser schützen und wartete. Ich hörte ein Klirren und zerbrochenes Glas niederprasseln, dann das Geräusch von Flügeln in der Luft. Das Wesen klang so gewaltig, daß ich noch entsetzter wurde und einen weiteren Stuhl herzog, um mich unter dem Tisch zu verschanzen.

Dann war wieder ein Klirren; Glas, das am Boden zersplitterte. Ich muß so weit zurückgewichen sein, daß ich mich nicht mehr unter dem Tisch befand, denn das Geschöpf schrammte meine Schulter, riß an meinem Haar. Da schrie ich dann, weil ich nicht wußte, was in der Hütte war, woher es kam. Ich hatte fast schon die gesamte Selbstbeherrschung verloren, war mir nur noch der Gefahr bewußt, als der Mondschein, der durchs Fenster drang, für einen Augenblick von einem riesigen Raben verdunkelt wurde, der ins Freie wollte und gegen das Glas schlug. Dort, wo der Rabe immer wieder mit dem Kopf gegen dieselbe Stelle des Fensters geschlagen hatte, war Blut. Ich war so froh, daß die Störung nicht von

Red Dog oder einem seiner Verbündeten verursacht war, daß ich zu weinen begann. Ich lief zur Tür und riß sie auf und versuchte, den Raben nach draußen zu scheuchen. Er wollte nicht fort. Der Rabe drehte sogar ab und flog zur Tür und dann sofort zurück zum Fenster. Einmal schlug er sich besinnungslos, kam hoch, stellte sich auf das Fensterbrett und pickte gegen das Glas. Er flog dicht unter der Decke durch das Zimmer, flog zurück zum Sims, blieb stehen, drehte sich um, als habe er einen Entschluß gefaßt, und flog zur Tür hinaus. Ich legte mich nieder und rührte mich nicht, bis ich bei Sonnenaufgang aufwachte.

Ich war bestürzt, Agnes an ihrem Bettende stehen zu sehen. Sie hielt meinen unfertigen Schild vor sich. Sie trug ihre gewöhnliche Kleidung und hielt in der anderen Hand einen imaginären Speer, als wolle sie mich angreifen.

«Sieht dein Schild so aus, als ob er irgendeine Kraft hätte?» fragte sie,

«Mein Schild, also, das weiß ich nicht, aber du siehst auf jeden Fall bedrohlich aus!»

«Hier ist so ein Durcheinander, daß ich auf das Schlimmste gefaßt war.» Agnes lachte, lehnte den Schild gegen das Bett und sagte, ich solle aufstehen.

«Agnes, wenn ich richtig aufgewacht bin, erzähle ich dir, was passiert ist.»

«Hoffentlich. Muß eine nette Party gewesen sein.»

Sie machte Feuer und bereitete das Frühstück, während ich mich anzog.

«Ist dir irgendeine Medizin passiert?» fragte sie.

Ich erzählte Agnes von den Gedanken, die mir seit ihrer Abfahrt durch den Kopf gegangen waren, all die Dinge, die ich mir eingebildet hatte. «Nichts ist passiert. Ich habe vor Angst nur fast den Verstand verloren. Wo bist du gewesen?»

«Wovor hattest du Angst?»

Ich berichtete Agnes von dem Raben.

«Hast du aus diesem Erlebnis etwas gelernt?»

«Naja, ich geh' nicht mehr raus zum Pinkeln. Ich werde bis zum Morgen warten.»

Ich lachte, doch Agnes blickte mich ungerührt an. «Mir ist die Lehre klar. Der Vogel bist du, wie du immer wieder deinen Kopf gegen eine unsichtbare Grenze schlägst. Ganz gleich, wie lange du auf dem falschen Pfad beharrst, Freiheit wirst du nie erreichen. Der Vogel mußte aufhören und sich nach einem anderen Ausweg umsehen. Sobald er den Weg erkannte, war er mit einer ganz geringen Anstrengung in Freiheit.»

«Wie läßt sich das auf mich und meine Lage übertragen?»

«Vielleicht bist du aufs falsche Pferd gestiegen. Vielleicht gehörst du in die Türkei zu diesen Sufis, von denen du mir erzählt hast. Vielleicht solltest du in ihrem Krafttanz herumwirbeln.»

Agnes hatte etwas so Unerwartetes erwidert, daß ich kurz verdutzt war. Dann sah ich, daß sie zwinkerte, und wir lachten beide.

«Ich meine das im Ernst. Wie läßt sich das auf mich übertragen?»

«Du denkst, weil ich dir gesagt habe, du sollst ein Werk der Kraft tun und etwas herschenken, hätte ich dir gesagt, eine Schriftstellerin zu sein. Ich habe dir nicht gesagt, wie du dein Wissen einsetzen sollst. Du hättest vieles tun können, hast dich aber entschlossen, deine Spuren auf dem Papier zu hinterlassen. Ich achte dein Werk. Auf jeden Fall denkst du jetzt, du bist eine Schriftstellerin. Das bist du nicht. Es ist ein Ausdruck deines unsichtbaren Schildes. Du bist eine Frau, die ihre Medizin lebt, die ein Werk des Schreibens vollbrachte, und du fährst fort, dich durch deine Werke festzulegen.»

«Im Leben aller Schüler gibt es, was das Lernen betrifft, gewisse flach verlaufende Stellen», fuhr sie fort.

Sie nahm den Stock, mit dem wir das Feuer schürten, und zog eine Reihe von Zickzacklinien auf dem Tisch. «Wenn du den Berggipfel erreichst», sie zeigte mit dem Stock, «mußt du absteigen, um den nächsten Berg auf deiner Reise zu erklimmen. Wenn du den Gipfel erreicht hast, wirst du oft glauben, die Reise ist beendet. Mach dir nichts vor. Das sind Augenblicke großer Täuschung, wie bei dem Vogel, der gegen das Fenster flog. Du kannst ewig auf dem Berg sitzen und sagen: ‹Das bin ich. Ich bin eine Schriftstellerin. Ich bin eine Lehrerin. Ich bin eine Medizinfrau.› Siehst du nicht, daß du auf deinem eigenen Ego hockst?» Sie wischte die Zeichnung mit dem Ärmel aus.

«Was soll ich tun, wenn ich glaube, einen Höhepunkt erreicht zu haben?»

«Ich erkläre dir ein paar Regeln, die mit diesen flach verlaufenden Stellen zu tun haben, die du erreichen wirst. Wenn die Schildträgerin den Berggipfel erreicht, ist sie nie auf Anerkennung aus, denn das beruht auf Zweifeln. Eine Schildträgerin erwartet nichts, fürchtet nichts, glaubt nichts, urteilt nicht und stellt keine Vergleiche an. Eine Schildträgerin wetteifert nie. Sie glaubt nicht, in einem Wettkampf zu sein, sondern sieht sich einem Gegner gegenüber.

Das sind die Regeln der Schildträgerin. Merk sie dir gut. Du darfst deinen Feind in deinem Vertrauen, in deiner Unschuld nie unterschätzen. Im Westen, in deiner Innenschau überschlägst und erkennst du jeden nur möglichen Zug deines

Stehender-Büffel-Schild

Feindes. Im Norden, in deiner Weisheit, wisse, daß ein Feind sich jeder Möglichkeit bedienen kann. In der Erleuchtung im Osten begreife, daß ein einheitliches Heer sich auf keine Weise je erschöpft. Wenn du in der Mitte stehst, kannst du sehen, daß ein großer Kriegshäuptling jedes Gelände drinnen wie draußen kennt, auf dem es Heere gibt. Denk dran, daß die Unwissenheit dein größter Feind ist.»

Wir sprachen noch eine Weile, dann begannen wir, die Unordnung in der Hütte zu beseitigen. Als alles einigermaßen sauber war, sagte mir Agnes, ich solle ein paar Sachen aus dem Kofferraum meines Wagens holen. Die Dinge überraschten mich: ein Eulenflügel, ein paar alte Felle, die von einem Maultier stammen mochten, Spiegelscherben, ein Weidenstecken, zerbrochenes Porzellan, das fast wie aus der Ming-Dynastie aussah, und einiges andere. Ich konnte mir nicht vorstellen, daraus einen Schild zu bauen, aber ich trug alles zurück in die Hütte. Agnes weigerte sich, etwas zu der seltsamen Ansammlung zu sagen, und wies mich an, sie unter ihr Bett zu legen und nicht mehr an sie zu denken. Sie sagte mir, ich solle die Arbeit an meinem Schild beenden.

Kurz nach Mittag bat mich Agnes, mit ihr zu kommen. Wir überquerten die Straße und liefen nach Norden, hinab in ein flaches Tälchen und an der anderen Seite wieder hinauf. Ein sanfter Wind wehte, der Boden war verhältnismäßig fest. Es gab Stellen mit intensivem Grün, die in ein kräftiges Ocker, Terrakotta und Orange übergingen, Zeichen der vorgerückten Jahreszeit. Der Frühherbst nahte. In den zitternden Blättern der Bäume kündigte sich schon ein Hauch von Gelb an. Hier und dort sprenkelten weiße Wildblumen die grasbewachsene Hochebene, die sich endlos bis zu den Bergen am Horizont erstreckte. Große, bewegliche Schattenmuster zogen über das

Die Lehren der Medizinfrau

flache Land. Sie sahen wie Riesen aus, die jede Minute neu geboren wurden und starben, während das Licht sich änderte. Wir liefen weiter und weiter durch das zeitlose Tageslicht und die große Stille, und ich blickte zu den gescheckten, bewegten Wolkenformationen auf.

Agnes blieb auf der Höhe eines grasbewachsenen Hügels stehen. «Hier», sagte sie und gab mir ein Zeichen, mich zu setzen. Sie wies zum Himmel, wo die Wolken begannen, sich zusammenzuballen.

«Ich habe dich hergebracht, um dir den Tanz des Windes zu zeigen», meinte Agnes. Sie fing leise zu singen an und schaukelte leicht den Kopf zu der Melodie des Gesanges. «Wolken», Agnes hielt die Hand hoch, «Fleisch des Himmels, werde Lynns Lehrer-Helfer.» Sie sang weiter.

Ich sah zu, wie sich die dunklen Wolken dahinwälzten, wie die Sonne sie bernsteinfarben und weiß beleuchtete. Sie begannen in der Ferne langsam zu kreisen, immer wieder neue Muster zu bilden. Die endlose Folge von Formen und Farben machte mich schwindlig. Unterhalb der nun flachen Wolkenbank zerriß ein Blitz den Himmel, und das grelle Licht war kaum verschwunden, da knatterte laut der Donner los.

Agnes begrüßte den Blitz: «Ho! Die große Schlange ringelt ihren Schwanz und beißt den Boden. Manchmal sagen wir Feuer-das-vom-Himmel-fällt. Ho! Meine Verbündete peitscht mit ihrem Leib aus flammendem Licht. Es ist gut.»

Noch einmal führten Blitz und Donner ihr Spiel unterhalb der fernen Wolken auf. Regen strömte aus den Wolken, doch etwa zweitausend Schritte um uns herum war alles trocken und klar. Die recht dichte Wolkenbank begann sich in die Länge zu ziehen. Immer wieder zuckten Blitze. Über die Ebene wehte der Geruch spätsommerlichen Regens. Mir war, als führten uns Wolken, Blitze und Regen ein elementares Schauspiel vor, eine heitere Schau. «Sieh jetzt genau hin, Lynn. Gleich wird sich ein magisches Wesen zeigen. Der Juwelenschleier, der Regenbogen genannt wird.»

Wie auf ein Stichwort erschien ein schöner, hochgewölbter Regenbogen.

«Oh, wie schön, Agnes. Die Vollkommenheit.»

«Ja, die Erscheinung überbrückt die Welt und hat uns Harmonie gebracht. Sie ist eine große Lehrerin. Sie ist als Helferin gekommen. Ihr Geist hat sich dich ausgesucht; fang also die Erscheinung und lern von ihr, bevor sie verschwindet.»

«Wie meinst du das?»

«Sie ist gekommen und will dich etwas über die Gedanken lehren.»

«Was soll ich tun? Wie kann sie mir helfen?»

«Indem du dich erinnerst, daß du im Norden bist. Stell dir selbst die Frage: ‹Auf welche Weise gleicht sie meinen Gedanken?›»

«Wie gleicht sie ihnen?»

«Ein Regenbogen scheint eine Verbindung zwischen verschiedenen Punkten zu sein. Die Gedanken ebenso. Die Erscheinung hat keinen Anfang und kein Ende. Auch das gilt für die Gedanken. Einen Regenbogen kannst du nicht einfangen, einen Gedanken kannst du nicht festhalten. Er kann schwach oder stark, deutlich oder undeutlich sein. Auch das ist bei den Gedanken so. Er macht etwas, wo nichts zu sein scheint. Wie der Gedanke. Die Erscheinung wird von Sonne, Himmel und Wind gefärbt, wie der Gedanke vom Gefühl gefärbt wird. Für manche ist es schwieriger, über die Gedanken hinauszugehen, als über dieses schöne Regenbogenkind.»

Der Regenbogen begann sich langsam von unten her aufzulösen. Das farbige Licht fing an, sich zu verändern, Lücken zu zeigen, allmählich unsichtbar zu werden. Ich konnte den Regen unter den Wolken nicht mehr sehen, und das Gewitter hatte schon lange aufgehört. Die Wolken hatten sich verwandelt, teilten sich, schienen voneinander wegzudrängen. Eine Bank zog nach links, und die andere nach rechts. Die dunkle, schwere Wolkenmasse hatte sich munter in ein paar aufquellende Puderquasten verwandelt.

Am nächsten Tag trug ich meinen Schild zum Dead Man's Creek. Ich setzte mich auf den Stamm eines alten, verdorrten Baumes und bearbeitete das straff gespannte Fell. Ich drückte es fest gegen meinen Bauch. Ich war stolz auf meine Arbeit.

Welke, gelbe Blätter, die der Wind von den Bäumen riß, fielen sanft auf den moosigen Boden. Als sie an meinen Füßen vorbeitrieben, wurde mir bewußt, daß es nicht mehr lange dauern würde, bis kälteres Wetter einsetzte. Das Wasser des Baches rieselte vorbei, glänzte auf den Steinen. Der Wechsel der Jahreszeiten gab mir trübe Gedanken ein. Ist Leben bloß der Prozeß, sich in den Tod zu finden?

Gewiß werde ich eines Tages in das Land der Geister gehen, dachte ich. Ist das Leben Schmerz und endloses Leid, absichtslos oder sinnlos? Macht das den Schmerz unerträglich? Läßt mich das konzentrierte Werk, einen Schild zu schaffen, zu meinem höheren Selbst erwachen? Vielleicht leben die Arbeit und die Symbole in mir und machen mir mein Leid begreiflich und daher erträglich. Ich betrachtete mein Spiegelbild im Wasser und fragte mich, ob mir der Schild ebenfalls mein Spiegelbild vorhielt. Ich dachte an die Worte, die Agnes gesprochen hatte. ‹Sagen wir mal, du bist nicht im Gleichgewicht mit dem großen Traum. Das könnte auf deinem Schild durch einen verletzten Bären symbolisch dargestellt werden. Der Bär ist ein Träumer. Du nimmst also die Medizin des verletzten Bären, symbolisierst sie und tust sie auf deinen Schild. Du bringst dich ins Gleichgewicht mit dem Traum.›

Ich dachte an das phantastische Labyrinth, das ich gesehen hatte. Agnes sagte, ein Labyrinth sei wie ein Spinnennetz, und ich hätte ein Netz aus Worten ersonnen. Ich würde dieses Netz entwirren müssen und mich in der Mitte des Labyrinths finden.

Symbole wie der verletzte Bär waren der Faden, der mir helfen würde, den Weg zufinden. Am Anfang, hatte Agnes mir gesagt, war die Spinne, und am Anfang war das Wort.

In meine Gedanken drang auf einmal eine Furcht, die mich meinen Schild fest umklammern ließ. Für einen Augenblick hatte ich das unbestimmte Gefühl, beobachtet zu werden. Ich sah mich um, wollte mich vergewissern. Ein Eichhörnchen hing über mir in einem Baum und bewegte unruhig seinen Schweif. Seine runden, klugen Augen blickten anscheinend sehr interessiert auf meine Arbeit. Plötzlich rannte das Tier den Baum hinauf und hinaus auf einen Hauptast, sprang auf einen anderen Baum, sauste ein paar Fuß einen Ast entlang und machte halt. Es drehte den Kopf, blickte zu mir zurück, schlug dann seinen Schwanz hin und her. Bald siegte die Neugier. Es kam zurück, hüpfte von Ast zu Ast, war wieder an seinem ursprünglichen Platz, kaum fünf Meter entfernt. Das Eichhörnchen erinnerte mich mit seiner stürmischen Anmut an einen Balletttänzer oder Trapezkünstler.

Ich lachte über die Possen des Tieres, beachtete es nicht weiter und fuhr mit meiner Arbeit fort. Das Eichhörnchen brach in ein wütendes Geschnatter aus. Ich achtete noch immer nicht auf das Tier. Für eine Weile ließ ich die Arbeit an meinem Schild sein und beobachtete die flüchtigen blauen und purpurnen Schimmer auf der Wasserfläche des Baches. Im Augenwinkel sah ich, daß das Eichhörnchen auf den Boden herabgekommen war und sich unten am Baum auf die Hinterbeine stellte. Es schimpfte so laut, daß ich mich gezwungen fühlte, es anzublicken. Da flitzte es den Baum hinauf.

Wieder beschloß ich, das Tier nicht zu beachten. Auf diesen Schimpf antwortete es mit einem Getue, daß ich mir dachte, es habe sicher ein empfindliches Ego. Es gibt sich entschieden ‹eichhörnchenmäßig›, dachte ich mir. Dann hörte ich es schimpfend und schnatternd näher kommen. Als ich einen flüchtigen Blick wagte, war es nicht einmal einen Meter entfernt. Es war fast, als wolle mir das Eichhörnchen etwas mitteilen. Frech stand es da, und sein roter Schweif schnappte und tanzte vor und zurück. Es zankte mich aus – so schien es wenigstens.

«Hau ab», sagte ich.

Das entnervte den alten Knaben wirklich. Er schoß wie eine Feder in die Luft. Doch statt, wie ich erwartete, zum Baum zurückzurennen, sprang er glatt auf meinen Schild und biß sich ein Stück heraus. Dann rannte er los, und ich hinterher, wobei ich schrie und den Schild vom Schoß und auf den Boden warf.

Ich wußte nicht, was ich von dem verflixten Eichhörnchen halten sollte. Ich hatte mehr Angst vor ihm, als es vor mir. Ein Eichhörnchen war doch eigentlich nichts anderes als ein zu groß gewordenes Nagetier! Vielleicht hat es Tollwut? Ich fand einen passenden Stock für meine Verteidigung und machte mich an die Verfolgung. Ich jagte es eine Weile umher, bis es einen Baum hinaufsauste und sich dick und rot auf einen großen Ast direkt über mir setzte. Ich suchte den Boden nach einem Stein oder etwas ähnlichem ab, als es mit einer Nuß nach mir warf und mich oben am Kopf traf.

«Autsch!» stöhnte ich.

Ich sah schon die Schlagzeilen vor mir. ‹Lynn Andrews, für ihr absurdes, quasi indianisches Verhalten bekannt, von einem Eichhörnchen anläßlich eines Revierkampfes in der Wildnis Manitobas getötet. Aus zuverlässigen Quellen (das Eichhörnchen) verlautet, daß Miss Andrews von einem unbekannten Geschoß getroffen wurde, während sie ein ungewöhnliches indianisches Artefakt herstellte.›

«Du hast gewonnen, kleiner Witzbold!» schrie ich.

Als ich meinen Schild holen wollte, tauchte Agnes auf. Sie bog sich vor Lachen.

«Ich habe dich beobachtet», sagte sie. «Das Eichhörnchen hat von dir viel Weisheit gelernt. Ich hoffe, du hast ebenso viel von ihm gelernt.»

Lachend legte sie den Arm um mich und drückte mich liebevoll. Wir gingen ein Stück am Bachufer entlang. Sie sagte, ich solle den Schild zwischen uns legen und mich setzen. «Ich werde dir die Bedeutung erklären, die das Betragen des Eichhörnchens hat.»

Ich entspannte mich, als ich über den Schild hinweg in Agnes' dunkle Augen blickte.

«Du meinst, das Verhalten des Eichhörnchens bedeutet etwas?» fragte ich schließlich.

«Ja. Für das Eichhörnchen warst du ein Medizinzeichen. Es kam, um von dir zu lernen. Es sah seiner großen Angst ins Auge und schlich sich an dich heran, um etwas über deine Kräfte zu erfahren. Es sah die Energie deines Schildes und fragte sich, ob es ihn dazu bringen könnte, ihm seine Kraft zu offenbaren. Das Eichhörnchen sah deinen Schild besser als du

Die Lehren der Medizinfrau

selbst. Das Eichhörnchen ist sehr weise. Über die Jahrhunderte haben die Zweibeinigen von ihm gelernt. Es kennt das Kreisen des Rads der Jahreszeiten, und es sammelt Nahrung und bereitet sich auf den Winter vor. Die Eichhörnchen wissen viel über Nahrung, etwas, das die Menschen noch lernen müssen. Sie sind vertraut mit Baumgeistern und Baumzauber. Sie kennen geheime Kraftplätze, die so viel Energie ausstrahlen, daß Menschen verrückt werden würden. Sie kennen unsichtbare Orte und bringen die Liebe eines Baumes zum anderen. Das Eichhörnchen biß in deinen Schild, weil es wissen wollte, ob du eine Nahrungsmedizin machst, die du wegen des Wechsels der Jahreszeiten einlagern willst. Es hielt sich für einen gefährlicheren Gegner als dich, und es hatte vor deinem Schild mehr Angst als vor dir. Selbst als du versucht hast, es zu fangen, wich es dir mühelos aus. Selbst da floh es nicht über die Baumpfade. Es schenkte etwas aus seinem unbezahlbaren Besitz für deinen Schild. Verwende die Nuß irgendwo in deinem Schildmuster, denn sie ist gute Medizin von einem Freund, der deinem Schild Kraft gegeben hat. Ich möchte, daß du ein Gegengeschenk machst und eine Prise Tabak für es unten an den Baum legst.» Agnes streckte die Arme den Bäumen über ihr entgegen. Sie sang leise, erst auf Cree, dann auf Englisch:

Du bist der Eichhörnchengeist
Du gehst die Baumpfade
Du bist das Sammler-Eichhörnchen
Du bist das Springer-Eichhörnchen, in allen Welten bekannt
Du bist Baumgedächtnis, Gute-Medizin-Eichhörnchen
Du bringst mir Licht vom Pfad im Schatten der Blätter

Stehender-Büffel-Schild

Du gehst die Baumpfade, die glänzen in der Sonne
Du bist Seher Medizinwesen
Du bist Schamanen-Eichhörnchen mit deinem großen warmen Pelz
Gute-Nahrung-Eichhörnchen, Herschenk-Eichhörnchen
Du bist Heilungs-Eichhörnchen
Lehrst das Baumalphabet
Freund des Frauengeheimnis-Eichhörnchens.

Agnes sang Worte, und die Weise, wie sie sie sang, füllte mich mit der unglaublichsten Stärke, mit einem Gefühl strahlender Gesundheit. Der Bach schien sein Fließen anzuhalten und wurde gläsern, als borge sie sich seine Energie. Agnes' Bild sprang mir über den Schild entgegen, als hätte ich eben eine 3-D-Brille aufgesetzt. Ich packte den Schild, damit er mir helfe, im Gleichgewicht zu bleiben. Ich fand es merkwürdig, daß auch Agnes den Schild hielt, nicht losließ. Sie begann, ganz leicht an ihm zu ziehen. Ich griff fest zu und versuchte, mich zu behaupten. Sie drehte ihn sehr langsam weiter. Als ich Agnes wieder anstarrte, erlebte ich eine neue optische Täuschung. Ihr Körper fuhr diesmal nicht auf mich los, sondern wich anscheinend in die Ferne zurück. Ich versuchte mir einzureden, daß das nicht sein konnte. Obwohl mir als Schülerin schon früher einmal etwas ähnliches widerfahren war, wurde ich von Entsetzen ergriffen. Ich wollte fliehen, konnte mich jedoch vor panischer Angst nicht bewegen. Ich wußte nicht mehr, wo ich war. Ich blickte rasch auf meinen Schild, um ins Gleichgewicht zu kommen. Zu meinem Schrecken erkannte ich meine Hände nicht. Mit ihnen war etwas geschehen. Sie waren alt, die Finger krumm und faltig, die Nägel wie Krallen. Ich zog den linken Ärmel hoch, und auch der

Die Lehren der Medizinfrau

war alt und brüchig. Mein Gesicht fühlte sich irgendwie merkwürdig an, und meine Haut war wie Kreppapier. Ich zog mit den Fingern Haar herab und sah, daß es völlig weiß war.

«Was ist los?» Meine Stimme kam tief aus meinem Innern und war ganz anders als sonst.

Agnes war ein anderer Mensch. Sie beugte sich über den Schild und war sicher nicht älter als dreißig. Sie drehte ihn weiter, bis ich nun die oberste, die Nord-Stelle hielt.

Agnes war jetzt noch jünger, eine Halbwüchsige und dann ein Kind.

«Ach, Großmutter, bitte sing mir dein Nordlied», sagte das kleine Mädchen.

Ich wußte nicht einmal, daß ich ein Nordlied kannte. Doch da begann ich zu singen. Meine Stimme klang, als singe eine alte Indianerin, mit tiefer Resonanz und leicht heiser.

Ich kam von dem wirbelnden See
Der See ist meine Pforte
Ich stehe im See und kenne meinen Tod
Ich bin Geist-Frau
Ich bin Wort-Frau
Ich schreibe von meinem Tod in heiliger Zeit
Heilige Zeit aus dem See geboren.

Ich bin Geist-Frau
Ich bringe dir Licht aus dem Anderswo
Einen Pfad, den Großmutter Mond beleuchtet
Ich bin eine Sammlerin der Worte
Meine Wolfsspuren glänzen im Mond
Der wirbelnde See gebiert meine Worte

Ich stehe im See und kenne meinen Tod
Schamanen-Worte geben deinen Geist zurück
Vergessener Geist des großen Erdenrunds
Ich gebe den Frauen des Geheimnisses zurück
Die Worte, die vergessen wurden.

«Ach, danke, Großmutter. Du hast mich glücklich gemacht.»

Agnes begann in meiner Vision näher zu kommen und rasend zu altern. Während sie den Schild so drehte, daß ich wieder den Südrand hielt, wurde ich mir meiner Hände bewußt. Sie waren wieder wie gewohnt. Ich war fassungslos und vergaß zu atmen. Ich fiel mit dem Gesicht auf den Schild, rang nach Luft. Ich keuchte einen Augenblick, aber als ich zu Atem kam, erschien alles wie gewohnt.

Agnes neigte den Kopf zur Seite, starrte mich an und lachte. «Junge Dame, passen Sie lieber auf. Das Alter pirscht sich an Sie heran. Ich hoffe, du magst ältere Männer, Großmama.»

«Mein Gott! Wie konnte mir das alles geschehen?»

«Es ist dir nicht geschehen. Siehst du, wir haben für eine Weile unser Ich vertauscht. Du brauchst aber große Medizin-Darbietungen, bis du dir mal selbst ins Gesicht blickst. Wenn du es nicht nötig hättest, würde ich mir nicht die Mühe machen und die endgültige innere Natur tanzen. Die Anzeichen waren korrekt. Es war Zeit für dich, einen Augenblick meine Lehrerin zu sein.»

«Welche Anzeichen?»

«Das Eichhörnchen und deine Reaktion. Es macht mir nichts aus, von einer Schülerin zu lernen. Ich mache die Leute oft alt und stehle ihnen die Jugend.» Sie zwinkerte und lachte ironisch. «Was meinst du, wie ich zu der alten Frau wurde, die du vor dir siehst?» Sie erhob sich und wandte sich jäh zum

Die Lehren der Medizinfrau

Gehen, rief über die Schulter: «Schreib lieber dein Nordlied auf, bevor du es vergessen hast.»

Am Abend fragte ich Agnes, was ich mit der Vorderseite meines Nordschildes machen sollte. Ich fragte mich, wann ich auf die Suche nach einer Vision gehen würde. Agnes klatschte in die Hände und packte mich am Kopf. Sie sagte, ich solle meine Erlebnisse auf dem Schild in Malerei umsetzen. Sie sagte, ich hätte mehr Visionen gehabt, als mir gut täte.

Am nächsten Tag fühlte ich mich sehr ruhig und entspannt. Ich begann früh an der Vorderseite des Schildes zu arbeiten. Unten oder im Süden malte ich einen Büffel auf den Schild. Oben malte ich einige Sterne als Darstellung der Milchstraße, der Galaxie, und brachte zwei Adlerfedern mit Glasperlen an. Als ich es Agnes zeigte, wies sie darauf hin, daß das Gesicht des Schildes sehr kosmisch sei. Sie sagte, es spreche vom Herschenken an den großen Geist. Sie sagte, ich solle ihn zu Ruby bringen und prüfen lassen. Ruby war sehr zufrieden.

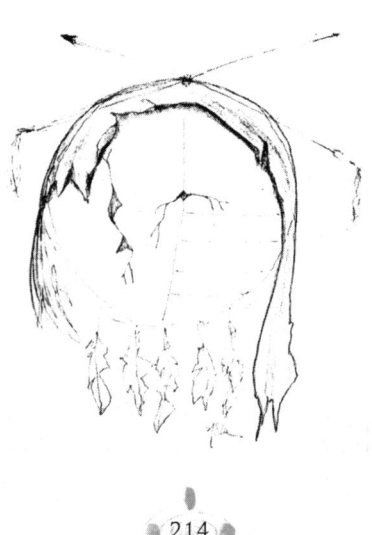

Feuer-das-vom-Himmel-fällt-Schild:
Osten

*Nur laßt mich meine Sprache
sprechen
zu eurem Lob, Stille der Täler,
Nordseite der Flüsse,
drittes Gesicht abgewendet,
Leerheit!
Laßt mich die Muttersprache
sprechen...*
Ursula K. LeGuin, aus
Hard Words and Other Poems

Ich beschloß, daß es Zeit für mich sei, meinen Ostschild zu machen. Als Agnes die Hütte einen Augenblick verließ, um Holz zu holen, sprang ich auf und wollte unter dem Bett nach dem Material sehen, aus dem nach ihren Worten der nächste Schild zusammengebaut werden sollte.

«Na, na, na, nimm deine kleinen Händchen aus der Keksdose.»

Ich stand betreten auf. Ich drehte mich um und sah Agnes als dunklen Umriß in der offenen Tür stehen. Sie drohte mir mit dem Finger.

«Sehr ungezogen», schalt sie.

«Weshalb kann ich nicht nachsehen?»

«Das brauchst du nicht zu wissen», platzte sie heraus. «Es

wird einfach so gemacht. Außerdem hast du die Zutaten zum Schild schon gesehen.»

«Ich kann mir nicht vorstellen, wie jemand aus dem Zeug einen Schild machen soll. Es sah wie ein Haufen Abfall aus.»

«Der Ostschild ist kein Scherz. Er ist der Heyoka-Schild», sagte sie und ging zum Ausguß.

«Das klingt geheimnisvoll. Werde ich mich bald an die Arbeit machen können?»

«Ja, vielleicht, aber zunächst mußt du deine Heyoka-Grenze kennen. Du wirst den Echos Nahrung sein. Dort wird der Ostschild erkannt. Dort wirst du das große Geistrad finden, wo sich der Klang selbst vervielfältigt. Alle Dinge werden vom Klang zusammengehalten, und das kleinste Geräusch wiederholt sich viele Male. Wie die Wasseroberfläche für die Augen der erste Spiegel war, so ist die Heyoka-Grenze der erste Spiegel für die Ohren. Aber sie ist mehr als nur das, denn sie unterstützt die Öffnung deines visionären Auges, die Öffnung ins Immerdar. So wie vier Spiegel dich den einfachen Bau der Ewigkeit lehren können, so kann der Klang die Illusion um den heiligen Kreis herum zerschmettern und dich dorthin bringen.»

Ich mußte Agnes den Arm drücken. «Da geht's wieder los, Agnes. Ich kann dir nicht folgen. Was ist die Heyoka-Grenze?»

«Sie ist ein Platz, eine Art natürliche Echokammer, aber auch viel mehr als nur das. Sie wird dich über deine andere Seite belehren. Bei Heyoka geht es vor allem darum.»

Agnes trug ein kakaofarbenes Wollhemd, dessen Ärmel an den Ellbogen alt und abgewetzt waren. Sie zog einen Spiegel aus der Tasche und reichte ihn mir. Er war rund und schien aus einer Puderdose zu stammen.

«Ich möchte, daß du diesen Spiegel wie den Rückspiegel

eines Autos verwendest. Ich möchte, daß du ihn vor dich hältst und sehr aufmerksam beobachtest, was mit dem geschieht, was hinter dir ist. Sei dir nur leise über das bewußt, was vorn liegt. Das hinter dir ist wichtig. Du mußt sehr aufmerksam beobachten. Ich möchte, daß du wie gewöhnlich umhergehst, aber alles hinter dir scharf im Auge behältst.»

«Agnes, ich kann mir nicht vorstellen, warum du etwas so Seltsames von mir verlangst.»

«Es ist ein Sammeln von Kraft, und es wird dir helfen, die Grenze zu überwinden. Du kannst jetzt gleich anfangen.»

Agnes nahm mich an den Schultern und drehte mich nach Osten, führte dann meine Hand mit dem Spiegel, bis sie etwa eineinhalb Fuß in Augenhöhe vor mir war.

«Beschreib, was jetzt hinter dir ist.»

«Naja, ich sehe die Holzstämme der Hütte, das Fenster, deine Kräuterbüschel, und wenn ich ihn ein bißchen höher halte, kann ich alle Töpfe und das Geschirr auf der Anrichte sehen.»

«Schön. Jetzt fang an, umherzulaufen und halte den Spiegel immer noch vor dich und sag mir, was du siehst. Richte den größten Teil deiner Aufmerksamkeit auf das Spiegelbild. Folge mir jetzt nach draußen.»

Statt des gewohnten Eindrucks, auf etwas zuzugehen, bewegte sich alles anscheinend von mir fort. Durch den plötzlichen Wechsel meiner Sehweise wurde der Rand des Blickfeldes undeutlich, und ich konnte mich nicht darauf verlassen, zu wissen, was direkt vor mir lag.

«Lynn, beweg dich nach links. Beweg dich nach rechts. Gut. Jetzt werde ich dir eine Aufgabe stellen. Geh und hol den weißen Stein dort und bring ihn mir.»

Als ich auf den Stein zuging, war mir für einen Augenblick, als stehe ich still, weil sich die Spiegelung stets von mir entfernte. Ich gab ihr den Stein.

«Mehr Aufmerksamkeit auf den Spiegel», sagte sie.

Sie ließ mich einige Steine aufheben und ihr bringen. Wegen des ungewöhnlichen Raumeindrucks des Spiegels vergaß ich dann, was ich tat, und mußte stehenbleiben und überlegen, welche Aufgabe ich erfüllen wollte. Ich machte lange, was sie mir auftrug. Agnes ließ mich ständig etwas Bestimmtes tun, zum Beispiel Beeren pflücken, Wasser holen, oder Reisig sammeln. Das ging drei Tage so. Meine Träume waren jede Nacht sehr seltsam. In der ersten träumte ich von einer Freundin in Los Angeles, die mir dringend etwas mitteilen wollte. Ihre Worte schienen an mir vorüberzuströmen, und ich konnte sie nicht verstehen. Ich schnappte nur das eine oder andere Wort auf. Da wachte ich auf, träumte danach wieder dasselbe. Ich mühte mich zwei weitere Tage, hielt den Spiegel vor mir. Meine Raumwahrnehmung veränderte sich. Das war sehr interessant und sehr verwirrend. Am Ende des dritten Tages sagte Agnes: «Genug. Lauf ein wenig umher, bis du dich orientiert hast. Dann sag mir, was du fühlst.»

Ich gab Agnes den Spiegel. Ich hatte das merkwürdige Gefühl des Verlustes, als ich ihn ihr reichte. Meine Augen blickten ihn für einen Moment schmerzlich an. Ich rannte etwas auf der Stelle, sprang ein paarmal wie ein Hampelmann und setzte mich aufgeregt neben sie auf die Stufen. Agnes schwieg und wartete, daß ich etwas sagte.

«Zunächst ist mir klar, daß ich ein Ding sehe, wenn ich schaue, daß aber eine Menge anderer Dinge geschehen, die ich nicht wahrnehme. Verglichen mit meiner gewöhnlichen Wahrnehmung ist da ein Unterschied in der Eindringlichkeit. Die Welt ist jetzt anscheinend runder. Ich habe keine Ahnung, was das bedeutet, aber es fasziniert mich, wie sich die Dinge von mir fortbewegen. Weshalb läßt du mich das tun, Agnes?»

«Ich habe dir schon gesagt, es dient der Vorbereitung auf deinen Ostschild. Es ist eine Gelegenheit, Kraft zu sammeln. Der Osten ist der einzige Weg in die Mitte, zum Kern. Wenn du umherliefst und das Gefühl hattest, die Welt steht still, so ist das die Wahrheit. Es ist eine Zerstörung der Welt, wie du sie kennst.»

«Aber sicher. Meine normalen Wahrnehmungen wurden zerschlagen.»

«Die Welt wird sich jetzt auf eine andere Weise wieder zusammensetzen. Sie wird nur ein Echo dessen sein, was du früher gekannt hast.»

Über uns krächzte eine Krähe, und eine zweite antwortete aus einem Dickicht heraus.

«Die Augen sind mit den Ohren enger verwandt, als du denkst. Deine Augen werfen Echos zurück, und das bewirkt das Sehen. Jeder Gegenstand, alle Pflanzen, Tiere und Menschen haben ihren eigenen Klang. Ich habe dir gesagt, daß Ruby die Hüterin-des-Gesichts-der-Schilde ist. Jeder Schild hat wie jeder Mensch sein einzigartiges Gesicht. Jedes Gesicht bringt ein einzigartiges Geräusch hervor. Ich möchte jetzt, daß du hineingehst, dich auf das Bett legst und ruhst. Schau, was dir deine Gedanken über den Klang der Gesichter sagen können. Wenn ich zurück bin, erzählst du mir von deinen Entdeckungen. Während du das tust, gehe ich zum Baum und spreche mit ihr und mache Medizin für deinen Ostschild.»

Ich nickte und ging hinein. Ich machte es mir auf Agnes' Bett bequem und entspannte mich so tief, daß ich bald jedes Gefühl für die Zeit verlor. Ich fuhr zusammen, als ich die Augen öffnete und sah, daß Agnes auf mich herabstarrte.

Die Lehren der Medizinfrau

Ich setzte mich auf und zog meine Wollsocken wieder an. Draußen war es dunkel, und Agnes hatte eine Kerze angezündet. Wir setzten uns an den Tisch.

«Erzähl mir etwas über Gesichter», sagte sie nur.

«Naja», antwortete ich, «ich nehme an, in der Liebe und in der Politik und im Alltag spielt das Gesicht in unserem Bewußtsein eine übermäßig große Rolle. Nimm zum Beispiel Helena von Troja. Der Geschichte nach hat ihr Gesicht tausend Schiffe in Bewegung gesetzt und die Türme Trojas in Flammen aufgehen lassen. Dann ist da natürlich die Kunst. Bei einem Gemälde wie Rembrandts Abendmahl fällt einem das Gesicht von Christus ein.» Ich war mir nicht sicher, ob Agnes meine Ausflüge in die Kultur verstand, aber sie ermutigte mich mit einem Kopfnicken. «Ich habe mir eigentlich nie darüber Gedanken gemacht, wie wichtig Gesichter sind. Ich denke, sie spielen in unserer Wirklichkeit eine große Rolle.»

«Ja, und was wäre, wenn wir die Gesichter wechseln könnten?»

«Wie kann man sein Gesicht wechseln?»

«Das ist einfach. Indem du offen bleibst oder eine Maske aufsetzt. Masken machen ist eine uralte Kunst der Schamanen. Wir werden später viel darüber sprechen, aber ich möchte, daß du genau nachdenkst und mir sagst, ob du verstehst. Es gibt viele Arten von Masken. Es gibt Masken von Menschen – von Kriegern, verstorbenen Schamanen, Masken, die den Geist von Tieren und der Jagdbeute verkörpern. Es gibt Masken von Schutzgeistern, zum Beispiel die Vielfraßmaske. Und es gibt Masken, die für den Geist von Sonne oder Mond oder das Herz eines großen Jägers wie der Wolf stehen. Diese Masken können magisch sein und in jede Bemühung Kräfte einbringen; bei Jagden, bei Tänzen, die Regen oder Fruchtbarkeit bringen sollen, bei Gaben, die mit den Geheimnissen von Heilen und Träumen zu tun haben. Denk über deine Fähigkeit nach, dein Gesicht zu verändern – ein Geschöpf zu werden, das deinem gewohnten Gefühl fremd ist – um zum Beispiel ein Vielfraß zu werden.»

Agnes klopfte mir dreimal ziemlich fest auf den Arm. «Still. Richte deinen Blick fest und aufmerksam auf mich und sag mir, was du siehst.»

Das Kerzenlicht flackerte, formte tiefe Schatten unter ihren Augen. Ihr Gesicht wurde recht männlich, dann schienen sich die Schatten unterhalb der Augen schräg zur Nase hin zu verlängern. Die Nase wurde zur Schnauze, und statt Agnes sah ich auf einmal einen Bären vor mir sitzen.

«Du hypnotisierst mich wieder», sagte ich.

«Ich zeige dir ein Gesicht, wer bin ich?»

«Du bist ein Bär.»

«Oh, wirklich?» In einem Augenblick war Agnes ein weiblicher Luchs geworden, das Maul offen, dunkel wie eine sternlose Nacht, ein Knurren. Ich fuhr zurück. «Das ist faszinierend, aber hör bitte auf. Du erschreckst mich zu Tode.»

Der Luchs wurde eine verschwommene Maße, war gleich wieder Agnes.

«Wie machst du das, Agnes? Wenn hier ein anderer Mensch säße, würde er sehen, was ich gesehen habe? Das ist so unglaublich.»

«Das hängt von dem Menschen ab, und auch, wie stark ich das Bild werfe. Das ist es, was ich dich lehre. Ich zeige dir, daß das wahr ist, was du dir geistig erschaffst. Überleg mal, wie sehr du dich veränderst, wenn du liebst. Liebe ist ein Wort für Verwandlung. Und es gibt viele Wesen, die unserer Liebe würdig sind. Du mußt nicht unbedingt einen Mann suchen.

Wenn du sagst: ‹Ich liebe dich›, so sagst du: ‹Ich verwandle dich.› Aber da du allein niemand umwandeln kannst, sagst du in Wirklichkeit: ‹Ich verwandle mich und mein Sehen.› Ich lebe immer im Tipi der Liebe und ich teile es mit dir. In gewissen Zuständen verändert sich der Klang; wenn du liebst, zum Beispiel, oder wenn du von einer Lehrer-Pflanze lernst, vom Peyote beispielsweise. Ich habe dir gesagt, daß die Eidechse eine großartige Verbündete ist. Du weißt, daß sie ihren Schwanz nachwachsen lassen kann? Und zwar deshalb, weil sie weiß, wie sie ihren eigenen Klang hervorbringen kann. Wenn du weißt, wie du den Klang eines Dinges – sagen wir, eines Steines – hervorbringen kannst, so wird dir dieser Stein bald selbst folgen. Große Schamanen wußten von diesen Sachen, aber es ist sehr gefährliches Wissen und muß mit großer Sorgfalt ausgeübt werden. Masken haben, wie der Klang, die Kraft, zu verwandeln.»

«Ich verstehe, was du sagst, Agnes, aber tragen wir nicht alle irgendwie Masken?»

«Ja. Wir sind Lügner und Betrüger – haben uns selbst betrogen. Das, als was du mich kennst, ist vielleicht eine Maske. Du meinst, ich mache dies oder jenes, aber du weißt nicht, ob ich eine Maske trage oder nicht. Ich habe dir eben einen Bären und eine Katze gezeigt. Eine Maske ist für dich etwas anderes, als das, was du in mir siehst, nämlich die Medizinfrau. Aber woher weißt du, daß ich eine Medizinfrau bin? Das mag eben schon alles sein, was du siehst. Du weißt es nicht. Du kannst nur vermuten, und das kommt daher, weil du nicht erkennst, wer eine Maske trägt und wer nicht.

Wenn du einen Menschen triffst, der wirklich trügen kann, so hat er sicher irgendwo eine Maske, die das zeigt, was er in Wahrheit ist – und das ist die Heyoka-Maske.»

Ich starrte Agnes an. Ich hatte noch nie über diese Dinge nachgedacht.

«Jetzt geh zu Bett und träume», befahl sie. «Du bist müde.»

An diesem Abend lag ich hellwach in meinem Schlafsack. Visionen grotesker Masken trieben durch meinen Kopf. Ich fragte Agnes, ob sie mir nicht eine Geschichte zum Einschlafen erzählen könne. «Es war einmal ein Krieger», fing sie an, «die Leute nannten ihn Big Eye. Eines Tages fiel er beim Laufen in eine Grube voller Schlangen. Er war einige Tage in ihr und wurde oft gebissen. Beinahe wäre er gestorben, doch kurz vor dem Tod ging er ins Geisthaus der Schlange, wo die große Schlange zu ihm sprach.

‹Ich werde dich leben lassen, Big Eye, wenn du tust, was ich dir sage›, sprach die Geistschlange.

‹Ich werde es tun›, versprach Big Eye.

‹Antworte nicht zu schnell, damit du es nicht vergißt›, sagte die Geistschlange.

‹Ich verspreche, dich nie zu vergessen›, sagte Big Eye. ‹Ich habe gesehen, was geschieht, wenn man ein Versprechen, das man dir gab, nicht hält.›

‹Und was geschieht dann?› fragte die Geistschlange.

‹Dann wirst du der Blitz am Himmel, und ich möchte nicht von dir gebissen werden, weil ich mein Versprechen nicht gehalten habe.›

‹Gut gesprochen, mein Enkel›, sagte die Geistschlange. ‹Denn so ist mein Zorn beschaffen.›

‹Was soll ich tun?› wollte Big Eye wissen.

‹Du mußt versprechen, noch ehe neun Jahre vergangen sind, vier Einladung-an-die-Schlange-Masken zu machen.›

‹Das werde ich tun, Großvater Schlange›, versprach Big Eye.

Der Schlangengeist ließ also Big Eye leben und zu einem

großen Medizinmann werden. Big Eye hat große Medizin für die Leute geschaffen.

Eines Tages, gegen Ende der Zeit von neun Jahren, begann Big Eye wie befohlen an den Masken zu arbeiten. Ein Tanz sollte zu Ehren von Großvater Schlange stattfinden. Vier Tänzer legten die Masken an und tanzten.

Big Eye sagte, er fühle sich nicht wohl, und bat einen Freund, ihn in sein Tipi zu bringen und den Eingang zuzunähen. Drinnen begann Big Eye zu zittern und zu zucken. Der Schlangengeist ergriff ihn, und er glitt unter dem Tipifell durch. Draußen ringelte sich Big Eye zusammen und wollte sich dann zu den Frauen gesellen. Die Frauen sahen ihn und hießen ihn willkommen. Einer der Ehemänner, der zu den Maskentänzern gehörte, nahm einen Stock und schlug ihn, weil er die Frauen in Gefahr wähnte. Die Schlange versuchte zu fliehen, und die Frauen versammelten sich und zeigten ihm ein Versteck. Er kroch in ein Loch in einem Holzstamm, doch war er blutig geschlagen.

Als der Ehemann den Stamm umdrehte, fiel Big Eye heraus, und sein Schlangengeist war fort. Er hatte wieder menschliche Gestalt angenommen. Er war unverletzt und reihte sich in den Tanz ein, als sei nichts geschehen.»

Der Tag dämmerte kühl und klar. Agnes öffnete die Fenster und die Tür, um den leichten Wind herein zu lassen. Sonnenschein – oder ‹Hauslicht›, wie Agnes ihn nannte – strömte ins Zimmer. Sie strich mit der Hand über die Blattmuster auf dem Tisch, als wären sie geliebte Haustiere.

«Hier.» Agnes gab mir einen kleinen Webrahmen für Glasperlen. «Ich muß heute etwas tun. Versuch einen Teil des Gürtels fertig zu machen, den du angefangen hast.»

Ich nahm die unfertige Arbeit und setzte mich draußen auf die Veranda. Auf einem Stück Wiese nicht weit entfernt hob eine Hirschkuh den Kopf und ließ für einen Augenblick das Kauen sein. Aus den Mundwinkeln hing Gras. Sie sah mich neugierig an und machte sich wieder ans Äsen.

Ich dachte über Masken nach und wieviele feine Unterschiede es in der Abwehr gab. Ich wollte alles, was Agnes mir beibrachte, bis in die Tiefen verstehen. Während ich mit den Glasperlen webte, spürte ich, wie die Kraft der Erde in mir zunahm. Ich fühlte mich zur Zeit weniger ängstlich und mehr gefordert, arbeitete den ganzen Nachmittag und bemerkte kaum, wie die Zeit verging.

Schließlich ging ich zu dem Platz, an dem Agnes mit ihren Perlen beschäftigt war. «Hier.» Ich zeigte ihr das Stück Gürtel. Eigentlich war ich nicht weit vorangekommen.

«Hmmm», sagte Agnes und untersuchte einen Teil der Arbeit, zupfte mit den flinken, braunen Fingern hier und dort an ihr. «Du lernst es. Es ist gut.» Sie reichte ihn mir zurück.

«Was soll ich jetzt tun?» fragte ich und setzte mich neben ihr auf den Boden. Sie webte die Perlen weiter, dachte einige Zeit nach. Schließlich blickte sie auf und sagte: «Jetzt mußt du schwanger werden.»

«Schwanger?» Ich war überrascht.

«Ja, du mußt dir gewisse ungeborene Dinge einverleiben, bevor du diesen Schild beginnen kannst. Als du den Hochzeitskorb von Red Dog zurückstahlst, hast du gelernt, deinen Schoß zu stärken, damit er das richtige Gefäß für deine Beute werden konnte. Du hast deine Kraft auf deinen Schoß konzentriert, damit du die Aufgabe ausführen konntest. Dein Schoß ist jetzt fruchtbar und kann den nächsten Schild wachsen lassen. Die Samenkörner, die du wachsen lassen willst, mußt du in dir tragen. Für das nächste Treffen mit deinen Hütern mußt du schwanger sein. Ich werde es dir genauer erklären. Was starrst du mich so an?»

«Agnes, wie kannst du von schwanger sprechen? Ich kann nicht schwanger sein...»

«Ach, du wirst es werden.» Ihr ernstes Gesicht begann breit zu lächeln, als sie meinen Kummer sah.

«Oh nein», beteuerte ich.

«Oh doch. In den Augen der Hüter gibt es mehr als nur einen Weg, schwanger zu werden. Keine Sorge, das ist nur, um sie zu überlisten. Es ist wie ein Tanz – ihre Art, zu spielen. Keine Babys mehr, weder für dich noch für mich.» Wieder lachte sie mich an.

«Paß auf. Wir müssen dich schwanger aussehen lassen... binde dir ungeborene Dinge um den Bauch. Ich möchte, daß du ein Ei eines bestimmten Vogels aus einem besonderen Nest holst und hierher bringst. Dann hüllen wir es mit anderen heiligen Dingen und noch vierundvierzig Samenkörnern in einen Streifen Wolfshaut. Das wird alles um deinen Bauch gewickelt, zusammen mit deinem perlenbesetzten Kürbis und Federn. Es ist sehr wichtig, daß wir diesen Eierdiebstahl während des Neumonds morgen Nacht durchführen. Am besten gehen wir jetzt in die Schlucht und suchen ein Nest.»

«Aber Agnes, es wird schon dunkel», sagte ich nervös. «Ich kann doch nicht rumklettern und Eier suchen, wenn es draußen stockdunkel ist.»

«Die einzig richtige Zeit. Ich werde dir helfen.»

Ich folgte Agnes in die Hütte, um rasch ein Stück Brot zu essen, und dann gingen wir in die Nacht hinein, nach Norden die Schlucht hinunter und den Bach entlang. Ich strauchelte und stolperte durch die Finsternis. Agnes riet mir, das Nachtsehen einzusetzen, an dessen Stärkung sie so lange mit mir gearbeitet hatte. Ich stürzte zweimal, doch Agnes schob mich vor sich her, und als ich besser sehen konnte, verfielen wir in einen Trab. Agnes knurrte mich an und trieb uns in stetigem Tempo weiter. Wieder war ich überrascht, wie schnell sie sich bewegte. Sie war flink wie ein junges Mädchen.

Als wir den engen Teil der Schlucht erreichten, konnte ich verblüffend gut sehen. Auf beiden Seiten ragten die zerklüfteten, ausgewaschenen Wände empor, die vor langer Zeit entstanden waren, als der Bach noch ein reißender kleiner Fluß war.

Es war ziemlich leicht, den mürben Granit abzutragen. Ich kannte in der Nähe zumindest einen Fuchsbau. Agnes wurde langsamer, blieb unvermittelt stehen. Wir ließen uns zu Boden sinken, blieben lange Zeit sitzen, beobachteten stumm die Felsen. Agnes hatte mir zu Hause gesagt, daß hier der schwer zu fassende Wintervogel lebe, wie sie ihn nannte. Im Spätfrühling gräbt das Weibchen sich im weichen Gestein eine Höhle für die Eier, oben in der Felswand und sicher vor den Vierbeinern. In dunklen Nächten, zur Zeit des Neumondes vor allem, unternimmt es kurze, rasche Flüge, um die Würmer und Käfer zu jagen, die nur in der Dunkelheit herauskommen.

Agnes ließ mich Felsen beobachten, die rechts von uns aufragten. Ich sah mir jeden Schatten, jede Spalte gründlich an. Der Granit war dort höher und nicht so leicht zugänglich. Die steilen Wände schienen sich gut für einen sicheren und stillen Zufluchtsort zu eignen. Ich lag still, beobachtete mindestens eine Stunde lang. Plötzlich schoß ein Schatten pfeilschnell auf den Boden zu und verschwand. Wieder flitzte er vorbei, wurde in halber Höhe der Felswand unsichtbar. Ich hielt ihn für eine große Fledermaus, aber Agnes meinte, es sei der Wintervogel. Ich hatte sein Versteck in den ersten Stunden entdeckt – ein Zeichen, sagte Agnes, daß ich mich in meine Ostkraft bewegte.

«Ich werde dich jetzt allein lassen. Such den Weg zum Nest. Ich bin in der Hütte.» Sie gab mir etwas, das aus Fell und Tierhaut zu bestehen schien. «Trag diese Maske, wenn du dich an das Nest anpirschst. Sie hilft dir beim Pirschen.»

Die Maske war mir völlig unbekannt. Meine Finger tasteten im dunkeln ihr Gesicht ab. An bestimmten Stellen war der Pelz entfernt worden, damit ein Muster entstand, und auch um Maul und Augen fehlte er. Ich streifte sie über, und sie saß gut auf Kopf und Gesicht.

Agnes ging rasch. Geräuschlos verschwand sie hinter den Pappeln. Das Wichtigste, was mir Agnes über das Pirschen gesagt hatte, war, daß das Werk des Pirschers ein Werk des Überlistens sei, daß du die Beute nie merken lassen durftest, daß du sie anlockst und haben willst. Einen Augenblick sah ich mich mit der Pelzmaske in der dunklen Wildnis kauern – war das wirklich ich? Dann konzentrierte ich mich wieder. Ich fragte mich, ob ich zu dem steilen Überhang hinaufklettern konnte, ohne vom Wintervogel gehört zu werden. Ich wollte, daß der Wintervogel lang genug von seinem Nest fortflog, damit ich ein Ei ergreifen und mich zurückziehen konnte, bevor er bemerkte, was ich tat. Mir war es wichtig, ihn nicht aufzuscheuchen.

Ich rieb mir Hände und Körper mit Blättern ein, damit die anderen Eier keinen menschlichen Geruch annahmen und weiter bebrütet wurden.

Ich fühlte, wie meine angespannten Muskeln steif wurden. Ich wagte nicht, den Kopf zu drehen. Meine Maske aus Tierhaut wurde heiß, und der Ledergeruch verlor sich. Meine

Wangen fühlten sich an, als habe ich einen Sonnenbrand, und mir war, als passe sich die Maske meinem Gesicht an. Ich konnte nicht klar sagen, wo die Maske aufhörte und mein Gesicht begann. Mir wurde immer wärmer. Auf einmal veränderte sich mein Sehen. Die verschiedensten Einzelheiten meiner Umgebung waren deutlicher wahrzunehmen.

Lynn, bei der Pirsch auf den Wintervogel, dachte ich. Ich fühlte mich immer mehr wie ein Vierbeiner, der seinen Bauch dicht am Boden hielt. Ich kroch ein kleines Stück vorwärts. Ich fühlte mich immer mehr als Tier. Es war ein genußvolles Gefühl, und alle meine Sinne schienen verstärkt. Mein Körper entwickelte seinen eigenen Willen.

Das leiseste Geräusch war mir bewußt – jeder Windhauch, jedes Rascheln, Knacken und Knistern. Es wurde spät, und ich hatte keine Ahnung, wie lange ich in meiner Stellung verharrt hatte. Ich wußte aber, wann es Zeit war, mich zu bewegen. Ich suchte mir einen langen Schatten am Fuß der Felsen, kroch in ihm auf allen Vieren still bis unter das Nest. Ich war jetzt nicht weiter als drei Meter entfernt, wagte jedoch keine Bewegung. Ich blieb unbeweglich, atmete kaum, wartete auf den nächsten pfeilschnellen Vogelschatten. Endlich zeigte er sich – ein schwarzer Umriß, der dicht an mir vorbei nach rechts flog. Der Rand des winzigen Nests in der Höhle schien schwach zu leuchten. Wenn ich auf ein paar Felsblöcke stieg, konnte ich es mit einem Satz erreichen.

Ein zweiter Wintervogel stürzte auf einmal aus dem Nest herab und schlug dieselbe Richtung wie der erste ein. Verstohlen schob ich mich voran, sprang auf den ersten Block, auf den Zweiten, dann preßte ich mich an die Felswand. Ich wußte, daß mich die Maske in gewisser Weise veränderte, doch der Gedanke kam mir nicht, daß sich mein Bewußtsein ebenfalls wandelte. Als ich nach dem Nest tastete, löste sich ein seltsamer Ton aus meiner Kehle. Im Nest lagen gut gepolstert drei Eier, und ich nahm eins.

Für einen Augenblick erfaßte mich ein außerordentliches Hochgefühl. Eine Sekunde hatte ich rein instinktiv, ohne jedes Überlegen gehandelt. Unglaublich flink richtete ich mich auf, sprang in die Schatten der Felswand. Schnell war ich verschwunden, rannte mit sicheren Schritten an den Pappeln vorbei, trug das Ei mit beiden Händen. Ich befand mich in einer Art Verzückung. Tief in mir war ein ungewohntes Knurren. Bevor ich die Lichtung betrat, blieb ich stehen und sah mich unsicher um. Ich legte das Ei ins weiche Gras und versuchte, die Maske abzunehmen. Mein Gesicht war taub. Ich bekam panische Angst; die Maske schien an meinem Gesicht zu kleben. Sie schmiegte sich fest an mein Kinn und ließ sich dort nicht lösen. Es war, als sei ich von den Schultern an aufwärts zum Tier geworden. Ich legte mich mit der Seite auf den Boden, rollte mich schützend um das Ei zusammen. Ich zog immer wieder an der Maske, weil ich die seltsamen Illusionen beenden wollte, die sie hervorrief. Doch ich hörte mich knurren, und dann kostete es mich große Mühe, das Ei nicht zu verschlingen. Mir kam der Gedanke, daß mir Agnes eine Kraftmaske mit genau dieser Wirkung gegeben hatte. Mein Urteilsvermögen hatte sich verwirrt, aber irgendwie wußte ich, daß ich von der Maske eher lernen als gegen sie ankämpfen sollte. Ich war in einem wölfischen Bewußtsein gefangen. Ich wußte, wenn ich einen Wolf oder einen Vielfraß sähe, würde ich mich mit ihm auf eine unaussprechliche Weise unterhalten können. Ich fragte mich, wie oft ich in anderen Leben ein Tier gewesen war, fragte mich, wieso die meisten Menschen denken, die Tiere wären irgendwie weniger bewußt als die Menschen.

Feuer-das-vom-Himmel-fällt-Schild

Ich lag wie ein kleines, pelzbedecktes Geschöpf auf der Erde und beschützte mein verbotenes Ei. Ich fühlte mich schwächer, aber die Instinkte Hunger und Überleben waren stärker. Sanft begann ich das Ei zu lecken. Plötzlich war ich wachsam. Ich nahm das Ei hinab an meinen Bauch, spähte in alle Richtungen. Ich spürte eine Gefahr, obwohl ich nichts gehört hatte. Mir wurde bewußt, daß sich über mir ein auffällig leuchtendes Augenpaar befand. Da sprang mich aus den Schatten heraus eine undeutliche Gestalt an, riß mir die Maske ab, und das Ei war verschwunden. Eine Grundregel des instinktiven Selbstschutzes war verletzt worden. Ich wurde zutiefst verwirrt und fiel in Ohnmacht.

Als ich zu mir kam, lag ich auf dem Rücken, auf der Hüttenveranda. Ich versuchte die Augen zu öffnen, aber meine Lider waren wie mit Wagenschmiere verklebt. Agnes saß in meiner Nähe. Sie legte mir eine Hand auf den Kopf, die andere auf den Solarplexus.

«Bleib eine Weile still liegen», sagte sie.

Ich hatte hinter den Augen einen schlimmen Kopfschmerz. Ich wollte mich aufsetzen; Agnes hielt mich jedoch auf.

«Entspann dich», befahl sie. «Ich möchte dir etwas sagen.»

Sie hatte die Maske im Schoß und hob sie hoch – mir direkt vor das Gesicht. Es war ein Vielfraß.

«Das ist dein Tod – einer deiner Tode», sagte sie mit zorniger Stimme. «Alles, was von einem Leben übrig ist. Du warst einst der Geist dieses Wesens – eines Vielfraßes. Und jetzt halte ich es vor dir in meiner Hand – und du blickst es aus stolzen Menschenaugen an. Es könnte eine Maske aus Stein oder Licht oder dein Spiegel sein, auf jeden Fall ist sie immer ein Lehrer, durch den die Wahrheit sichtbar wird. Du hast so viele Masken getragen. Du hast gelernt, mit ihnen eins zu sein, zu ködern. Nur wenige sehen, daß du jeden Augenblick Wissen ansammelst. Du bist die große betrügerische Imitatorin.

Diese Vielfraß-Maske ist alt und sehr mächtig. Sie hat die Kraft, dich über das Imitieren hinaus bis in ihr Leben zurückzuführen. Heute nacht kam sie zu dir. Du hast sie willkommen geheißen. Du warst bereit für die Reise. Ich wußte nicht, daß die Maske dich gefangen nehmen würde, sah aber viele unheilverkündende Zeichen. Ich eilte zurück und suchte dich. Ich war eben rechtzeitig bei dir. Wenn du das Ei in dem Zustand, in dem ich dich fand, gegessen hättest, wärst du nie zurückgekehrt.»

«Das Ei», sagte ich. Ich versuchte, mich aufzusetzen.

«Hier.» Agnes hielt das kleine, braune Ei hoch. Sie reichte es mir.

«Vorsichtig», sagte sie.

Es war warm, und ich hielt es behutsam, wollte es kaum glauben. Ich dachte an die Ereignisse der Nacht, und sie erschienen mir wie ein Traum. Nur mein sehr empfindliches Gesicht und das Ei zeugten von den Anstrengungen.

«Die Maske war so voller Kraft. Wie konnte sie mich so verwandeln? Du hättest mich warnen sollen.»

«Da hätte ich dir etwas weggenommen. Wenn du die Erfahrung gemacht hast, ist es an der Zeit, Ratschläge zu geben. Du warst erfolgreich – ein gutes Zeichen. Komm. Nichts mehr reden. Ich glaube, es ist Schlafenszeit.»

Der Tag war schon vorgerückt, als ich aufstand und endlich ein wenig zu mir nahm. Ich hatte einen Druck auf den Ohren und mochte nicht sprechen. Agnes schlug einen kleinen Spaziergang vor. Als wir ins Freie kamen, sah ich, daß sie eine alte Kürbisrassel hielt. Sie rollte sie mir ab und zu über den Kopf. Es klang anders, als die Rasseln, die ich kannte.

«Wieso klingt sie so komisch?»

«Weil winzige Edelsteinsplitter in ihr sind», sagte Agnes, schüttelte sie lächelnd. «Wenn die Edelsteine richtig verwendet werden, sprechen sie zur Kristallwelt. Edelsteine bewahren Kraft, Halbedelsteine geben Kraft. Lausch und hör, wie sie zu dir spricht. Sie wird dir deine körperlichen Beschwerden nehmen.»

Agnes hielt die Rassel an mein rechtes Ohr und schüttelte sie. Ich hatte das Gefühl, meine Ohren platzten auf. Der Klang war auch tröstlich und lullte mich in einen sehr entspannten Zustand ein. Ein wunderschöner Klang.

«Darf ich sie anfassen?»

Agnes gab mir die Rassel. Sie war ganz mit Perlen überzogen, mit einem Peyote-Muster aus alten Glasperlen bestickt, die rot, schwarz, gelb und weiß waren. Am runden Ende war eine Adlerfeder angebracht. Ein äußerst gutes Gefühl, sie in den Händen zu halten. Ich schüttelte sie ständig während des Gehens. Als wir zur Hütte zurückkehrten, war ich wie neugeboren. Der Druck in meinen Ohren war gänzlich verschwunden.

«Wir werden jetzt nichts essen», sagte sie, als sie Tee bereitete. «Wir werden ein wenig Tee trinken und uns ausruhen. Bei Sonnenuntergang werden wir die Pfeife rauchen. July und Ruby wollen kommen. Du wirst die Hilfe von uns allen brauchen, um deine Hüter in Stimmung zu bringen. Du wirst ein besonderes Bündel tragen, wenn du dich der Heyoka-Grenze zuwendest. Es wird das Ei des Wintervogels, Kräuter und die vierundvierzig Samenkörner enthalten und dir umgebunden werden. Du wirst an einen Ort geführt, wo du schon einmal warst – wir feierten dort gemeinsam die Zeremonie der Mutter-Rassel. Er ist für Frauen ein Platz der Initiation und Kraft. Du mußt sehr stark, sehr zäh sein. Ein Feigling wird aus der Welt der Gegensätze allein nicht zurückkommen. Das ist kein Sonntagsspaziergang. Den Hütern gegenübertreten ist ein gefährliches Unternehmen. Wenn die Hüter deinen Köder entdecken, kann ich für nichts garantieren. Ich sage dir noch eins. Du mußt jenseits der Grenze entspannt sein. Wenn du angespannt und starr bist, verschenkst du die Erfahrung. Du kannst zerspringen oder entzweibrechen.»

«Klingt wie Humpty Dumpty». Ich wollte witzig sein.

Agnes blickte ernst und abweisend, und ich kam mir ungeschickt vor.

Ich ruhte mich aus, bis Agnes sagte, es sei Zeit, anzufangen. Sie ließ mich einen Stapel Decken zu einem nicht allzu weit entfernten Gehölz aus immergrünen Pflanzen tragen. Eine Decke breitete ich am Boden aus, und Agnes setzte sich im Westen auf sie. Sie legte sorgsam einige Gegenstände vor sich aus. Dann nahm sie aufmerksam ihren Pfeifenbeutel und zog die beiden Teile der Pfeife hervor. Ein Wind begann sich zu regen, und sie hüllte sich in eine Wolldecke, deren Schwarz und Grau im weißlichen Zwielicht aufging.

Der rote Stein ihres Pfeifenkopfes ruhte in ihrer linken Hand. Sie führte ihn an ihre Wangen und die Stirn. Dann nahm sie den alten, gebogenen Stiel aus seiner roten Stoffhülle. Sie hielt beide über den Kopf, brachte die Pfeife ihrem Volk dar und paßte den Stiel in den gemeißelten Kopf ein, und die Pfeife war fertig. Aus ihrem hirschledernen Tabaksbeutel holte sie getrocknete Blätter, die stechend rochen, zerkrümelte sie und gab sie unter Gebeten in die Pfeife. Den Kopf umfaßte sie mit der Linken, den Stiel mit der Rechten, und so hielt sie sie über ihren Kopf und richtete noch einmal Gebete an den heiligen Kreis ihrer Ahnen. Dann drehte sie den Stiel zur Mutter Erde, um ihr unseren heiligen Rauch darzubringen, damit wir den Medizinpfad mit der Weißen Biber Frau gehen konnten, die dem Volk der Cree die heilige Pfeife gebracht hatte. Sie rief die Kräfte der vier Richtungen herbei und gab für alle Lebewesen auf der Erde Tabak und Gebete in den Pfeifenkopf.

Agnes zündete die Pfeife an, und ihr Atem sog die Kraft von Frau und Flamme durch den Tabak, bis er in hellem Gelb und Rot durch die Dämmerung leuchtete. Ich sah ihr Gesicht durch den Rauch, der sich aus der Pfeife emporringelte. Sie ließ den Stiel im Sonnensinn kreisen und reichte ihn mir. Ich sog den heißen Rauch durch den Holzstiel, zog ihn in die Lungen, und er wärmte mir das Herz. Ich schloß die Augen und träumte einen Augenblick von den Mächten in der Höhe und in der Tiefe und gab mich dem Atem der heiligen Mutter hin, den ich in meinen Lungen hielt. Er drang in Körper und Seele ein. Ich gab Agnes die Pfeife zurück. Sie nahm sie, hielt sie ihr Volk feiernd in die Höhe und zerlegte sie.

Dann räucherte sie alles mit einem qualmenden Strang Süßgras und begann ihre Sachen einzupacken.

Ich blickte auf und sah Ruby und July hinter ihr stehen. Ich hatte sie nicht kommen hören und wußte nicht, wie lange sie schon da waren. Ich wollte sie ansprechen, aber Ruby gab mir ein Zeichen, still zu sein und zu warten, bis Agnes ihre Pfeife eingepackt hatte. Als alles verstaut war, streckte Agnes die Hand aus und tätschelte mir das Handgelenk.

Wir nahmen alles an uns. Ruby trug in einer Decke etwas Großes, das sie etwa dreißig Schritte von der Stelle entfernt ablegte, an der wir geraucht hatten. Die Frauen drehten mich

Die Lehren der Medizinfrau

mit dem Gesicht nach Osten, und Ruby legte mir eine Hand auf den Bauch, drückte leicht.

«Sie ist bereit», sagte sie zu Agnes.

Agnes und Ruby entkleideten mich und reichten July die Sachen. «Bring sie in die Hütte», sagte Agnes zu ihr.

July ging. Agnes schlug die Decke auf dem Boden auf. Der Inhalt versetzte mich in Unruhe. Ich bückte auf etwas Pelzbesetztes herab, und mein Körper verspannte sich. Ich machte weniger aus Angst als vor Überraschung einen Schritt zurück. Wärme strömte in meine Magengrube ein.

«Schütz ihre linke Seite», sagte Agnes.

Ruby ging um mich herum, stellte sich mit dem Rücken zu mir links auf.

«Was ist das da?» fragte ich.

«Das heißt Donnergürtel», meinte Agnes. «Er ist dein Helfer. Nimm ihn und bete mit ihm.» Sie gab ihn mir.

July war von der Hütte zurückgekehrt. Ich betrachtete das sonderbare, pelzbesetzte Ding näher. Es hatte genau die graubraune Farbe, die mir typisch für den Herbst schien. Es hatte den Umriß einer Birne mit einer leicht ausgehöhlten Stelle, die genau unter meine Brüste und über meinen Bauch paßte. Ruby und Agnes befestigten das Bündel mit Rohlederstreifen an mir. Ich wurde ein wenig verlegen. July sah aufmerksam zu. Ein Windstoß blies ihr das dunkle Haar sanft aus dem Gesicht. Als ich sie ansah, lächelte sie.

«Ich fühle mich wirklich anders», sagte ich.

«Du bist schwanger», sagte Agnes mit ernster Stimme. «Das heißt mit dem Mutterschaftsweg die Hüter überlisten. Wir hatten gute Zeremonien und wissen, daß du willkommen bist. Als du die Maske trugst, hast du andere Leben in dir erkannt, und das war das richtige Zeichen.»

«Weshalb muß ich sie überlisten? Gibt es keinen anderen Weg?»

«Sie mögen es, überlistet zu werden, und achten dich dann sehr.»

Rubys Augen schimmerten seltsam. «Ja. Für die leuchtenden Wesen bist du schwanger. Sie sehen den leuchtenden Betrüger – das falsche Leben in dir.»

«Agnes, wolltest du deshalb das Ei des Wintervogels, hast du dir deshalb solche Mühe gegeben, die vierundvierzig Samenkörner zu finden?»

«Um den leuchtenden Betrüger anzufertigen», sagte Agnes. «Um die Hüter zu veranlassen, zu dir zu kommen und dich durch die Grenze zu führen.»

«Fühlst du dich nicht schwanger?» fragte Ruby.

Ich überlegte einen Augenblick. Mir war sehr sonderbar, leicht übel. Wenn ich je vergessen haben sollte, wie es im letzten Stadium der Schwangerschaft war, so fiel es mir jetzt wieder ein. Ich fühlte mich wie eine überempfindliche, vollgestopfte Kröte.

«Ja, ich fühle mich sehr schwanger. Ob ich wohl Zwillinge bekomme?»

Wir lachten alle. Ruby legte eine Kette um meinen Hals. An ihr hingen verschiedene Stücke zerbrochener Muscheln, Tonscherben, mit verknoteten Schnüren zusammengebunden, alte Glasperlen und Tierzähne, alles ineinander verdreht.

Ich faßte nach der Kette, wollte sie mir genauer ansehen. Ruby hielt meine Hand fest. «Nein», sagte sie streng. «July, leg ihr die Decke um.»

July nahm die alte Decke, in die der Donnergürtel gewickelt gewesen war, und legte sie mir um die Schultern. Wenn mich jetzt die Leute in Kalifornien sehen könnten, dachte ich. Agnes teilte mir mit, daß es sich bei der Decke um eine Geburtstagsdecke handelte, daß viele Kinder genau auf der Decke das Licht der Welt erblickt hatten, in die ich gehüllt war.

Als letztes reichte mir Agnes eine rote Tonschale, aus deren Öffnung etwas ragte, das sie den Kratzstock nannte. Sie sagte, daß ich Schale und Stock vielleicht brauchen könnte, um etwas für meinen Schild zu sammeln. Ich fragte sie, was sie meinte, und sie antwortete, die Aufgabe bestehe darin, daß ich es selbst herausfinde.

Wir machten uns alle auf den Weg zu dem heiligen Ort, wo wir vor langer Zeit eine Rasselzeremonie abgehalten hatten. Wir gingen um die rechte Ecke der Hütte und durch einen breiten Spalt in den schwarzen Felsen, der nur zu entdecken war, wenn du in einer ganz bestimmten Richtung auf ihn zugingst. Wir liefen den schmalen, gefährlichen Steig hinab, der in eine nackte Felswand abbrach. Ich gab bei jedem Schritt acht und preßte meinen unbeholfenen und schwangeren Körper gegen die glatte Felswand, um im Gleichgewicht zu bleiben. Wir querten eine flache Felsverschneidung und standen am steilen Rand eines tiefen Abgrunds. Im Osten stieg eine mächtige Wand stolz und fest vom Boden der Schlucht auf, die beinahe rund aussah. Sie hatte einen Durchmesser von etwa sieben bis acht Meter und wirkte fast wie ein vorgeschichtliches Amphitheater. Agnes, Ruby und July gingen nicht mit mir hinab und schlugen einen anderen Pfad ein, und als ich unten ankam, hatten sie den Felsring oben erreicht. Sie nahmen drei der Himmelsrichtungen ein: July stand im Süden, Agnes im Norden und Ruby im Westen. Mir war gesagt worden, mich neben einem kleinen Steinhaufen nach Osten zu wenden. Mich nach Osten wenden hieß, die nackte Felswand mit ihren purpurnen, rosa, grauen und schwarzen Schichten vor mir zu haben. Ich kam mir unbedeutend vor, als ich die massive Wand emporblickte, auf der das letzte Sonnenlicht lag. Ich spürte den Westwind über mich hinwehen.

Ich stellte die Tonschale und den Kratzstock neben meine Füße, zog dann mit Tabak einen heiligen Kreis um mich. Ich verlieh der Linie Kraft, indem ich Gebete sprach, wie Agnes mir aufgetragen hatte. Ich brauchte recht lang für diese einleitende Zeremonie und spürte, wie in meinem Körper feine Veränderungen geschahen – ein Aufgehen, ein Weiten wie gegen Ende der Schwangerschaft, wenn sich dein Körper auf die Geburt vorbereitet. Ich sang vor der Wand mein Geburtslied und bat meine Hüter, sich mir zu zeigen.

Agnes rief plötzlich meinen Namen von Norden her.

«Hallo, Lynn.» Die Worte wurden laut zurückgeworfen, rissen die Stille entzwei. Die Echos kamen wiederholt, verklangen dann langsam. Dann riefen July aus dem Süden und Ruby aus dem Westen. Jede Stimme hatte eine andere Wirkung auf mich, wirkte auf andere Teile meines Körpers ein.

Auf einmal riefen ihre Stimmen meinen Namen gleichzeitig aus. «Hallo, Lynn.»

Ein Sturzbach von Klängen überschlug sich, stürmte klirrend auf meine Ohren ein – «Hallo hallo Lynn Lynn.» Wieder und wieder. Ich versuchte, mich in mein Inneres zurückzuziehen, um den ohrenbetäubenden Echos zu entgehen, aber mein Körper wurde bis in seine Tiefen hinein erschüttert. Die Echos bildeten weiter eine wahnsinnigmachende Klangwolke. Das Gefüge meines Namens war Echo, hüllte mich wie ein Kokon ein, und ich spürte, wie mein Körper in winzige Stücke zerschmettert wurde, die wie Funken in den Raum stoben.

Das Getöse wurde tiefer und lauter, flatterte heiß und trokken, als würden neben meinen Ohren tausend Fledermäuse mit den Flügeln schlagen. Ich sah vogelartige Schatten von mir fortziehen, aus mir springen. Ich hatte keine Ahnung, was das für Wesen waren, wußte aber, daß sie mich flohen. Ich dachte, vielleicht sterbe ich und kehre zurück in das Eine, und sie verlieren ihre Wirtin.

«Weshalb solltest du das Recht haben, geboren zu werden?» hörte ich eine nachhallende Stimme sprechen. «Du warst das, was du bist. Niemand sonst kann je sein, was du bist, und du hast es mitgenommen. Weshalb wirst du geboren, wenn so viele zu Unrecht gestorben sind?»

Die Wand vor mir schien sich in zwei Hälften auseinander zu schieben und aufzureißen und enthüllte ein schlangenförmiges Licht. Es war, als sei eine Schale zermalmt worden, eine Schale, die die Sonne enthielt. Es war unmöglich, in das Licht zu blicken. Ich erkannte mit Schrecken, daß das Licht aus meinem Inneren zurückgestrahlt wurde, und was ich sah, war mein Ich, das aus dem großen Mysterium des Lichts in diese Welt der Dunkelheit gerissen wurde.

«Leb wohl, Lynn. Leb wohl, Lynn.» Mir schien, der Klang war hinter mir zu einer Wesenheit verschmolzen, die ihr eigenes Leben hatte, die mit meinen Gedanken verschmolz und sie auseinander zerrte. Als ich die Stimmen hörte, fuhr ich herum. Mein erster Gedanke war, Agnes und Ruby wären vom Felsrand herabgekommen und stünden außerhalb des Kreises hinter mir. Ich sah jedoch zwei Säulen, die grau leuchteten.

«Wer seid ihr?» fragte ich. Die Angsttränen auf meinem Gesicht fühlten sich kalt an im Wind.

«Wir sind deine Lehrer von der anderen Seite. Du bist von den Hütern hierher eingelassen worden. Statt Liebe lehren wir Haß. Das ist die Wahrheit. Wir sind die linke Hand der Kraft. Wir können dich nicht täuschen. Statt Kraft lehren wir Schwäche. Das ist die Wahrheit. In unserer Runde sind die Männer voller Macht und die Männer tragen die Leere. Wir sind Medizinmänner, die ihre Macht Medizinfrauen gegeben haben. Das ist die Wahrheit. Wir sind die Beschwörer des Schmerzes und der Täuschung. Hier gibt es keine Grenzen. Hier suchen wir das Wesentliche.»

Hatte ich Körper und Verstand weggeworfen? Ich war erschrocken, und mein Schrecken verwandelte sich in einen unerträglichen Schmerz in meinem Bauch – ein Zerren und Ziehen wie die Schmerzen in den Wehen.

«Seid ihr Agnes und Ruby?» fragte ich.

Die leuchtenden Lichtsäulen begannen sich aufzulösen. Die Formen, von denen ich angenommen hatte, sie könnten Ruby und Agnes sein, begannen zu kreisen und waren dann nicht mehr.

Zwei junge Männer standen vor mir und sahen mich stumm an. Sie wirkten aggressiv, stark, waren hager und sahen bösartig aus. Sie trugen Jeans, Cowboystiefel und langärmelige Wildwesthemden. Sie ähnelten den jüngeren, männlichen Ausgaben meiner Medizinfrauen. Ich betrachtete jede Pore ihrer dunklen Gesichter, jeden Muskel an ihren Händen. Ich fühlte mich von dieser Wirklichkeit wie vergewaltigt. Wie konnte sie sein?

Schließlich fragte ich mit schüchterner Stimme: «Welche Kräfte habt ihr?» Ich wußte nicht genau, ob ich es ausgesprochen oder gedacht hatte.

«Wir kennen alle Geheimnisse, aber wir wissen nichts über das Offenbarte. Wir haben die Heyoka-Kräfte, um die du dich jenseits der Grenzen bemüht hast. Wir sind die drunter und drüber, vorwärts wie rückwärts entgegengesetzten Frauen-Männer. Wir gehören dem gewundenen Weg an, der sich in sich selbst zurückgabelt. Zu uns gehört der zornige Coyote, der den Frieden kennt. Wir haben dich zum Clown gemacht, und wir werden dich als Clown zum Narren halten. Glaub uns, oder wir werden sterben, so wie wir an dich glauben müssen, sonst wirst du sterben. Wir sind die Abtrünnigen der Kraft. Diese Medizin wird in dir leben und ihren Zauber entfalten.»

«Hallo, Lynn.» Da hörte ich die Stimmen gemeinsam sprechen und von Fels zu Fels hallen. Der Klang bedrohte mich in meiner Fähigkeit, zusammenhängend zu denken, und ein Wort folgte dem anderen wie in einem Trauerzug des Klangs, der in meiner Wahrnehmung einen breiten Riß zurückließ.

«Hallo, Lynn. Hallo, Lynn. Hallo, Lynn.»

Ich sah, wie sich Agnes und Ruby langsam von mir zurückzogen und dabei ihre Männlichkeit aufgaben, schließlich ganz in der Dunkelheit verschwanden.

Da erblickte ich ein blendend silbriges Licht, und mir wurde plötzlich ganz heiß. Ich wurde nach hinten geschleudert. Meine Flugbahn kehrte sich aus irgendeinem Grund um, und ich wurde nach vorn geworfen. Ich schoß einen gerippten Tunnel hinab, als erlebte ich das Mysterium der Empfängnis und Geburt. Als nächstes fand ich mich innerhalb des Kreises auf dem Boden knien, die Schale zwischen meinen Beinen. Ich spürte den sanften Wind und hatte im Magen ein leichtes Gefühl der Übelkeit. Ich erhob mich mit der Schale und verließ den Kreis, wie ich ihn betreten hatte. Ich wußte, ich war nicht mehr schwanger. Ich hatte mich selbst geboren. Weinend ging ich zur Felswand. An einer rötlichen Stelle begann ich mit dem Kratzstock zu schaben. Die Oberfläche leuchtete, während ich kratzte, wie das Licht der Dämmerung auf. Die winzigen Teilchen, die in die Schale fielen, schienen Teil des göttlichen Fleisches zu sein – die Substanz Gottes.

Feuer-das-vom-Himmel-fällt-Schild

Ich wußte, ich wagte mich in einen unbegreiflichen Bereich der Ekstase und des Schmerzes, die mein Fühlen zerrissen. Das spiegelte sich irgendwie in der Schönheit des Steins und in meiner Einwirkung auf ihn. Ich berührte ihn liebevoll mit den Fingern. Die glatte rote Oberfläche wurde weich und gab unter dem sanften Druck nach. Sie fühlte sich wie elastische Haut an. Als sie sich lockerte, gab auch in meinem Inneren etwas nach. Ich erlebte, wie meine Muskeln tief in mir sprangen, als sei ich ein Musikinstrument, dem frische Saiten aufgezogen wurden, um eine neue Harmonie zu schaffen. Mit jedem Kratzen am Felsen kam ich dem Kern näher. All das Theater und die Gedanken und die falschen Gefühle, die ich mit mir geschleppt hatte, wurden aus meinem Organismus gespült. Ich wußte auf einmal, daß böser Zauber und schwarze Magie sich der Liebe widersetzen, und daß dieser Stein mir durch seine Nachgiebigkeit, seine Verletzlichkeit beibrachte, was Anteilnahme ist. Ich empfand die Mischung aus Fels, Klang, Gefühlen und Liebe als alchemistische Destillation. Ich wußte, dies war der Tod meiner Anlagen zur Destruktion, denn um diese Erfahrung zu machen, hatte ich so viel loslassen müssen.

Tränen strömten mir übers Gesicht. Mir war, als stehe ich vor einem Schrein voll tiefer Bedeutung, und die Gottessubstanz nahm mehr Anteil an allen Dingen, als ein Mensch je fassen konnte. Ich sank auf die Knie und weinte vor Freude, bis ich spürte, wie mir Agnes die Hand auf die Schulter legte.

Agnes weigerte sich später in der Hütte, mit mir über die Vision zu sprechen. Sie sagte, über sie zu sprechen würde sie aufheben, und ich solle mich bemühen, die Vision immer in mir zu tragen.

«Ganz zum Schluß bist du mit dem Bösen verschmolzen

und gingst hindurch zur Liebe. Gib die Erfahrung und die Liebe in deinen Schild.» Sie erklärte, der Ostschild sei ein verkehrter Schild, und daß ich sein Gesicht auf der Innenseite anbringen sollte.

Sie sagte auch, daß der Ostschild ein formloser Schild sei, daß ich ihn machen könne, wie ich es für richtig hielt, solange mir durch ihn die Vision bewußt blieb. Sie wies mich an, nicht wie gewohnt über mich nachzudenken, sondern mich von den Heyoka-Führern leiten zu lassen. Ich sollte meinen Geist den Schild machen lassen. Agnes meinte, daß der Heyoka-Schild eigentlich gar kein Schild sei, sondern das Bekenntnis, den Geist angenommen zu haben.

«Die Heyoka-Schilde, die in den Museen hängen, sind immer rätselhaft geblieben», sagte sie. «Über ihre Kräfte wurden phantastische Geschichten erzählt, einige wahr, andere unwahr. Der Heyoka-Schild kam den meisten Nicht-Indianern verrückt vor, wie etwas Grobes, von Wilden gemacht, die nicht einmal in der Lage waren, sich zu verteidigen. Doch wenn ich einen Heyoka-Schild sehe, weiß ich, daß ich etwas betrachte, was ein normaler Mensch nicht verstehen kann. Was ich sehe, kommt mir entgegen, denn ich sehe den Schild eines Heyoka und bin voller Freude. Es handelt sich um einen Schild, der sagt: ‹Ich täusche dich nicht. Ich habe mich mit dem Lächerlichen beraten. Mich setzt nichts in Erstaunen, denn ich weiß, alles ist der Wille des Großen Geistes.›»

«Wenn du nicht über meine Vision sprechen willst, wirst du mir dann sagen, was ich wirklich tue, wenn ich meinen Heyoka-Schild anfertige?»

«Du versuchst, deinen Kreis zu vervollständigen.»

«Was heißt das?»

«Alle, die geboren sind, gehören einem Kreis an.»

«Verstehe ich nicht.»

«Erst wenn du deinen Kreis vervollständigt hast, wird die Kraft mit dir sein.»

«Meinst du einen Kreis von Menschen?»

«Ja. In deinem Fall einen Kreis von Frauen. Die Aufgabe für die Jägerin, für die Kriegerin besteht darin, genügend persönliche Macht anzusammeln, damit du in deinen Kreis eintreten kannst, wenn du ihn gefunden hast.»

«Wie mache ich das?»

«Du findest deinen Kreis nur, wenn du bereit bist, und nur wer nahe vor der eigenen Vollendung steht, wird in diesem großen und würdigen Kampf erfolgreich sein. Seit dem Tag deiner Geburt ruft dich dein Kreis. Du hattest nie die persönliche Kraft, ihn zu hören. Du bist in der Vergangenheit denen aus deinem Kreis oft begegnet, aber sie waren für dich unsichtbar. Es liegt an dir, nie am Bestehen dieser Schwesternschaft zu zweifeln. Bevor du in deine Gemeinschaft eintreten kannst und von ihr anerkannt wirst, mußt du viele Dinge lernen. Wenn du dich ihr anschließt, wirst du beschenkt, und ihre Kraft wird deine Kraft.»

Agnes lenkte meine Aufmerksamkeit auf meine Seite und wollte nichts weiter über den Ostschild sagen. Mir fiel ein, daß mir ein Freund einst gesagt hatte, daß dir, wenn du das Göttliche siehst, alles ungeheuer komisch vorkommt. Ich hatte ein ähnliches Gefühl, als ich den Ostschild anfertigte. Ich sah mir immer wieder die seltsame Ansammlung von Materialien an – das, was ich vom Fels gekratzt hatte, die alte Maultierhaut, krumme Holzstücke, Eulenfedern, kleine Plastiktipis als Schlüsselanhänger, eine Kürbisrassel ohne Samenkörner im Innern, ein Jagdmesser mit einer abgebrochenen, rostigen Klinge, einige Tauschmünzen aus Holz mit Indianerköpfen, ganz zu schweigen von den Hühnerknochen und dem alten, knorrigen Heyoka-Pfeil, dessen Spitze nach hinten wies – und mir wurde bewußt, wie absurd das menschliche Dilemma war. Beim Zusammenbau des Schildes lachte ich immer wieder grundlos. Jeder Schritt kam mir noch lächerlicher vor, bis ich plötzlich laut loslachte. Ich wußte, ich durfte schlampig arbeiten, und auch das war wunderbar. Der Schild sah allmählich wie eine Ansammlung von Kitsch aus der indianischen Medizinwelt aus.

In dem gesamten Ablauf schien eins sehr wichtig zu sein, nämlich herauszufinden, wie das abgeschabte Pulver von der Heyoka-Grenze zu verwenden sei. Schließlich mischte ich es mit meinem Speichel und arbeitete es in die ganze Maultierhaut ein. Ich wollte eben die letzte Eulenfeder am Rand anbringen, als Agnes erschien und sie mir aus der Hand nahm.

Sie lächelte mich an. «Ein Heyoka-Schild wird nie vollendet. Jetzt kommt eine Zeit, in der du besonders vorsichtig sein mußt. Denk dran, daß ein Heyoka-Schild den Feind anzieht. Er ist zwar nicht vollendet, hat aber für die, die ihn verstehen, eine gewaltige und unwiderstehliche Kraft. Achte auf alles, was du tust. Du bist jetzt ganz sicher auf dem Weg. Du bist in meine Heyoka-Welt eingeweiht worden.»

Als ich am nächsten Morgen mit dem Schild fertig war, fuhr ich nach Crowley, um Ruby ein paar Stangen Zigaretten zu besorgen. Ich kaufte sie im Laden und beschloß dann, in eine kleine Stadt in der Nähe des Reservats zu fahren und einen Bissen zu essen. Ich spielte auch mit dem Gedanken, Geschenke für Agnes, Ruby, July und auch Ben und Drum zu kaufen. Als ich den Ort erreichte, starrten mich die Einwohner an. Das taten sie wohl, weil ich hier fremd war. Ich interessierte mich merkwürdigerweise für die sauberen und behaglich wirkenden Häuser. Die Gärten waren hübsch und ordentlich. Es war kaum Verkehr, und die Ortsmitte umfaßte nur ein paar Straßenzüge. Ich fuhr durch eine dieser Kleinstädte, wie es sie überall gab. Ich parkte und aß ein Sandwich. Als ich aus dem Café kam, sah ich eine alte Frau, in eine Indianerdecke gehüllt, das weiße Haar zu einem Knoten geschlungen. Sie trug einen Stapel vergilbter Zeitschriften. Nach einem Augenblick erkannte ich in ihr die Frau, die ich drüben in Crowley im Laden gesehen hatte.

«Sind Sie nicht Phoebe?» fragte ich.

«Ja, ich glaube schon.» Phoebe trug dasselbe bedruckte Kleid, in dem ich sie das letzte Mal gesehen hatte. Der Stapel in ihren Händen war dreißig oder vierzig Zeitschriften dick. Sie hatte ihr Kinn auf ein Bild von Marilyn Monroe gepreßt.

«Helfen Sie mir beim Tragen», sagte sie und reichte mir den Stapel. Mir blieb nichts anderes übrig, als ihn zu nehmen. Ich packte ihn, damit er nicht auf den Bürgersteig fiel.

«Es ist nicht weit bis zu mir», sagte sie.

Ich begann mich zu ärgern. Ich hielt es für reichlich dreist von Phoebe, anzunehmen, ich würde sie nach Hause fahren. «Ich bin ziemlich in Eile.»

«Ich auch», sagte sie und drückte mich ganz leicht am Arm, in Richtung Wagen. Da war mir unmißverständlich klar, daß ich mich um sie kümmern mußte. Phoebe ging direkt zu meinem Wagen und nahm auf dem Rücksitz Platz. Ich fragte mich, woher sie meinen Wagen kannte. Ich mußte die Last der Zeitschriften auf die Kühlerhaube legen, um die Tür zu öffnen, die sie zugeschlagen hatte. Sie machte keine Anstalten, mir zu helfen, als ich die alten Zeitschriften auf den Sitz neben ihr stopfte. Ich setzte mich ans Steuer.

«Okay, wohin, Phoebe?»

«Sie werden's schon finden», sagte sie. «Die Straße entlang.»

Ich hatte keine Ahnung, wohin ich fuhr und wurde mit jeder Minute zorniger. Phoebe begann mit hoher, brüchiger Stimme zu singen. Das Lied ergab keinen Sinn und konnte von einem Kind stammen, das Papierfiguren ausschnitt. Ich fragte mich, ob sie geistig zurückgeblieben war. Ich fragte sie immer wieder, ob wir schon in der Nähe ihres Hauses wären. Wir hatten schon jede Straße des Städtchens abgefahren. Phoebe verneinte.

«Biegen Sie hier ab», sagte sie und zeigte auf eine lange unbefestigte Straße, die von Bäumen gesäumt war. Nach etwa drei Kilometern hielt ich an einem verfallenen Haus an, dessen Schindeldach eingestürzt war. Die Fenster waren alle zerbrochen und mit Brettern vernagelt.

«Das Haus ist unbewohnt», sagte ich. «Hier können Sie nicht leben.»

«Ich hab' hier einmal gewohnt», sagte Phoebe.

«Kommen Sie, Phoebe. Mich interessiert nicht, wo Sie früher gewohnt haben. Ich muß in die Stadt zurück. Sagen Sie mir bitte, wo Sie jetzt leben.»

Sie fing wieder zu singen an.

«Bitte, Phoebe!» Ich hatte Kopf und Arme auf das Steuer gelegt. «Wo wohnen Sie?»

Sie wandte mir den Kopf zu und sah mich an, als hätte sie meine Worte überhaupt nicht aufgenommen. Sie zeigte auf eine der Zeitschriften, die zu Boden gefallen war.

«Ich weiß, du bist von meinen Zeitungen hergeschickt worden», sagte sie und hob die Zeitschrift auf, blätterte in ihr und sah sich die Bilder an.

«Ich glaube, ich weiß jetzt Bescheid», sagte ich. Ich wendete den Wagen und fuhr den Weg zurück, den ich gekommen war. Sie war offenbar verblödet, litt vermutlich an Altersschwachsinn. Ich hatte mich eben entschlossen, sie in die Stadt zurückzufahren und dort aussteigen zu lassen, wo ich auf sie gestoßen war, als sie mir einen Fächer reichte, den sie aus einer Seite gefaltet hatte, die aus der alten Zeitschrift stammte. Der Fächer erinnerte mich an eine japanische Origami-Arbeit.

«Für mich? Danke, Phoebe. Ich werde ihn aufheben. Aber Phoebe, können Sie sich nicht bitte erinnern, wo Sie wohnen? Können Sie mir nicht den Weg zeigen?»

«Halt dort an dem grünen Haus an der Ecke an», sagte sie. Sie blätterte rasch die Seiten der Zeitschrift um.

Ich fuhr vor dem Haus vor und blieb stehen, ohne den Motor abzustellen. Phoebe sprang hinaus und lief schnell durch ein Tor in einem Lattenzaun, einen Weg hinauf und in das Haus.

«Phoebe, einen Augenblick. Was ist mit Ihren Zeitschriften?»

Ich schaltete die Zündung aus und verließ den Wagen. Ich lud mir die Zeitschriften auf und eilte den Weg entlang. Die Eingangstür stand noch offen. Ich trat ein und legte die Zeitschriften auf eine Art Couchtisch. Ich drehte mich um und wollte gehen. Ich blieb jedoch wie angewurzelt stehen. Ich stand Red Dog gegenüber.

«Ich möchte mit dir reden. Setz dich.»

Mich überlief es kalt. Ich war zu entsetzt, um noch überlegen zu können, wie ich in diese Lage geraten war. Meine Augen schienen sich unruhig zu bewegen, weigerten sich, seine Anwesenheit hinzunehmen. Red Dog schloß die Tür und verriegelte sie.

«Nur zu», sagte er. «Setz dich. Mach's dir bequem.»

Ich sank auf einen Stuhl. Red Dog kam zu mir und starrte ohne jedes Blinzeln mit hartem Blick auf mich nieder, und in seinen Atemzügen schwang unterdrückte Wut mit. Ich wußte, am liebsten hätte er mir die Augen ausgekratzt und mich blind ins Nichts gestoßen.

Er hatte ein himmelblaues Wildwesthemd an, Jeans und teure, an der Spitze verstärkte Cowboystiefel. Er wirkte nicht so alt wie in meiner Erinnerung. Im Kamin brannte ein Feuer, und über sein enganliegendes Hemd spielten zarte Farbveränderungen. Gegen meinen Willen begann ich heftig zu zittern. Ich warf einen Blick auf seine Beine und suchte das Zimmer nach einem Rollstuhl ab. Er las meine Gedanken.

«Der Rollstuhl war lediglich Tarnung. Beruhig dich doch, Lynn. Möchtest du etwas zu trinken haben?» Er war sehr spöttisch.

«Ja», brachte ich heraus, wußte wohl, daß ich nichts trinken würde, was er mir gab – aber ich wollte Zeit gewinnen.

Red Dog ging in die Küche. Meine Augen flogen verzweifelt durch den Raum, suchten nach einem Fluchtweg. An allen Türen und Fenstern waren Schlösser angebracht. Das Zimmer war ein Chaos – ein Riesendurcheinander von Plastikblumen, Zeitungen, Regalen mit Puppen (einige alte Indianerpuppen und ein paar gewöhnliche aus Kunststoff), und allem möglichen Krimskrams und Nippes. Es gab viel Spielzeug zum Aufziehen und Bausteine, sogar einen Hamster in einem roten Käfig, der ständig in einem Laufrad rannte. In einem anderen Käfig saßen zwei Papageien, die jedesmal aufkreischten, wenn ihnen eine der vielen Katzen zu nahe kam. Red Dog war gleich mit etwas zurück, das nach eisgekühltem Wein aussah. Meine Hände bebten, und die Eiswürfel flutschten mir fast aus dem Glas. Ich versuchte, furchtlos zu erscheinen, und es zeigte sich, daß es sich bei dem Getränk um Koolaid mit Himbeergeschmack handelte. Mir stieg der süßliche Geruch in die Nase.

«Ich halte nichts von Alkohol», sagte er, als habe er wieder meine Gedanken gelesen und freue sich riesig über mein offensichtliches Entsetzen.

Ich stellte das Glas auf den Couchtisch. Phoebe brachte einen Teller mit Toast, der mit Erdnußbutter und Gelee bestrichen war. Sie stellte ihn neben mein Glas, ging an eine alte Nähmaschine und begann das Pedal zu treten. Dann hielt sie an, fächelte sich heftig mit einem der vielen alten Papierfächer, die auf einem Tisch lagen. Die Fächer zeigten religiöse Bilder von Jesus, Maria und Joseph. Red Dog beachtete sie nicht und nahm sich ein Brot.

«Es ist so heiß», klagte Phoebe. «Diese Fliegen machen mich noch verrückt.»

Wieder begann sie, die Nähmaschine zu treten. Soweit ich beurteilen konnte, war es eher kalt, und im Haus waren keine Fliegen. Und die Nähmaschine war ohne Garn, ohne Stoff. Mit dem Lärm von Nähmaschine, Hamster, den Vögeln und Katzen klang das Zimmer wie ein Gerät, das sich gleich in die Luft erheben wollte. Phoebe und Red Dog schien es nichts auszumachen. Mir war, als sei ich in ein Irrenhaus geraten, und ich fragte mich, ob ich es wohl lebend verlassen würde. Red Dog lehnte sich in seinen Sessel zurück und schluckte den letzten Bissen seines Brotes mit Erdnußbutter hinunter. «Weißt du, Lynn, deine Lehrerinnen haben dich etwas Falsches gelehrt», sagte er.

«Nicht das ich wüßte.»

Red Dog schüttelte den Kopf. «Etwas absolut Falsches. Sie

haben dir gesagt, ich sei dein Feind, dabei kannst du dich mit mir gar nicht messen. Was meinst du, warum sie dir beibringen, dich mit Schilden zu schützen?»

«Um kraftvoll zu werden.»

Red Dog lachte höhnisch. «Quatsch. Du lernst, dich mit Schilden zu schützen und Kraft zu sammeln, um vor mir gefeit zu sein. Hier bin ich aber, und wie könntest du mich abhalten, zu tun, was ich tun will? Schau, ich bin nicht dein Rachegeist. Ich habe dich hergeholt, um dich ein wenig zur Vernunft zu bringen. Du brauchst dich vor mir nicht zu fürchten.» Er nahm sich noch ein Brot vom Teller, prüfte es und legte es zurück.

«Es ist unmöglich, daß ich dir je Vertrauen schenke.»

Ich dachte schon, er würde einen gewaltigen Wutanfall bekommen, und wünschte, ich wäre stumm geblieben.

«Du doofes Weib», sagte er. «Agnes hat dir beigebracht, sichtbar zu sein. Ist sie sichtbar? Ist Ruby sichtbar? Bin ich sichtbar? Natürlich kann ich dich zu ihnen führen, und sie können dich zu mir führen, aber versuch mal, uns zu finden, wenn wir von dir nicht gefunden werden wollen. Ich bedaure dich. Die Sichtbarkeit ist dein Rachegeist. Ein wahrer Mensch der Kraft wird mit der Umgebung eins – du kannst ihn nicht sehen. So bewahren sich diese Menschen, was sie haben. Du hast dich um die Kraft bemüht und du findest sie und vielleicht wirst du genau wie ich werden. Das ist der allereinsamste Zustand. Du bist eine weiße Frau und paßt wie ich nirgendwo mehr hin. Die meisten in der Welt der Eingeborenen verstehen dich nicht. Agnes hat dich durch die Magie geführt, und du kannst nie mehr am Traum der Maßen teilnehmen. Was willst du jetzt machen? Wo willst du jetzt hin?»

«Ich werde zurück nach Hause fahren und mein normales Leben führen.»

Red Dog hob die Hand, als wolle er meine Worte von sich weisen. «Niemand wird dich anerkennen. Man wird dich unter Druck setzen, damit du dich anpaßt und dich wie der Mensch benimmst, den man einst kannte. Du wirst dein Wissen nicht einsetzen können, denn wenn du es tust, werden sie Angst vor dir haben. An deiner Kraft erleben sie nur den eigenen Mangel an Kraft. Sie werden nicht verstehen, daß du dich verändert hast, und werden nicht wissen, wer du bist. Du wirst deine Zeit damit verbringen, deinen Kreis zu suchen. Meinst du, daß du deine Schwestern je finden wirst? Natürlich nicht. Kein Schild in der Welt kann dir die Schwesternschaft geben, weil die Schwesternschaft nicht existiert. Wenn es die Schwesternschaft gäbe, meinst du nicht, ich würde von ihr wissen? Ich würde ihre Kraft stehlen. Ich mußte jedoch meine weibliche Kraft immer in der Form heiliger Objekte wie dem Hochzeitskorb festhalten. Ich habe die ganze Welt nach einer Frau abgesucht, die mir die Kraft geben könnte, nach der ich suche. Keine hat sich je als würdig erwiesen. Und wirst du einen richtigen Mann finden? Im Augenblick habe ich Phoebes Kraft. Du darfst sie nicht unterschätzen. Sie ist äußerst stark.»

«Phoebe?» Ich konnte mir Red Dog zusammen mit der sonderbaren kleinen alten Dame nicht vorstellen. «Was in aller Welt kann sie an Kraft haben?»

«Ihr Papier hat dich hergebracht. Sie könnte dich in diesem Augenblick töten. Siehst du, ich will dich nicht töten, weil ich möchte, daß du Kraft hast. Dich jetzt zu vernichten, würde mich entehren, da du so schwach und einfältig bist. Phoebe, komm mal einen Moment her. Ich möchte, daß du Lynn rauchst. Ich möchte, daß du in sie hineinblickst und mir sagst, was du siehst.»

Phoebe kam von ihrer Nähmaschine her. Sie summte, neig-

Die Lehren der Medizinfrau

te sich vor und blickte mir wie schwachsinnig ins Gesicht. «Die Frau im Spiegel – sie sah nichts anderes als eine Frau in der Zeit. Ihre Stimme fragte, was sich dort spiegelte, was sich dort spiegelte, wo sie stand; sie verstand, hinter ihr war die Form der Dinge und ein Haus um die Ecke, wo die Maus sich Dinge ansah, die die Formen waren. Jedes Ding, jede Form schrie Fragen aus der Spiegelung der Zeit in dem Spiegel im Haus. Erdachte Formen warfen ihre Schatten und spiegelten das Licht von Atomen, Substanzen, doch keine Romanzen in der Nacht, kein Spiel, bleibt zu sagen nicht viel... von der Frau namens Lynn, darin war nichts gemacht und auch nichts gesagt über die Jungfrau von einst. Im Spiegel ihr Geist, und die Möbel der Gedanken, kein Wanken, weil alles vergeht und gar nichts besteht. Sie rückte die Möbel, zog ein in den Tand, dachte nie an das, was sie verstand, polierte den Tisch, fand nie im Gemisch die vollkommene Regel, die ihren Fähigkeiten entsprach. Diese Demut! Die Wehmut, wenn der Narr sie plagte und nicht sagte, was sie heute von ihm hören wollte. Wäre doch die Reflexion nur Teil der Perfektion, die im Traum sich entfalte. Ja warte nur. Wenn doch nur! Wenn doch nur! Ach, wie das Kind wuchs. Und flugs gab sie Noten im alten Theater, wer ihr ebenbürtig war. So geht es Jahr für Jahr, so viele, und wie? Bewegt sich matt durch den Trödel, schmiert sich Butter auf Brötchen. Warum soll ich trödeln, gibt's doch manches zu tun. Wer will da ruhn? Ich werd' es schreiben, malen, machen die Sachen für dich, für dich! Für mich keine Zeit zur Hand, auch kein Sinn und Verstand, nichts Schöneres ich fand, nur Stolz, nicht verstecken, was soll's? Ich bin ohne Tadel – eine Mutter von Adel, was sonst? Im Spiegel warte ich Tag für Tag, bis ich etwas zu sagen hab'.»

Red Dog unterbrach sie.

«Das reicht schon, Phoebe. Vielleicht begreift Lynn, daß du sie besser siehst, als sie dachte.»

Phoebes im Singsang gesprochene Worte hatten mich zittern lassen. Sie ging an ein Regal, das mit alten, runden Hutschachteln aus Karton gefüllt war.

«Wo habe ich meine Schere gelassen?» sagte sie, hob die Deckel der Schachteln und kramte im Inhalt. «Oh, hier ist sie.» Sie zog die Schere hervor und hielt sie ins Licht, klapperte mit den Schneiden. «Mir gefällt nicht, wie mich gestern die weiße Dame im Laden ansah.»

Red Dog beobachtete sie aufmerksam. «Warum holst du sie nicht vom hohen Roß? Warum faltest du ihr nicht die Arme über der Brust und bringst sie unter die Erde?»

«Ja, die Frau im Laden findet mir nicht mehr die Tür, nie mehr. Ich papier sie ins Grab für das, was sie gab.» Sie zog aus einer der Hutschachteln schwarzes, dickes Papier. Sie fing an, mit der Schere eine Papierfigur auszuschneiden, die sich die Hände mit ausgestreckten Fingern an den Kopf hielt. Dann schnitt sie Augen und Mund in Rautenform aus. Sie fügte einen schwarzen Rock hinzu, der bis zu den Knien reichte, dann Beine mit auswärts gedrehten Füßen, die große, spitze Zehen hatten. Sie hielt sie hoch, damit Red Dog sie sehen konnte.

«Sie wurde aus schwarzem Papier ausgeschnitten, damit sie krank wird», rief Phoebe.

Ich hatte nicht die geringste Ahnung, was sie machten, befürchtete aber, daß etwas teuflisch Böses geschehen würde. Ich hatte nicht den Mut, Fragen zu stellen. Um die beiden war etwas Starkes, Gewaltiges, das eine schwarze Färbung annahm. Phoebe schnitt nun aus braunem Papier eine rechteckige Form, legte die schwarze Figur wie auf ein Bett darauf. Sie begann in einer Indianersprache zu singen, und Red Dog verließ das Zimmer, in den Augen hatte er ein freudiges Glitzern. Gleich darauf kehrte er mit stechend riechendem Räucherwerk zurück.

Die böswillige Beschwörung ging weiter. Sie legten die Papierpuppe und das Bett auf einen kleinen Altar vor der Wand. Phoebe summte vor sich hin, als sie Plastikblumen und Schokoladezigaretten hinlegte und Kerzen anzündete. Immer wieder fuhr sie mit der Puppe durch den Qualm, der vom Räucherwerk aufstieg. Red Dog reichte ihr eine kleine Phiole mit einer roten Flüssigkeit, die Blut sein mochte. Phoebe spritzte sie auf die Puppe. Dann nahm sie eine Schote, die wie ein Stierhorn geformt war (vielleicht eine winzige Akazienschote) und stieß sie dort durch die Puppe, wo sich der Magen befinden würde. Immer wieder blies sie der Puppe ihren Atem ein und sang dazu. Ich sah entsetzt zu. Der Vorgang war unglaublich. Das war es also, was Red Dog mit der Frau machte. Er lernte eine widerwärtige Form der schwarzen Magie. Um diese kleine alte Frau war ein Knistern, so stark war die schreckliche Kraft. In ihrer exzentrischen Unschuld hatte sich Phoebe ein großes Reservoir des Bösen erschlossen und setzte es mit der Gefühlsreife einer Siebenjährigen ein.

Ich ertrug es nicht mehr und bewegte mich auf die Küche zu – vielleicht gab es dort eine offene Tür. Red Dog sprang auf und schob mich zu meinem Stuhl zurück. Er behielt mich im Auge, nickte dabei Phoebe beifällig zu. Dann rollte Phoebe alle Opfergaben, die Papierpuppe und andere Dinge zusammen und sagte ihm, er solle eine Schaufel holen und sie eingraben, damit Schluß mit ihr sei. Phoebes Gesicht war wutverzerrt. Ihre Augen bohrten sich einmal mit der schwarzen Kraft in mich, wie sie nur irrationaler Haß hervorbringt. Ich fühlte mich hilflos.

Ich war Zeugin eines schauerlichen Rituals und begriff, daß Red Dog in seiner Machtbesessenheit wirklich reichlich verrückt war. In seinem Wahn sah er das, wofür er sich hielt, in mir. Weil er die weibliche Seite in sich nie entwickelt hatte, konnte er mich nicht klar sehen. Ich dachte, vielleicht könnte ich diesem Verrückten lebend entkommen – wenn ich mich nur so verletzlich und dumm gab, wie ich mich fühlte, und so schwach, wie ich seinen Worten nach war.

Red Dog ging hinaus und begrub vermutlich die Sachen, die sie eben eingesetzt hatten. Er kehrte zurück und setzte sich in den geblümten, tief gepolsterten Sessel am Kamin. Phoebe verließ das Zimmer und kam nicht zurück. Red Dog wandte seine Aufmerksamkeit mir zu.

«Du fragst dich vielleicht, was Phoebe passiert ist. Als sie jung war, ließ sie sich mit einem sehr verbitterten Zauberer ein. Er war kein so netter Mensch wie ich. Sie hatte ihn bald satt, und als sie versuchte, ihn zu verlassen, ließ er ihr nichts als den Verstand eines Kindes. Jetzt arbeitet sie vertrauensvoll und unschuldig mit dem Zauber, den er ihr vom Süden her beibrachte, und noch mehr, aber sie ist eine Frau, deren Erinnerung und Geschichte nur ihrem vergessenen Liebhaber gehören. Ich vermute, du siehst ein, daß mit uns nicht zu spaßen ist», schloß er und geriet in seinem Sessel ein wenig ins Schwanken. Eine Katze schrie neben seinen Füßen auf und sprang fort. Mir war, als beschwörten sie die Zerstörung der Erde, beide vor der Liebe geflohen und in einen einsamen Abgrund gestoßen. Für sie war das Leben Verwirrung, Kampf und Rache, das Zeichen des Schmerzes auf unserem heiligen Traum.

Ich sah ihn an und begann unwillkürlich in meine Hände zu schluchzen.

«Nun, ich freue mich zu sehen, daß du dir deiner gefährlichen Lage bewußt bist. Zum Teufel, das Zeug mit dem Papier ist was für Anfänger. Ich könnte, wenn ich wollte, viel schlimmere Sachen tun.»

Ich tat so, als könne ich nicht aufhören zu weinen. Er reichte mir ein großes, blaues Taschentuch, damit ich mich schneuzen konnte.

«Gottverdammt nochmal, hör mit dem Geschniefe auf. Du bist mir vielleicht eine Medizinfrau.»

«Ich kann nichts machen, ich fürchte mich so.»

«Wovor fürchtest du dich? Doch gewiß nicht vor mir. Von dir fühle ich mich nicht herausgefordert», höhnte er. «Sieh dich an. Du wirst Jahre brauchen, bis du mir gewachsen bist. Ich bin zu gefährlich für dich, als daß du es mit mir noch einmal aufnehmen könntest. Ohne Agnes bist du nichts.»

Nun war ich völlig unfähig, mich zu beherrschen und mit dem Schluchzen aufzuhören.

«Ich werde dich gehen lassen. Ich hatte das zwar nicht vorgehabt, habe mich aber dazu entschlossen. Hör endlich mit dem Geflenne auf. Hier, ich sag' dir was. Ich werde dir ein kleines Geschenk machen, damit du dich besser fühlst.»

Wäre ich nicht so erschrocken gewesen, sein sanftes Verhalten hätte mich argwöhnisch machen müssen. Red Dog nahm Phoebes Schere und begann, ein wunderschönes rundes Muster auszuschneiden, einer Schneeflocke mit gewellter Struktur ähnlich. Er verwendete schwarzes Papier und arbeitete sehr rasch. Er legte mir das fertige Stück in den Schoß und sagte: «Hier. Das stellt den Luftgeist dar. Gib es Agnes und richte ihr aus, daß ihr beide keinen Atemzug mehr tun werdet, ohne daß ich euch eine Bedrohung bin. Jetzt pack dich zurück zu deiner teuren Lehrerin. Wenn ich dich noch einmal in meiner Nähe erwische, wird Phoebe verglichen mit dem, was von dir übrig sein wird, ein Albert Einstein sein.»

Ich war schnell wie der Teufel aus dem Irrenhaus heraus. Irgendwie gelang es mir, ins Reservat zurückzufahren und den Weg zu Agnes' Hütte zu finden. Ich weinte noch immer, als ich den Pfad zum Haus hinabrannte. Agnes saß davor und war von allen meinen Schilden umgeben. Sie rief mir zu, ich solle stehenbleiben und nicht näher kommen.

«Ich habe dir Kraft geschickt. Ich wußte, du warst in großer Gefahr. Die Kraft des Heyoka-Schildes zog dich zu ihm. Du hast etwas, was eigentlich für mich bestimmt ist. Was ist es?»

«Ich habe einen Scherenschnitt in der Form einer Schneeflocke. Sonst habe ich nichts.»

«Er ist ein Zauber Red Dogs und enthält Keime, die mir Schaden bringen sollen. Er hat dich total überlistet. Sein Geschenk wäre mein Tod gewesen. Auf diese Weise will er dich vernichten. Bring es außer Sichtweite der Hütte. Reiß es in Stücke und vergrab sie an vier verschiedenen Stellen und komm schnell zurück.»

Ich tat, was sie mir gesagt hatte. Dann rannte ich zurück zu Agnes und fiel vor Erleichterung und Angst schluchzend fast über sie her. Ich erzählte ihr, was alles geschehen war. Sie streichelte mir den Rücken und begann zu lachen. Ich rückte etwas von ihr ab und sah sie beunruhigt an.

«Weshalb lachst du?»

«Du hast ihn ebenfalls überlistet. Das hast du wirklich. Deine Verletzbarkeit ist dein bester Schild. Du warst so weit offen, daß er deine Kraft nicht sehen konnte. Du hast ihn mit deiner Unschuld geblendet.»

«Wieso baue ich dann diese Schilde?»

Die Lehren der Medizinfrau

«Täusch dich nicht. Diese Schilde haben dich gerettet, weil sie deine Kraft verkörpern. Sie kennzeichnen dich und deine Stärke. Du wirst bald lernen, sie zusammenzufügen und als Ganzes zu benutzen. Red Dog ließ dich ziehen, weil er gestört ist. Er meint, du bist wie er; daß du, was die Kraft angeht, auf jemand angewiesen bist. Aber das bist du nicht. Er glaubt, alle wollen Zauberer sein. Oh, das ist zu schön.» Agnes brüllte fast vor Lachen. «Du bist eine gute Schülerin. Ich denke, den bist du eine Weile los.»

Ich wischte mir die Tränen ab und lächelte, und dann mußte ich auch lachen. Wir sprachen bis nach dem Abendessen über den Vorfall, und Agnes gab mir sehr viel Zuwendung und Liebe. Sie wußte, ich brauchte das.

Am nächsten Tag beschloß ich, Ruby zu Fuß aufzusuchen und nicht mit dem Wagen. Ich brauchte Bewegung, um mich zu erden. Ich nahm den kleinen Rucksack mit den Zigaretten, meinen neuen ‹unvollendeten› Schild, und brach auf. Ich war ziemlich durcheinander und führte den ganzen Weg Selbstgespräche. Ich war noch immer recht erschüttert und deprimiert über meine Begegnung mit Red Dog. Er hatte eine Menge Dinge sehr gut ausgedrückt. Ich wußte zwar, daß er die Wirklichkeit verzerrt sah, doch seine Worte ließen mir meine Entscheidungen weniger selbstverständlich erscheinen. Die Visionen an der Heyoka-Grenze waren der Mühe wert gewesen, aber zugleich sehr verwirrend. Hatte ich Agnes und Ruby tatsächlich als junge Männer gesehen? Da war ich mir eigentlich sicher. Und was bedeutete das für mich und mein Leben in Los Angeles? Ich erkannte, die Welt ist nicht das; was sie scheint, und daß die meisten von uns alles verkehrt sehen. Was wollte ich tun? Mein Handeln völlig ändern und ein Verhalten zeigen, das allen, die zu Hause mit meinem Leben verknüpft waren, unsinnig und idiotisch vorkommen mußte? Ich erinnerte mich an meine erste Rückkehr aus Kanada. Sie war mir sehr schwer gefallen, weil ich meine Erfahrungen nicht erklären konnte. Meine Tochter hatte sich ausgeschlossen gefühlt, und meine Freunde waren verwirrt, wie wenig zugänglich ich war. Mir war es enorm schwer gefallen, wieder Rechnungen zu zahlen und den Lebensunterhalt zu verdienen, vom Mitspielen in der Gesellschaft ganz zu schweigen. Diesen Heyoka-Weg zu begreifen war noch schwerer. Ich konnte mir nicht vorstellen, wie ich diese Philosophie auf mich anwenden sollte: Ich beschloß also, Ruby meinen verkehrten Schild zu zeigen und sie um Antworten zu bitten. Ich vermutete, daß Agnes das von mir erwartete, da sie sich weigerte, mir etwas zu erklären. Vielleicht wollte Agnes auch nur, daß ich von selbst auf die Antworten kam. Das Ergebnis war, daß ich niedergeschlagen und unsicher war. Ich mußte wirklich mit mir ins reine kommen. Ich sah immer wieder Phoebes schreckliche Scherenschnitte vor mir. War das tatsächlich alles geschehen?

Als ich bei Ruby ankam, war der Himmel bewölkt, und eine leichte Brise bewegte die Wipfel. Ruby stand in der Tür und trocknete sich die Hände ab.

«Hi, Ruby, ich bin hier.»

«Hab' ich mir schon gedacht. Du hast doch den Schild?»

«Ja», sagte ich und hielt ihn ihr hin, als bringe ich ihr den Mond dar. Ruby nahm ihn und schenkte mir sofort ihr breites, zufriedenes Lächeln. Ich hatte diesen Ausdruck so selten auf ihrem Gesicht gesehen, daß sie mir für einen Augenblick wie fremd erschien.

«Ho», sprach sie, «das ist vielleicht ein Schild, Lynn.»

Sie untersuchte ihn aufmerksam Stück für Stück. Sie hielt

die Handfläche über die bemalte Seite des Schildes und konnte so die Farben erkennen und kommentieren. Sie deutete mir den Schild bis in die Einzelheiten. Ich war noch nie so von ihrer Fähigkeit beeindruckt gewesen, ohne Augen zu sehen.

«Wo ist July? Und Ben und Drum?» fragte ich noch.

«Ich habe sie auf verschiedene Reisen geschickt. Sie werden am Montag, in drei Tagen zurücksein. Sie sind über das Wochenende fort.» Ruby winkte mich herein, ließ mich am Tisch Platz nehmen. Sie legte den Schild mit größter Behutsamkeit zwischen uns. Dann machte sie etwas sehr Ungewöhnliches. Sie rutschte mit ihrem Stuhl an meine Seite. «Ich möchte dir nur ein bißchen näher sein», sagte sie. «Da kann ich dich besser sehen. Ich werde etwas Wichtiges sagen. Schreib nicht mit. Hör mich nur an. Ich will versuchen, deine Verwirrung auszukehren. Ich weiß, du hast es zur Zeit sehr schwer.»

Sie zündete sich eine Zigarette an und hielt sie in die Höhe. Ich wußte, das war ihre Art des Betens.

«Ich möchte dich auf den rechten Weg bringen», sagte sie schließlich. «Und der rechte Weg ist dort, wo alle Wege zusammenlaufen. Viele Gesichter sind auf dem Heyoka-Weg. Dein Heyoka-Gesicht ist ungewöhnlich. Die Menschheit kennt den Heyoka gewöhnlich als Bettler, Clown, Coyote, Narr, Schwindler. Agnes hat mir von den Geschichten erzählt, die du ihr vom Buddha erzählt hast. Wenn ich sie richtig verstand, war der Buddha ein großer Heyoka.» Ruby befand sich jetzt in einem tranceartigen Zustand und sprach verständlicher, als ich ihr zugetraut hätte, wenn auch ihr Englisch grob blieb.

«Zum ersten ist da der Großvater Sonne, der einmal jung war und jetzt der Großvater großer Kräfte ist, aber die Sonne wird eines Tages in die Leere gehen. Und das ist die Kraft der Heyoka – die Leere. Lynn, woran glaubst du?»

«Ich versuche einfach, gegenwärtig zu bleiben.»

«Hmm. Erinnerst du dich, wer du bist?»

«Naja, schon», sagte ich und war mir nicht sicher, was sie meinte. Sie sprach weiter.

«Heyoka nimmt keine Rücksicht auf Rituale, philosophische Systeme, Glauben. In dieser Kraft ist die Geschichte enthalten. Es ist Heyoka-Kraft, dich in die Geschichte zu bringen und dich sie leben zu lassen. Um Crazy Horse oder George Washington zu werden. Es ist die Kraft des Todes – Zersetzung des Körpers durch die Flamme und Rückkehr zur Erde. In der Frau, im Mann, oder umgekehrt, ist der Heyoka der große Kinderliebhaber, heilt sie und beschützt sie. Für jemand, der nicht in dieser Tradition steht, scheint der Heyoka-Indianer merkwürdig vorzugehen. Die Heyoka-Menschen kommen und betteln während der Zeremonien um Essen. Die Medizinfrau würde es nicht wagen, sie zu stören, da ein Heyoka die Macht hat, das Ritual kaputt zu machen. Er ist der Störer der Rituale, der listenreiche Schwindler, der deine Glaubenssätze prüft, um zu sehen, ob sie echt sind. Um eine Heyoka zu sein, mußt du erleuchtet sein – ein Heyoka sein macht dich zur verkehrten Frau, zum verkehrten Mann, weil du das Spiegelbild des Lebens siehst, wie du, als du beim Gehen einen Spiegel hieltst.

Ich möchte dir eine Meditation geben, die mir vor langer Zeit gegeben wurde.

Stell dir vor, du neigst dich über eine Wasserlache – über den ersten Spiegel. Du tauchst ins Wasser und dein Spiegelbild kommt hoch und trifft sich mit dir. Was passiert mit deiner Spiegelung in der Ebene der Wasseroberfläche? Überleg ein Weilchen.

Du kannst sehen, daß das eine Art Kreuzung ist – wenn du

das enträtseln kannst, kannst du über die Kreuzungen hinausgehen. Das ist nur wieder ein Symbol. Über das Bekannte hinaus, in die Weiße Büffelfrau gehen, wäre für dich das Unbekannte. In der Erleuchtung hast du den echten Tod – das ist eins der vielen Mysterien. Das Ende ist, wo sieben Wege den Traum gabeln. Erwähl dir einen der Wege, wenn du Kraft willst, oder du kannst zurückrennen und sagen: ‹Ich bin zu weit gegangen.› Wenn du hinabblickst, siehst du sieben Auren – nimm sie, die krummen, verdrehten Arme der Heyoka und erkenne, was Liebe und Vertrauen ist.

Eine Heyoka hat Macht über Hitze und Kälte. Sie kann in das kochend heiße Fleisch im Topf fassen, es nehmen und essen, ohne sich zu verbrennen. Die Welt hat es mächtig nötig, diesen Weg zu verstehen, da er die Kraft der Leere, der Frau ist. Männer lehren Frauen – Frauen Männer. Keine andere Tradition der Ureinwohner lehrt das andere Geschlecht. Wir müssen in uns allen die Frau heilen.

Wir sind wie das Wasser. Heyoka hat mit der Urerotik zu tun, die aus den Anfängen des Lebens, aus unseren Zellen stammt. Unsere Zellen ziehen sich zusammen und dehnen sich aus und bringen die Erneuerung und das Leben hervor. Wir als Lebewesen geben diese Wirkung als Liebe und Wissen weiter. Gelegentlich setzen wir Pflanzen ein, um über eine geistige Grenze in die inneren Tipis vorzustoßen. Das geschieht, damit die Erscheinung von Ausdehnung und Zusammenziehung in Liebe verstanden werden kann. Weil die Heyoka mit Liebe zu tun haben. Es geht um den Schoß, die Leere. Wenn wir der See sind – wenn ich dich in mir sehe – bin ich in dir. Wir sind der große Spiegel. Wir sind nichts als unser gegenseitiges Spiegelbild. Wenn niemand um mich wäre, hätte ich nur mich selbst, um mich zu bestimmen.

Die schwarzen Löcher im Universum sind Symbole. Die Heyoka-Sicht läßt alles verkehrt aussehen. Das Leben ist schlecht, der Tod gut, weil wir in unsere eigenen Illusionen hineingelockt worden sind. Der Weg hat mit dem Widerspruch des Lebens zu tun – ‹ich liebe dich› heißt auf einer bestimmten Ebene ich hasse dich. Verstehst du?» Sie wartete nicht erst auf meine Antwort.

«Erinnerst du dich an den Traum, wo du von mir geträumt hast? Wo du dachtest, du schaust in meinen Kopf hinein – siehst hinter mir einen Wandteppich – die Knoten, die du sahst, waren meine Heyoka-Lehrer. Ein Heyoka kann dich leicht aus der Fassung bringen, und schon denkst du, das sind Schwarzmagier, weil sie mit der Leere zu tun haben – mit Tod und Wiedergeburt. Aber das sind sie nicht. Ein Grund, warum diese Medizin so mächtig ist, liegt darin, daß sie die Helden zerstört. Helden fürchten die Heyoka, weil die Heyoka sie durchschauen, ihre tönernen Füße sehen. Menschen, die sich nur durch sich selbst bestimmen, sind oft mächtig, aber sie haben keinen Schoß. Sie brauchen immer wieder das Schoßhafte, um Schwestern und Brüder zu sein.

Ich kann durch eine Versammlung gehen und sie schlangengleich in Verwirrung stürzen – ich kann in deinen Kopf hinein und dich umdrehen, und du weißt nicht, was du tust. Wenn ich dich verwirren kann, so weißt du, daß du stärker werden mußt. Mein Leben ist eine Lehre. Ich bleib' im Einfachen, weil es das Klügste ist. Das ist keine Angabe von mir. Es ist eben so. Die Heyoka machen immer einen neuen, anderen Schritt. Das klingt sicher seltsam, aber wenn du den Weg verstehst, ist *er* der mächtigste. Er ist ein Weg der Schönheit und Liebe. Es heißt, ein Heyoka erinnert sich an den Pfad und schlägt einen anderen ein. Und? Wenn du einem Heyoka begegnest, möchtest du die Augen verschließen und rasch vorbeigehen, denn jede Konfrontation wird dein Leben für immer verändern.» Sie schwieg, tastete einen Augenblick meine Hand ab, las dann meine Gedanken.

«Ich weiß, das erklärt ihr seltsames Verhalten nicht ganz. Sie gehen von der Vorstellung aus – Heyoka ist ein Erwachter – sie gehen rückwärts, weil sie wissen, Gott ist hinter ihnen. Vertraue und fall nach hinten – sie wissen, daß der Große Geist sie auffangen wird. Sie bringen dich dazu, dich selbst und deine Illusionen zu sehen. Sie tanzen den Friedenstanz in Kriegszeiten.»

Dann drehte sich Ruby auf ihrem Stuhl zu mir und gab mir einen dicken Kuß auf die Wange. Ich fiel vor Überraschung fast vom Stuhl.

«Ruh dich jetzt eine Weile aus, während ich gehe und über deinem Schild bete.» Sie ging, und ich legte mich auf ihre Schlafstelle. Was sie gesagt hatte, klang richtig und tanzte mir durch den Kopf. Ich fühlte mich sehr viel besser und weniger verwirrt. Wie ich die alte Frau lieben gelernt hatte!

Schild-aus-Schatten-gemacht:

Das Selbst

*Der Mond, wie vereinbart,
wird voll, fängt an
uns die Nachtvision wiederzubringen.
Zyklen folgen wir,
Vorahnungen jagen wir
verirrt auf zukünftigem Schiff,
noch nicht seetüchtig.
Sterne sind nicht mehr Lichter,
Fäuste im Himmel tragen Erdzorn.
Es gibt kein Weglaufen.
Wenn im Angesicht des Mondes
wir die Augen frei machen aus ihren
festen Stellungen
hier
die Möglichkeiten der Ferne
offen in den übrigen Meeren.
Nicht erleichtern
Alleinsein,
Sein werden wir, wo wir sind.
Leben ist zerbrechlich.
Unsere Stücke sind verbunden
im selben Puzzle.*

Jack Crimmins, aus
Thread the Silence Like a Needle

Die Lehren der Medizinfrau

Ich räumte das Geschirr vom Tisch und wischte ihn gründlich sauber. Agnes legte ihre Hand auf meine. Die Haut ihrer schlanken Finger fühlte sich dünn und glatt wie der Bauch einer Eidechse an. Wir blickten uns lang in die Augen.

«Hinter der Hütte äsen Elche», sagte sie. Sie blickte weg. «Sie sind nicht zufrieden. Dieses Land ist nicht so glücklich, wie es einst war.» Ich sah Agnes rasch an, da Trauer ihrer Stimme sonst fremd war. Ihre Stimmung hatte sich plötzlich verändert.

«Tut mir furchtbar leid», sagte ich. «Ich meine, wegen der Tiere. Ich spüre es auch.»

Agnes bewegte sich nicht, als sei sie mit ihren Gedanken meilenweit fort. Ich dachte schon, ihr würden Tränen über die Wangen laufen. Aber als sie sich zu mir drehte, waren die Augen verwandelt, ein mädchenhaftes Funkeln, der Blick des Coyoten unter alternden, faltigen Lidern. Ich trat vom Tisch zurück in die dunkelnden Nachtschatten.

«Wir haben uns alle verändert», sagte sie und machte eine Handbewegung, als glätte sie etwas. «Ich denke, wir verstehen uns jetzt.»

Sie knöpfte die Tasche ihres Wollhemds auf. Sie zog einen kleinen Medizinbeutel heraus und reichte ihn mir. Ich nahm ihn fest in die Hand, betastete die Kanten des Kristalls, der sich in ihm befand.

Agnes sagte: «Du solltest mit einer Schlange zusammenleben. Ihr werdet euch gegenseitig Kraft geben.»

«Mit einer Schlange?» stotterte ich.

«Ja, Klapperschlangen sind ein guter Schutz für Frauen.»

«Aber ich würde mich nicht so gut fühlen, wenn ich mit einer Schlange leben müßte.»

«Du hast dich früher auch nicht gut gefühlt, wenn du bei

mir gelebt hast. Du würdest dich auch an ein Leben mit einer Schwester Klapperschlange gewöhnen. Da ist kein so großer Unterschied.»

Agnes verwirrte mich gern ein wenig, bevor ich in die Nacht hinausging und mich einer Sache stellte, bei der es, wie ich meinte, wieder um Leben und Tod ging. Ich hatte das Gefühl, daß sie mich aufrütteln wollte. Sie hatte mich in der Vergangenheit ganz schön erschreckt, um mich empfänglich für etwas Neues zu machen. Heute abend konnte ich sie noch nicht einmal ansehen. Es war merkwürdig, wie sie sich bewegte und mich anblickte. Ich wollte einfach losziehen und auf meinen Berg. Ich stapelte meine vier Schilde übereinander und legte mein Medizinbündel obenauf, drückte sie dann gegen meinen Bauch. Wir gingen hinaus.

«Der Mond ist im Osten. Ein Stern ist da, ein magischer Stern, der mir sagt, daß alles bereit ist.» Agnes wies auf einen winzigen Stern, der unter den vielen anderen nicht sehr bedeutend aussah. Er stand dicht über den fernen Bäumen. Ihre Stimme klang, als spräche Tonto zu Lone Ranger. «Einige Indianer nennen den Stern den Stern-der-die-Delphine-vom-Meer-ruft.»

«Du klingst wie Tonto», sagte ich ein wenig ärgerlich.

«Ich meine das ganz im Ernst. Dieser Stern ist ehrfurchtgebietend.» Sie bewegte ein paarmal ruckhaft die Schultern, nahm mich beim Arm und hüpfte mit mir den Steig zum Wagen hinauf.

«Ich werde fahren», sagte Agnes. Sie kletterte hinter das Steuer, während ich die Schilde hinten verstaute.

«Agnes, du wirst mich doch nicht tödlich erschrecken wollen. Außerdem bin ich, glaube ich, nicht für dich mitversichert. Laß mich bitte fahren.»

Die Lehren der Medizinfrau

«Wenn diese Nacht vorüber ist, wirst du keine Versicherung mehr brauchen.» Sie glitt langsam auf den anderen Sitz. «Maschinen wie die hier rauben dir deine Energie. Mach nur, fahr nur.»

Während wir schweigend dahinfuhren, dachte ich über Agnes und ihre beiläufige Art nach. Ich kam mir etwa so heilig wie mein Wagen vor. Ich hatte gedacht, daß die Zeremonie heute nacht die wichtigste von allen wäre. Manchmal kam mir alles unverständlich vor. Da erinnerte ich mich an ein Erlebnis mit Agnes, das Jahre zurücklag. Ich hatte Ruhr, hatte Halluzinationen gehabt. Ich hatte Agnes angesehen und plötzlich begriffen, daß das Wissen eine Art Mauer ist, die eingerissen werden muß, damit die Erleuchtung geschehen kann. Ich sah die große Einfachheit von allem und lachte. Ich hatte eine schwierige Stelle auf dem Weg überwunden, hatte den ganzen Tag lang gelacht und den nächsten auch noch. Es war so offensichtlich und doch so schwer faßbar. Immer, wenn ich an diese Erkenntnis denken mußte, lachte ich laut los. Ein Lehrer hält dich genau von dem ab, was du suchst. Und was ist Wahrheit? fragte Pontius Pilatus und wusch seine Hände.

Und als wir jetzt in der Nacht über eine völlig verlassene Straße auf die grauen Berge zufuhren, kicherte Agnes, als wisse sie, was ich dachte. Wir lachten beide, bis uns die Tränen über die Wangen liefen. Dann waren wir wieder still, von ihren gelegentlichen Anweisungen abgesehen, nach links oder rechts auf fast unsichtbare Kieswege abzubiegen. Unser Spaß hatte mir das Gefühl von Stärke gegeben, und ich fühlte mich im Gleichgewicht. Ich hatte die Eitelkeit losgelassen – ein kleines Stück des Traums der Massen.

Wir fuhren eine lange Reihe von Kehren hinauf, und dann beugte sich Agnes plötzlich vor und sagte, ich solle links neben einer Reihe dunkler Bäume anhalten. Wir stiegen aus, und ich nahm meine Schilde. Diese Berggegend war mir völlig unbekannt. Vom Gipfel schien sich leichter Nebel herabzuwälzen, zog um einen Wirrwarr großer Felsbrocken. Je länger ich auf sie starrte, desto höher wurden sie anscheinend. Agnes sagte mir, ich solle meine Schilde auf die Kühlerhaube legen und einen Augenblick mit ihr kommen. Sie führte mich an den Fuß eines massigen, dunklen Felsens. Sie holte ihren Tabaksbeutel hervor und reichte mir etwas Tabak. Wir legten das Tabakopfer für den Geist des Berges auf einen flachen Stein. Nach diesem kleinen Ritual sagte Agnes, ich solle meine Schilde holen, sie in eine Decke hüllen und ihr folgen. Sie zeigte auf einen verborgenen Steig, der sich zwischen den Felsen einen sehr steilen Hang hinaufschlängelte. Wir begannen den Aufstieg, und ich kletterte hinter Agnes her. Ich geriet bei jedem Schritt ins Rutschen, hielt die Schilde im Gleichgewicht, so gut es ging. Manchmal kroch ich fast auf allen Vieren. Der Steig war recht schwierig und viel länger, als ich vermutet hatte. Schließlich erreichten wir den Gipfel. Ich setzte mich neben Agnes keuchend auf den Boden, versuchte, wieder zu Atem zu kommen. Der junge Mond stand schmal im sternübersäten Himmel, war aber doch groß genug, um von zwei oder drei Coyoten wie von kleinen Welpen angekläfft zu werden. Das Bellen der Coyoten kam aus dem Westen, und ich sah mich sorgfältig um. Der Gipfel war eine ebene Fläche mit einem Durchmesser von etwa hundertfünfzig Schritten. Auf ihr erhoben sich deutlich drei Steinhaufen in Pyramidenform. In allen Richtungen umgab uns eine große, öde Weite, die nur von Felsgruppen unterbrochen wurde. Ich ging zu einer der Pyramiden. Sie war moosig überwachsen und sah alt aus, wie vom Lauf der Zeiten fest verbacken. Ich fand mich allmählich zurecht und bemerkte, daß wir von einem riesigen Steinkreis umgeben waren, und daß sich die drei Pyramiden ziemlich in seiner Mitte befanden. Ich begriff, daß ich in der Mitte eines gewaltigen, uralten Medizinrades stand. Ich wandte mich zu Agnes und zitterte, als die mächtigen Ausstrahlungen des Berggipfels auf mich zu wirken begannen.

«Großvater Berg ist sehr alt», sagte Agnes. «Er war den Ahnen sehr heilig. Er wird lange hier sein und hat viele Dinge gesehen. Ehre ihn immer mit Tabak, bevor du hierher kommst. Er ruft viele Arten von Kraft, und sie antworten ihm. Hier in diesem alten Rad werden viele neue Kräfte geboren. Dieser Kreis ist der irdische Schild der Himmelswesen. Mögen ihre vier Winde dich in all den Jahren, die noch kommen werden, sanft anwehen. Mögen sie deine Schilde erleuchten.»

Wir schwiegen einen Augenblick, und dann half mir Agnes, die Decke ein paar Schritte südlich der drei Pyramidenformen auszubreiten. Es dauerte eine Weile, bis Agnes zufrieden war. Sie wischte alte Kiesel und Zweige beiseite. Sie gab mir zu verstehen, ich solle mich auf die Decke setzen.

«Auf was soll ich mich heute nacht gefaßt machen?» fragte ich.

«Das kann ich überhaupt nicht sagen», meinte Agnes. «Du erblickst vielleicht den schimmernden Berggeist und wirst auf unbegreifliche Reisen geschickt. Du kannst einen Zaubervogel, einen Coyoten oder einen Hund sehen. Du kannst auf magische Weise zu Sskuan fliegen und nie wieder von diesem heiligen Berg hier herabkommen. Du bist jetzt das vollkommene Spiegelbild dieser drei Pyramiden über dir.» Sie wies auf sie. «Wie oben, so unten. Wichtig ist, ernsthaft, aufmerksam zu sein; dein Wissen ist im Gleichgewicht mit der

Wirklichkeit. Das Medizinrad ist die vollkommene Form für jeden Inhalt. Es ist Form. Am Anfang war Wakan, und Wakan ist die große Leere. Sie ist der große Kreis. Sie ist alles – Gutes, Böses, Zeit, Raum, die Summe aller Dinge zu Einem verbunden. Dann kam Sskuan, der Blitzstrahl der Erleuchtung. Er erleuchtete Wakan zu beiden Seiten. Er ist der große Spiegel. Wakan blickte in sich und fand ihren Mann. Da heirateten sie und tanzten und wurden eins, die Sonne. Wie können wir darüber sprechen? Hier oben sind wir in ein anderes Land übergesetzt, in das Land der Himmelswesen. Hier ist alles verändert, alles liegt hinter uns, alles ist anders und entgegengesetzt.»

Agnes begann leise zu singen, das Gesicht wie ein Wolf der Mondsichel zugewandt. Hinten an meinen Schultern spürte ich einen Druck, als versuchten die Steine des alten Medizinrades auf mich einzudringen. Die Pyramiden schienen erst grau, dann in einem seltsamen Weiß zu glühen.

«Bevor ich dich verlasse, möchte ich hier mit dir auf dem Großvater Berg die Pfeife rauchen», sagte Agnes. Da gab sie mir Anweisungen, wie ich meine Pfeife hervorholen sollte. Ich legte den Inhalt meines Medizinbündels aus und band mir Agnes' Medizinbeutel um die Hüften. Wir rauchten für die Großeltern, die vier Richtungen, für Mutter Erde und den Himmelsvater. Der Kopf glühte rot, und aus ihm stiegen flimmernde Rauchwolken auf. Wir brachten unsere Gebete dar und räucherten uns mit Süßgras ein. Als wir fertig waren, nahm ich meine Pfeife auseinander und packte sie ein. Da keine Bäume in der Nähe waren, opferte ich den Tabak den Steinen.

«Denk daran, bleib aufmerksam», sagte Agnes und ergriff meine Hände. Sie bog meine Finger nach innen um. «Was auch geschieht, bleib in deiner Mitte und arbeite hier heute nacht mit der Energie. Versuch nicht, irgend etwas mit Namen zu benennen. Grenz deine Wahrnehmung nicht ein, verlier sie nicht. Alle, die hier zu Besuch waren, waren dazu befähigt, sonst hätte die Kraft ihnen den Weg verlegt. Du bist eine Botin der Kraft. Sei nicht überwältigt oder erschrocken, oder du wirst möglicherweise von mir fortgerissen. Wenn du noch immer in dieser Welt bist, nicht hinweggeführt wurdest, komm in der Dämmerung vom Berg herab. Ich werde warten. Wenn du nicht herabkommst, werde ich wissen, daß du der Kraft dein Geschenk dargebracht hast, und sich unsere Wege hier trennen.» Sie drückte sich in einer kurzen Umarmung an mich, zog sich dann in die nächtlichen Schatten zurück. Ich konnte ab und zu einen Stein rollen hören, als sie den Steig hinabkletterte.

Agnes war fort, und ich spürte panische Angst aufsteigen. Es war unheimlich, wie ihre Anwesenheit fast jede Situation erträglich machte. Was hatte sie mit diesem ‹hinweggeführt› sagen wollen? Plötzlich wurden mir die Steinpyramiden bewußt. Da hatte ich den seltsamen Gedanken, daß sie drei Gefährtinnen waren, und ich war die vierte. Ich wünschte, ich hätte Agnes vor ihrem Abschied über sie befragt. Vom Medizinrad her schienen Ausstrahlungen auf mich einzudringen, und ich gab sehr auf meine Bewegungen acht. Ich strich mir das Haar aus dem Gesicht. Da begriff ich, ich hatte zu rasch gehandelt. Hier waren Urkräfte, und falsche Bewegungen wurden nicht geduldet. Die großen Felsen außerhalb des Medizinrades schienen zu atmen und größer zu werden.

Ich begann zu beten. Ich hörte wieder die Coyoten heulen, oder vielleicht war es das Heulen des Windes in der Ferne. Der Fels unter der Decke fühlte sich allmählich kalt an. Behutsam wickelte ich meine vier Schilde aus und legte sie ihren

Richtungen entsprechend um mich hin, fühlte Stolz in mir. Ich konzentrierte mich auf die Symbole, die ich jedem Schild mitgegeben hatte. Meine Träume und Visionen waren ein Ausdruck der Form, der Machart, in der sie hergestellt waren. Die Schilde standen für die Vorstellung, wer ich in meiner Vollkommenheit bin. Gemeinsam waren sie das elementare Medizinrad, die Karte, die vom äußeren ins innere Wesen führte. An sie zu denken hieß, an das Mysterium meiner Einheit zu denken. Ich hatte sie noch nie ausgebreitet. Ich war von ihrer Schönheit überwältigt, von der Art, wie ich mich mit ihrer Hilfe selbst verstehen konnte. Ich war in ihnen rein verkörpert. Der fünfte Schild war ich, die Leere, die Großmutter, das Selbst. Ich saß vor meinem Südschild und sang ein Lied des Vertrauens und der Unschuld. Ich wiederholte es vor jedem Schild, betete und sang vor dem Westen um gute Medizinträume und die Wiedergeburt meines Geistes. Ich betete und sang zum Norden um Verstehen und Weisheit, damit ich meine Träume und Visionen verwirklichen konnte. Den Heyoka-Ostschild bat ich singend um Erleuchtung. Ich opferte jedem Schild Tabak und rauchte dann die Pfeife wieder in der Mitte, auf dem Platz der Regenbogen-Häuptlinge, dem Sitz des unsichtbaren Schildes, wo alles Wissen sich mit dem Geist vereint, um Form und Richtung zu sichern. Ich streckte beide Hände dem Himmel entgegen. Agnes hatte mich gelehrt, mich an diesem Punkt der Zeremonie zu öffnen und das Bild festzuhalten, daß meine Schilde Teile eines zerbrochenen Spiegels waren, die sogleich zusammengefügt wurden, um ein Ganzes entstehen zu lassen. Ich hielt das Bild fest, und es wurde in meinem Innern immer sichtbarer und größer, und dann setzte sich der zerbrochene Spiegel wieder zusammen, verwob und verknüpfte sich durch die Zeit und meine Erfahrung in ein Gefüge illusorischer Substanz, die Leben heißt, und die, wenn sie erhitzt wird, ins Metaphorische verdampft und zur rechten Zeit durch Anteilnahme wieder in eine neue Form ausdestilliert werden muß. Da wußte ich, wir müssen es einander mitteilen, es den anderen mitteilen – in den vier Richtungen des Herzens in den Wind geschrieben.

Plötzlich hörte ich irgendwo hinter mir oder in meinem Kopf ein unglaubliches Knacken, und das gespiegelte Rad begann um mich zu wirbeln, in mir, wie ein vielfarbiger Wirbel, der mich in sich sog. Es war, als würde ich in mich selbst eingesaugt und dann von innen nach außen gewendet wie ein Fötus. Der ganze Himmel war anscheinend voll blitzender Lichter – rot, golden, weiß, blau. Mein Rücken bog sich unwillkürlich, als ein großer Wind auf mich losfuhr, und mich warf es flach auf den Rücken, als drücke mich ein großes Gewicht nieder. Ich konnte spüren, wie der Boden unter meiner Decke heiß wurde und in einem kräftigen Rhythmus zu wogen begann. Jetzt drehten sich silberne Dinge über mir in der Luft, und weitere Lichter wurden sichtbar; von überall kamen Lichter aus dem schwarzen Himmel. Ich konnte mich nicht bewegen.

Unter Einsatz aller Körperkräfte versuchte ich, auf die Beine zu kommen. Ein großer Wind wehte so heftig, daß mir die Haare um den Kopf peitschten. Ich dachte, meine Schilde hätten sich mit mir von der ebenen Hochfläche gehoben. Sie befanden sich etwa in Schulterhöhe oder darüber. Sie würden sicher weggeweht werden, aber ich konnte mich nicht bewegen, konnte sie nicht retten. Sie schienen sich verblüffend schnell zu drehen. Einen Augenblick meinte ich, an einer anderen Stelle zu stehen. Meine Schilde trennten sich jetzt, und über mir kreisten, gewaltig vergrößert, einige Schilde. Die

Entfernung war unmöglich zu schätzen. Von den Schilden sprühten Lichter in die Nacht. Viele schwebten in verschiedenen Höhen über mir. Ich starrte die Erscheinung furchtlos an. Ein Lichtstrahl fiel auf mich, ein zweiter, der sich im Kreis bewegte. Das Licht schien in einer unglaublich hohen Frequenz zu schwingen. Es brachte mein Denken zum Stocken, und mir wurde schwindlig. Ich begann das Bewußtsein zu verlieren, und da stob alles davon.

Als ich zu mir kam, dämmerte es. Ich lag flach auf dem Rücken. Vorsichtig bewegte ich meinen schmerzenden Kopf und sah mich um. Ich war mir nicht ganz sicher, wo ich mich befand. Meine Schilde waren verschwunden. Ich ging den Kreis entlang und suchte auch jenseits der Felspyramiden. Ich fragte mich, ob sie wohl den Berg hinabgeweht worden waren. Dann fragte ich mich, ob meine Schilde in den Raum hinaus geflogen waren. Ich hatte etwas Unglaubliches geträumt. Ich fühlte mich, als hätte ich einen leichten Sonnenbrand und konnte mir nicht erklären, wie es nachts dazu hatte kommen können.

Ich rollte meine Decke zusammen und packte meine Sachen ein. Ich fühlte mich sehr gut. Ich rannte, rutschte und stolperte den Berg hinab. Ich wollte rasch unten bei Agnes sein. Ich brauchte eine Erklärung. Ich wollte mir von ihr genau erklären lassen, was geschehen war. Der Kopf platzte mir schier vor ungläubigem Staunen.

Sie saß, eine Decke um die Schultern, auf der Kühlerhaube des Wagens. Ihr Gesicht war sehr ernst, und sie drehte den Kopf, blickte mir entgegen, hüllte sich noch fester in die Decke.

«Agnes, ich kann nicht glauben, was geschehen ist.»

«Ich weiß. Du hast viel gesehen. Ich möchte, daß du etwas ißt, während du mir von deinen Erlebnissen berichtest. Ich habe ein bißchen Essen mitgebracht, das wir uns teilen können. Ich denke, du hast Hunger.» Selbst wenn ich zu Tode erschrocken bin, kann ich gewöhnlich etwas essen, und ich freue mich, daß Agnes daran gedacht hatte, Proviant mitzunehmen.

Wir setzten uns unter die Zweige einer Kiefer. Ich erzählte ihr alles, aß zwischendurch hastig und bat sie um eine Erklärung.

«Sie haben deine Schilde genommen», sagte sie. «Ich berühre dankbar die Erde. Du hast die fliegenden Himmelsschilde gesehen.»

«Wen?»

«Die fliegenden Schilde. Was du gesehen hast, wird der Flug des siebten Mondes genannt.»

«Meinst du, meine Schilde flogen umher? Wirklich?»

«Nein, Lynn. Die Himmelswesen kamen herab, um dich und deine Schilde zu ehren. Sie kamen, weil du die Kraft hattest, sie zu rufen.»

Ich blieb lange still.

«Willst du damit sagen, daß diese fliegenden Schilde so etwas ähnliches wie fliegende Untertassen sind?»

«Hör mich an – ich werde dir eine Geschichte der alten Medizingürtel erzählen. Vor langer Zeit waren die Medizinräder draußen im Weltraum. Sie waren schön und hatten jede Kraft bis auf eine. Sie konnten nichts berühren. Die Medizinräder blickten hinab und sahen Mutter Erde. Sie sahen viele Geschöpfe, die sich berühren konnten, aber kein Gefühl hatten. Die Medizinräder sagten untereinander: ‹Warum gehen wir nicht hinab und dringen in die Körper jener Geschöpfe ein, damit ihr Ich fühlen kann und die Medizinräder sich berühren können. Schaut, da unten laufen all diese Geschöpfe umher, die sich nicht erkennen können.› Die Medizinräder gingen hinab und füllten die Körper dieser Geschöpfe. Wenn die Medizinräder niedersteigen, wird das Empfängnis genannt. Bei der Empfängnis wird das Medizinlicht hell und wählt dann eine Farbe. Ich weiß immer, wenn eine Frau empfangen hat – wegen der großen und kleinen Lichter. Kraft hat sich in ihren Körper begeben. Beim Tod kehrt das Medizinrad in den Raum zurück, und der erdgebundene Körper kehrt zur Mutter Erde zurück.

Wir sind zwei Wesen und wir sind Frauen. Jetzt wohnen unsere Körper und die Räder zusammen. Wenn wir töricht sind, will das Ich immer noch der Boss sein. Dem Ich ist es gleich, ob es jemand wehtut, solange es bekommt, was es will. Wir müssen das Ich benützen, um auf unserer Erdwanderung unsere Lektionen zu lernen», sagte Agnes. «Unser Medizinrad bringt Gefühle und Empfindungen hervor, damit wir im Gleichgewicht sind.»

Nun war ich wirklich still. Ich sagte kein Wort mehr. Als wir die Hütte erreichten, ging ich sofort zu Bett, obwohl es mittags war. Ich hatte immer geglaubt, daß UFOs und das Gerede über Außerirdische Unsinn wären. Ich dachte immer wieder, daß ich Halluzinationen gehabt hätte, aber Agnes hatte gemeint, wir hätten nur Rinde der roten Weide geraucht.

Ich schlief sehr unruhig. Ich schlief bis in den Morgen des nächsten Tages und kam auch dann nur langsam hoch. Ich hatte in meinen wirren Träumen ein seltsames, trommelndes Geräusch gehört und die vielfarbigen Lichter gesehen. Ich erzählte Agnes davon, und sie meinte, daß unsere Körper, unser Denken wie Antennen und Radios sind. Ich fragte sie, ob sie damit sagen wolle, daß wir die Frequenzen von Mittelwelle und UKW empfangen könnten.

«Ja, diese Ströme sind unser ganzes Leben um uns in der Luft, aber sie sind uns nie bewußt, bis wir nicht lernen, unsere Sinne oder Empfänger zu stimmen, und dann können wir uns auf viele Welten einstimmen, die direkt neben uns leben, ob nun Mittelwelle oder UKW oder noch vieles anderes, was uns in unserem gewöhnlichen Zustand verborgen ist. Einige Leute haben eine gewisse Menge an Kristall in sich. Die sind wie Radios. Die Informationen sind für alle da. Wir sind wie Antennen. Ein paar von uns sind fein gestimmt. Das Wissen ist für alle da. Für die Leute, die diesen Kristall in sich haben, kann das Leben wirklich schwierig sein, weil sie so viel sehen.»

Ich berichtete Agnes, daß ich mich wegen des Verlusts meiner persönlichen Schilde orientierungslos fühle.

«Ja, ich sehe, da ist Unruhe in dir. Du erinnerst dich noch nicht einmal, wie lange du auf dem Berg warst. Es kann eine Nacht, aber auch eine Woche gewesen sein. Wie willst du das wissen?»

Das stimmte. Seit ich bei Agnes zu Besuch war, hatte ich das genaue Datum aus den Augen verloren. Ich wußte allerdings noch das ungefähre Datum.

«Es kann nur eine Nacht gewesen sein», sagte ich unnachgiebig. «Du hast auf mich gewartet.»

«Lynn, du hast dich in den Schoß des großen Mysteriums begeben. Du sahst viele Dinge, an die du dich erst langsam erinnern wirst, weil deine persönliche Kraft noch nicht ausreicht, um zu wissen. Du bist aus dem großen Schoß wiedergekehrt. Durch diese Geburt wirst du das große Mysterium erkennen, denn du bist Teil von ihm. Du bist das Kind dieses Mysteriums, und aus dieser Geburt kommt das Leben ohne Tod. Wenn du beginnst, dich mit der Leere zu identifizieren, die die Frau ist, wirst du dich an die Einzelheiten erinnern. Bei dir und beim Mann ist es gleich: du sitzt in der Mitte des Selbstschildes auf dem Platz der Großmütter. Du hast deine Lügen aufgegeben. Wir alle leben eine Lüge, bis wir durch die Leere wiedergeboren werden. Und wenn du dich an alles erinnerst, wirst du eine Schamanin sein, die den anderen zeigt, daß kein Tod ist.»

Ich fühlte mich so schwermütig, daß ich zu weinen begann. Oder war ich glücklich? Ich wußte es nicht. Agnes umarmte mich und ließ mich ruhig sein. Meine Tränen wurden weniger. Ich blickte durch die unregelmäßigen Glasscheiben auf die herbstlichen Bäume. Es würden nicht mehr viele warme Tage kommen.

«Hast du Lust auf ein Picknick?» fragte sie.

«Klar, wo?» sagte ich und trocknete meine Augen.

«Es wird dir gefallen. Es ist sehr schön dort. Mach ein paar Sandwiches.»

Nach einer halben Stunde waren wir unterwegs, holperten über die unbefestigte Straße und sangen laut. In dem Lied ging es um wilde Truthähne und einen Maulwurf. Wir dachten uns die Verse während der Fahrt aus.

«Ach, was für ein herrlicher See», sagte ich, als ich den Wagen anhielt. Meine Schwermut war verflogen.

«Ja, dort drüben vereinigt sich der Fluß mit dem See», sagte Agnes und wies vom Vordersitz aus hin. Nebel wirbelte über den weißen Wellenkämmen und stieg in Knäueln auf. Agnes fuhr fort: «Wir werden den Fluß etwa drei Kilometer mit dem Kanu hinauffahren.»

Wir liefen auf einem Pfad durch die Binsen und hinaus auf eine kleine, kiesige Landzunge, wo ein Kanu auf dem Ufer lag.

«Ich habe noch nie ein echtes Kanu aus Birkenrinde gesehen», sagte ich und staunte über den Fund. Ich half Agnes, es umzudrehen und ins Wasser zu schieben. «Woher hast du es?»

«Ich habe es schon lang. Indianische Freunde haben es mir gemacht. Hoffentlich kannst du paddeln. Die Strömung ist nicht sehr stark.»

«Ich hatte mal am Lake Arrowhead in Kalifornien ein Kanu», sagte ich. «Ich werde es schon schaffen.»

«Dann los.» Wir legten unsere Decken und das Essen in einen korbartigen Behälter in der Mitte und stiegen vorsichtig ein. Agnes legte ab und fuhr mit raschen, glatten Paddelschlägen hinaus aufs Wasser. Als wir uns zur Flußmündung wendeten, klatschten schwarze Wellen gegen die Seiten. Es war still und kühl. Schwerer Nebel zog durch die Kiefern und sammelte sich über uns. Es war wie im Traum; erst hob sich der Nebel, dann kreiste er um das Kanu und uns. Sonnenstrahlen brachen durch das Grau. Das Wasser hatte sich beruhigt und sah wie eingeölter Schiefer aus. Unsere Paddel machten rhythmische, gedämpfte Geräusche. Bald zogen wir den Fluß hinauf.

Ich kicherte leise.

«Worüber lachst du?» fragte Agnes.

«Mir fiel eben etwas ein», sagte ich. «Das ist wirklich ein gutes Bild für mein Leben – im Nebel gegen den Strom paddeln.»

«Ich weiß ein noch besseres, nur gab's da nicht mal ein Paddel», sagte Agnes.

«Genau», lachte ich herzlich.

Als sich der Nebel senkte, wurde die Luft feucht und kalt, und ich zog den Parka am Hals zu. Mit jedem Schlag wirbelte das Wasser blasig fort. Wir kamen recht gleichmäßig voran.

Die Strömung war träg und langsam. Als wir eine stille Flußwindung umrundeten, sah ich einen sonnigen Uferflecken.

«Wie wäre es hier?» fragte ich.

«Nicht sicher», sagte Agnes schroff. «Indianerland.»

Wir paddelten also immer weiter, und ich fühlte mich glücklich und stark und hätte ewig so weiterziehen können. Dicht über uns krächzten Krähen, warfen blaugraue Schatten auf das Wasser. Ab und zu sah ich ein Stück wolkenlosen Himmel. Mir war, als verschlinge mich eine gewaltige, jenseitige Szenerie. Agnes begann rückwärts zu paddeln.

Sie sagte: «Hast du schon bemerkt, wie schnell wir vorankommen können, wenn wir gemeinsam paddeln? Schau, was mit dem Kanu passiert, wenn ich gegen dich arbeite.» Wir fingen an gefährlich zu schwanken und zu schaukeln. «Das ist der Unterschied zwischen den weißen Frauen und den Indianerinnen, die nach der alten Art leben. In deiner Gesellschaft schließen sich die Frauen zu kleinen Gruppen zusammen und bekämpfen sich gegenseitig, statt einander Kraft und Unterweisung zu geben. Es ist eine große Tragödie für die Welt, daß eure Frauen keine Clans kennen, keine Traditionen. Wenn dich andere Frauen unterstützen, kannst du praktisch alles machen.»

Das Kanu wurde langsamer und zog einen Kreis.

«Komm, Agnes, ich bin hungrig.»

Daraufhin brachte Agnes das Kanu mit gleichmäßigen Schlägen wieder auf Kurs, paddelte den Fluß hinauf. Mir wurde klar, daß sie mich an einen bestimmten Platz brachte. In der Ferne war wegen des grauen Nebels noch immer nicht viel zu erkennen. Totes Gras hing wie alte Bärte ins Wasser, und ich konnte dunkle und schattenlose Wurzeln sehen, unendlich viele Formen und Größen. Schachtelhahn stand in Büschen, und wir glitten an Seerosen vorbei, hätten fast das Sumpfgras am Ufer berühren können. Wir fuhren um eine Windung, und vor uns schimmerte schwach etwas. Einen Augenblick war der Nebel zu dicht, um es erkennen zu können, dann schlüpften wir wieder in den Sonnenschein, und ich sah auf einem Uferstreifen eine Reihe von fünfzehn Kanus. Wir paddelten rascher. Der Nebel hüllte die Bäume am Ufer ein, und wir schoben uns zwischen die anderen Kanus. Wir zogen unser Boot an Land und drehten es um.

«Was sind das für Kanus?» fragte ich.

«Sie gehören Jägern», sagte Agnes.

«Wir wollen doch nicht mit einem Haufen Jäger Picknick machen.»

«Das sind besondere Jäger», meinte Agnes.

Ich folgte ihr jetzt einen Uferpfad am Fluß entlang. Agnes bog nach rechts ab, und ich konnte im Nebel nur noch undeutlich ihren Umriß sehen. Wir befanden uns in einem Wald aus Zitterpappeln. Sie faßte nach meiner Hand und zog mich hinter sich her. Je weiter wir liefen, desto dichter wurden Unterholz und Brombeergestrüpp. Es war so gut wie nichts zu sehen.

Wir kamen aus dem Gebüsch auf eine weite, nebelschwere Lichtung. Ich meinte, über dem wogenden Dunst Schilde an großen Gestellen aus drei Stangen zu sehen. Ein erhebender Anblick, und ich blieb fast wie in Trance stehen und fragte mich, ob ich sie wirklich gesehen hatte, oder ob mir Sinnestäuschungen einen Streich spielten. Der Nebel nahm zu und hüllte alles ein.

«War das ein Trugbild?» fragte ich.

Agnes nahm mich wieder bei der Hand, und wir gingen direkt in die Nebelbank, liefen vorsichtig durch das nasse Gras. Meine Sachen waren feucht vom Tau. Ich konnte überhaupt nichts sehen. Der Nebel sah wie eine perlgraue Substanz aus, und manchmal brach Licht durch, verwandelte sie in ein milchiges Leuchten.

«Hier», sagte sie plötzlich. «Bleib hier stehen, blick auf und sage mir, was du siehst.»

Es war, als ob die Dämmerung anbräche, und ein Lichtstrahl zerteilte die Nebelwände. Ich sah vor uns eine Lichtung, und nach der Stille und Bewegungslosigkeit des Nebels sprang uns ein Orchesterklang leuchtend bunter Medizinschilde in die Augen, die hell blitzend wie goldene Sonnen im starken Tageslicht standen. Ich zählte sie. Vierundvierzig waren es, eine überwältigende Anzahl.

«Sieh dir jeden Schild genau an», sprach Agnes und beobachtete gespannt meine Reaktion.

Nun begriff ich, daß ich in einem Ring von Schilden stand. Sie waren mit wundervollen Mustern bemalt, in allen Farben, gelb, mattrot, weiß, braun, hellblau, türkis, tiefschwarz, einige mit Federn, die Spitzen silbrig schwarz, Federn von Falken oder Adlern, auch Eulenfedern, die in der Brise leicht flatterten. Sie waren prachtvoll mit gewebten Perlbändern, Fellen und Fransen geschmückt. Der Pfahl, vor dem ich stand, trug meinen eigenen Nordschild.

Ängstliche Unruhe mit Freude gemischt machte mich zittern. Wo kam mein Schild her, was bedeuteten all die anderen? Da sah ich dann, daß sich links und rechts von meinem Schild Agnes' Schild der linken Hand und Rubys Geist-der-Rehe-Schild befand. Ich versuchte mich an alles zu erinnern, was mir Agnes über die Schwesternschaft der Schilde erzählt hatte. Mir fiel ein, daß Red Dog behauptet hatte, es gäbe sie nicht. Was war mit den Himmelsschilden? Mit diesem Gedanken wurde ich wirklich verwirrt.

«Ich verstehe nicht.»

Genau da kam starker Wind auf und drückte den Nebel nieder, trieb ihn dann fort. Hinter den Dreifüßen erblickte ich ein großes Gebäude aus Stämmen und Felsen, das wie eine Jagdhütte aussah. Ich konnte mir nicht vorstellen, was sie hier mitten in der Wildnis sollte. Als ich mich umwandte, erschrak ich noch heftiger. Agnes stand rechts von mir vor dem Dreifuß mit ihrem Schild. Ruby stand zu meiner Linken. In dem Kreis standen noch einundvierzig Frauen vor ihren Schilden. Sie waren von unterschiedlichem Alter, die meisten über fünfzig. Nicht alle waren Indianerinnen. Ich wußte nicht, was ich sagen sollte, ob ich etwas sagen mußte, wußte nicht einmal, warum ich hierher gebracht worden war.

Mein Herz klopfte. Auf einmal trat die älteste Indianerin, die ich je gesehen hatte, in die Mitte des Kreises. Sie hatte lange, weiße Zöpfe, trug ein malvenfarbenes Gewand und einen Schal mit Fransen. Sie sagte: «Mein Name ist Grace Walking Stick. Wir heißen dich willkommen.» Sie sah mir gerade in die Augen, und ich sah in die ihren. Es war, als starre ich in die Wüste. «Erinnerst du dich, wer du bist?» fragte sie.

«Ja», antwortete ich.

«Dann sieh dir jede von uns aufmerksam an.»

Ich sah jede Frau an, und mit Tränen unaussprechlicher Freude stellte ich fest, daß etwas in meinem Inneren jede einzelne Frau erkannte. Ebenso sah ich die Wiedergeburt des einsamen Traums der Frauen auf dieser Erde. Gleichzeitig kam der schreckliche Druck des Wissens, und ich sah die unabänderlichen Folgen des Handelns. Ich wurde in diese Vision gezogen – in die geheimnisvolle Freude des Daseins, diesen Spiegel der freudigen und brutalen Wahrheiten von Leben und

Tod, Schmerz und Vergnügen. Mein Denken lief durch ein Labyrinth der Symbole, Bilder und Urideen, jede faszinierender als die letzte, und doch hinter allen eine schreckliche, schmerzliche Einsamkeit. Wie wenige Menschen sich je dem Gefühl der Liebe hingeben, die Liebe erkennen und sie atmen. Aus diesem dunklen, karmischen Rad heraus formte sich jetzt eine Brücke. Ich wußte, von diesem Augenblick an würde ich immer um meine Verwandtschaft mit diesen Frauen wissen.

«Eine Regel gibt es», sprach Grace. «Du darfst nie irgendjemandem enthüllen, wer wir sind.»

Ich sagte, ich hätte verstanden. Ich war überrascht, daß ich viele von ihnen schon kannte. Jede hatte etwas Besonderes. Was ich auf ihren Gesichtern sah, war Vollendung. Jede Frau hatte sich verwirklicht, liebte, war eine erleuchtete Frau. Sie alle waren meine Schwesternschaft. Ich hatte meinen Kreis gefunden.

Stb Schirner taschenbuch

Lynn Andrews

Die Jaguarfrau

und die Lehren des Schmetterlingsbaumes

ISBN 3-89767-497-1